施瓦格期货分析全书

1

（美）杰克·施瓦格　著

陈瑞华　译

山西出版传媒集团

山西人民出版社

图书在版编目（CIP）数据

施瓦格期货分析全书1/（美）杰克·施瓦格著；
陈瑞华译. —太原：山西人民出版社，2021.11
ISBN 978-7-203-11583-0

Ⅰ.①施… Ⅱ.①杰…②陈… Ⅲ.①期货交易—投
资分析 Ⅳ.① F830.9

中国版本图书馆 CIP 数据核字（2021）第 084959 号
著作权合同登记号：图字：04-2014-022

施瓦格期货分析全书1

著　　者：（美）杰克·施瓦格
译　　者：陈瑞华
责任编辑：秦继华
复　　审：贺　权
终　　审：姚　军
装帧设计：王　峥

出 版 者：山西出版传媒集团·山西人民出版社
地　　址：太原市建设南路 21 号
邮　　编：030012
发行营销：0351-4922220　4955996　4956039　4922127（传真）
天猫官网：https://sxrmcbs.tmall.com　电话：0351-4922159
E－m a i l：sxskcb@163.com　发行部
　　　　　 sxskcb@126.com　总编室
网　　址：www.sxskcb.com

经 销 者：山西出版传媒集团·山西人民出版社
承 印 厂：廊坊市祥丰印刷有限公司

开　　本：787mm×1092mm　1/16
印　　张：21
字　　数：390 千字
印　　数：1—5000 册
版　　次：2021 年 11 月　第 1 版
印　　次：2021 年 11 月　第 1 次印刷
书　　号：ISBN 978-7-203-11583-0
定　　价：98.00 元

序　言

　　有些期货书籍侧重于交易导向，在内容上不够深入，而有些书籍又过于强调学术性，忽略了实务。本书的宗旨在于从实际交易的角度，广泛而深入地阐述如何进行基本分析。

　　本书第一部分探讨了一个长期以来颇具争议的问题：关于期货基本分析或技术分析，究竟哪种方法更有效？第二部分介绍不同基本分析方法的具体运用。第三部分着重探讨回归分析方法，这是基本分析中运用最广泛的一种工具。第四部分介绍了不同品种的价格预测方法及其影响因素，并通过具体的范例对第二部分和第三部分中介绍的分析方法加以运用。

阅读指南

初学者

　　本书的读者包括好学的初学者和专业期货投资者。初学者可以略过第三部分（最好浏览第 15 章），主要是因为该部分内容稍难一点，略过这一部分并不妨碍全书的连贯性。但是，如果初学者对此有强烈的学习欲望，也可以尝试读下来，毕竟其中并没有涉及艰深晦涩的数学内容。

大多数读者

　　第 2 章介绍期货市场的概况，目的在于为读者更好地阅读本书提供背景知识。基于"名副其实"的原则，第 2 章的标题定为"初学者导读"。如果读者对期货市场已经非常熟悉，不想花费时间阅读有关期货术语或套期保值等方面的解释，可直接从第 3 章开始阅读。

所有读者

本书所引用的市场范例，完全是为了说明一般性的问题，绝不是为了强调特定市场的具体运用。也就是说，范例提及这些市场并不重要。因此，即使读者对相关市场不感兴趣，建议还是耐心读下去，否则可能存在内容或理解上的不连贯。

杰克·施瓦格

1995 年 3 月于纽约

目　录

第一部分

背景知识

第1章　基本分析与技术分析之间的争议

令人奇怪的是，赔钱的技术交易者从来不会检讨他所采用的技术方法。一旦还有机会，他会对自己的交易技术更加迷信。如果你问他为何亏损，他会巧妙地回答，只是犯了没有相信自己的技术图形这一人性上的错误而已。让我非常尴尬的是，在一次技术交易者的晚宴上，当他做出如此解释时，我竟然噎住了。为此，我发誓不再与技术交易者共餐。

——伯顿·马尔基尔

有一次与一个基本分析者共进晚餐，我不小心将一把锋利的刀碰到桌子下面。他就直盯着这把刀滑落而下，直到锋利的刀尖扎进他的鞋子。我惊问："为什么不挪脚避让一下？"他竟然如此回答："我在等这把刀弹回去。"

——艾德·斯科塔

基本分析是采用大量的经济数据（如产量、消费、可支配收入等）预测价格，而技术分析主要研究价格走势的形态。至于哪种方法更好，一直存在争议。有趣的是，无论专家还是初学者，对这个问题的看法都不能达成一致。在我的两本访谈录中曾提及世界顶级交易员①，他们对这个问题的分歧让人震惊。

吉姆·罗杰斯是这种极端分歧的典型代表。20世纪80年代，量子基金在吉姆·罗杰斯和乔治·索罗斯的共同管理下业绩非凡。进入20世纪90年代，罗杰斯由于不愿承担基金管理的重大责任而放弃量子基金，转而集中精力从事自己的

————————————

① 参见《股市怪杰》（舵手经典34）和《新金融怪杰》（舵手经典35）。

投资管理，并再次获得巨大成功。多年来，罗杰斯对市场的预测准确率极高。一个典型的例子是，1988 年罗杰斯准确预测了日本股票市场的崩盘和黄金价格的持续下跌。很明显，罗杰斯的预测引起了市场的广泛关注。

当时，我就图表分析（技术分析方法之一）请教罗杰斯。他回答，"除了那些依靠销售技术服务赚钱的人，我从来没有遇到一位真正依靠技术分析成功的交易员。"这就反映了罗杰斯对技术分析的态度。

马丁·施瓦茨是选择另一种极端看法的交易员，也是一个股指期货交易者。当我采访他时，他已经开始代客理财，我正好看到了他手边的一份交易记录，看来业绩不错。过去十年，他的平均回报率是每月 25%，而且仅有两个月发生亏损——亏损率分别为 2% 和 3%。显然，施瓦茨对技术分析的看法也不容忽视。

在访谈过程中，虽然我没有提到罗杰斯对技术分析的态度，但当问及是否放弃基本分析成为纯粹的技术分析者（施瓦茨的金融生涯开始于股票分析）时，他的回答几乎直接针对罗杰斯的看法，"毫无疑问，有人说从来没有遇到一位真正依靠技术分析成功的交易员，我觉得非常可笑。这是一种傲慢无知的态度，我用基本分析研究了九年行情，收效甚微，但技术分析让我变得富有了。"

事实就是这样。同样是非常成功的交易大师，他们对基本分析和技术分析的看法如此迥异。你会相信谁呢？

我个人认为，罗杰斯和施瓦茨的看法也是很多分析人员的看法。作为纯基本分析派、纯技术分析派或综合二者的分析师都可能成为成功的交易者。这两种方法并不互相排斥。事实上，许多成功的分析师都采用基本分析确定市场方向，用技术分析选择入场时机。

我发现，成功的交易者都存在一个共性：寻找最适合自己的分析方法。一些交易者擅长长线交易，而另一些交易者精于短线交易，还有一些交易者根据计算机程序信号进行交易，更有交易者采用传统的方法。一些交易者选择在喧嚣的交易所内交易，另一些交易者喜欢在安静的办公室内交易；有些交易者选择基本分析法，另一些交易者选择技术分析法，还有一些交易者综合运用两种方法。

因此，这个问题没有一致的答案：基本分析或技术分析究竟哪种方法更好？很简单，这主要取决于每个人的交易习惯。

人们对基本分析和技术分析的认知程度是在变化的。20 世纪 80 年代，我刚步入期货市场，基本分析被认为是扎实有效的方法，而技术分析在某些人看来是旁门左道。

　　然而，随着时间的推移，这种认知发生了变化。商品价格由于通胀而上涨，技术分析被分析师们广泛采用。在此期间，即使最简单的趋势策略都会用到技术分析，而精确的基本分析常会导致错误的结论。在此情况下，技术分析迅速成长，而基本分析逐渐式微，一直持续到 20 世纪 90 年代。到 20 世纪 90 年代末，绝大多数期货基金经理采用技术分析进行交易决策。20 世纪 80 年代初期，只有少数人采用技术分析，而 20 世纪 90 年代后期，采用基本分析的人则越来越少。

　　现在，期货市场极不稳定，趋势也不明显，假价格突破信号较多。技术分析跟随者的投机特性，充分暴露他们的资产净值开始缩水。许多采用基本分析的交易员和基金经理的优势显现出来，他们逐渐将基本分析作为分析其交易决策的工具。因此，在撰写本书时（1994 年），出现了技术分析向基本分析转向的明显迹象。

　　总之，基本分析或技术分析究竟哪种方法"正确"是无法确定的，采用哪种分析方法取决于个人。但是对交易者而言，在不同阶段，个人的看法也可能发生变化，甚至完全相反。一些交易者可能认为，基本分析是最适合自己的分析方法，或者以基本分析为基础加上技术分析的技巧，这样的综合运用是更有效的市场分析法，也是很多人常用的综合分析法。事实上，很多交易者都采用这样的方法。分析师或交易者要认真研究这两种方法，从中选择一种对自己而言行之有效的方法。

　　关于基本分析和技术分析的优缺点，以及把这两种方法相结合的设想将在第 14 章中详细论述。至于技术分析的内容请参考我的《诠释期货市场——基本分析、技术分析、期货交易、价差交易与期权》一书。

第2章 初学者导读

> 如果只有一点知识是很危险的，那有谁的知识能足够使他脱离这样的危险？
>
> ——斯·亨利·赫胥黎

本章的目的

本书旨在介绍期货分析与交易的方法。虽然书中所涉主题的深入程度远远超过一般商品期货书籍，但以下各章的论述仅仅要求读者熟悉期货市场的一些基本概念。本章试图介绍一些期货市场的基本知识，为初学者提供相关的背景资料；本章标题已经很明确，对期货市场比较熟悉的投资者可直接从第2章读起。

本章介绍的一些内容通俗易懂，没有涵盖许多相关的主题。诸如期货交易的发展历史、经纪商的选择、期货清算所的运营等内容对期货市场分析和交易都没有什么关系，因此不做详细介绍。想进一步探讨商品市场的交易者可浏览其他相关书籍。

期货市场的性质

期货合约是对在未来某一特定日期交割商品（或金融工具）数量和质量的约定，这种约定所依据的价格是由进入市场交易决定的。

期货市场的本质正如其名：在未来交割日交易商品或金融工具。因此，如果棉花农场主要卖出棉花,他会在当地的现货市场出售。但是,如果这个农场主在棉花收获之前想锁定预期的价格(将未收获的农作物卖出),就有两种选择:与有意购买的人商定价格和其他条件(数量、质量、交割时间和地点等);或者卖出期货,第二种方式的优势在于:

- 期货合约是标准化合约,因此农场主不必专门寻找特定的买方。
- 交易可通过电话(或在线)指令瞬间完成(例如:"我要卖出 2 手 12 月棉花合约")。
- 交易成本(佣金)要比远月合约低得多。
- 农场主可在合约最后交割日到来之前的任何时间平掉持有的头寸,其原因将在本章后续讨论。
- 期货合约得到交易所的担保。

直到 20 世纪 70 年代,期货市场的交易还局限在少量商品(如小麦、糖、铜三个品种)的交易上。随后,期货市场快速发展,陆续增加了三个交易品种:货币、利率和股票指数。非商品期货的交易方式与商品期货类似。交易报价相对目前的市场价格而言,代表未来某到期日的价格。例如,12 月短期债券的报价代表 15 个月份交割的国债价格,交易的国债距到期日 91 天,面值为 100 万美元(实际的报价是 100 万减去国债的贴现率)。自从金融期货诞生后,金融市场的投机交易十分活跃。如果保持这样的发展速度,到 20 世纪 80 年代中期,金融期货的交易量就会完全超过传统商品期货的交易量。然而,期货市场一般仍指商品市场,二者同义。

交割

持有空头头寸的交易者如果在最后交易日还没有平仓,就有义务按照合约的要求提交现货(商品或金融工具)。同样,持有多头头寸的交易者在最后交易日必须接受交割的商品。在商品期货市场,未平仓的空头合约数量等于未平仓的多头合约数量。绝大多数人无意交割或接受商品,因此在最后交易日前尽量对冲持有的头寸(多头通过卖出指令对冲头寸,空头则通过买入指令对冲头寸)。据估算，只有不超过 3% 的合约最后用于交割。期货市场的最新发展趋势是，许多期货合约（如欧洲美元、股票指数）取消实物交割，采取现金结算的方式，即未平仓的多头与空头部分根据到期价格进行现金结算。

合约规格

目前，美国和其他很多国家设立了大量的期货交易所。本书"附录一"就列出了每个期货交易所上市的商品期货合约的核心要素，这些要素包括：

1. 交易所。"附录一"中列出了主要交易所的缩写。要注意的是，某些期货品种可同时在几个交易所交易，而一种商品期货（或金融工具）的不同合约可以在同一交易所交易。例如，纽约商业交易所（NYMEX）就同时提供含铅汽油和无铅汽油的合约。

2. 交易时间。如"附录一"所示，交易时间列出的是交易所当地时间（美国所有交易所都采用东部或中部时间）。

3. 合约规模。每份合约规定统一的数量是期货合约标准化的内容之一。交易者通过合约的数量乘以价格来确定合约的价值。例如，玉米合约的交易价格为 3.00 美元/蒲式耳，该合约的价值等于 15,000 美元。大体而言，除了一些特殊情况，合约的价值越高，潜在的风险就越大（这里所提到的合约价值概念与利率市场并不一致）。

4. 交易月份。"附录一"中给出了交易月份的代码，每个市场都依据特定的月份进行交易。例如，玉米品种的交易月份为 3、5、6、9 和 12 月。合约最后交易日是在交易月份的某一特定日期（但某些市场的合约最后交易日是在交易月份前一个月的最后交易日）。对于大多数市场而言，挂牌交易的合约都至少由当前延伸至一年以后。但是，交易活跃的月份通常是最近的一两个合约。

5. 报价。此项主要表示所在市场价格的相关衡量单位。

6. 最小变动单位。此项主要反映交易价格变动的最小单位。例如，玉米的最小波动是 0.25 美分/蒲式耳。因此，交易者可以以 3.011/2 美元或 3.013/4 美元的价格买入 12 月的玉米，而不能以 3.015/8 美元/蒲式耳的价格买入。

7. 最小变动价值。该数值用合约规模乘以最小变动单位获得。例如，玉米 0.25 美分/蒲式耳×5000 = 12.50 美元。

8. 最大波动限制。交易所一般都要规定一个交易日内合约变化的最大范围（即涨跌停板）。例如，如果12月玉米合约前一天的收盘价为3.10美元，每日价格波动限制为12美分/蒲式耳，就意味着玉米今日的交易价格不能高于3.22美元或低于2.98美元。某些市场会根据连续的涨跌停板天数来调整每日价格波动的幅度。

如果市场的均衡价格在涨跌停板的限度之外，意味着价格到涨跌停板价格时可能停止交易。例如，如果美国农业部公布玉米产量预估对市场有利，引起玉米价格上涨20美分/蒲式耳，价格超过玉米的涨停板限制（10美分/蒲式耳），所以玉米隔天开盘会直接跳空涨停，几乎不会有任何交易。交易之所以陷于停顿，是因为涨跌停板规定将价格局限在偏低的水平，所以该价格有大量买单而没有卖单。

一旦遇到重大的突发事件（如因天灾农作物意外减产），市场可能连续出现涨停板。在这种情况下，交易者如果方向错误，不能对冲其持有头寸，直到市场恢复交易为止。新入市的交易者应意识到这种情况时有发生，但不要为此感到恐惧，因为造成这种连续涨停板的重大事件不会经常发生。一般而言，我们可以判断这类行情可能发生的时期。例如，在冬季，当美国农业部定期公布主要商品的报告后，就会对咖啡或浓缩橙汁市场带来较大的冲击。

9. 第一通知日。多头接到交割通知的第一天。第一通知日对于空方而言完全没有意义，因为他们在最后交易日之前没有义务发出交割通知。另外，某些市场的第一通知日在最后交易日之后，这对于多方而言也没有意义，因为他们已经决定接受交割。但是，有些市场的第一通知日在最后交易日之前，如果多方不希望接受交割，务必及时对冲头寸，以免收到交割通知（经纪公司会给他们的代理人定期提供有关这些重要日期的清单）。虽然多方收到交割通知之后还可以对冲头寸，但是会涉及额外的交易成本，因此应尽可能避免。

10. 最后交易日。这是空头交割多头接收前最后一天对冲头寸的日子。如前所述，绝大多数交易者在此之前就会了结头寸。

成交量与持仓量

成交量是某一交易日的合约交易总量，每个月份的合约都提供成交量的数据，但大多数交易者对每月的总成交量感兴趣。

持仓量是期货市场多头合约或空头合约总数，在商品期货市场上多头和空头合约的数量总是相等的。当新合约开始交易时（通常在到期前的 12~18 个月），其持仓量为 0。如果买入指令与卖出指令相匹配，持仓量就增加 1。一般而言，当新的购买者买入期货合约时持仓量就增加，而在原有的多头卖出合约时，持仓量就减少。如果新的买方从原多头购入头寸，或者新的卖方卖给已有空头头寸时，持仓量保持不变。

成交量和持仓量是判断市场流动性的重要指标。并非所有挂牌的期货市场都很活跃。某些期货市场几乎没有交易，还有一些期货市场的交易清淡。交易者应尽可能避免参与缺乏流动性的市场，因为持仓和交易量匮乏的市场意味着交易者认为多头或空头头寸的成交价格不理想。

一般而言，如果市场的持仓量不足 5000 手，或者每天的成交量不足 1000 手，那就不应介入。新的市场最初几个月（有时甚至好几年）的持仓量和交易量都比较低。通过监测持仓量和交易量，交易者可以确定该市场的流动性情况。

个别月份合约的持仓量和交易量对确定哪个月的流动性强非常有用。例如，持有多头头寸的投机者希望买入还有 9 个月到期的合约，因为他认为远月合约价格偏低。但此时他要注意远月合约的流动性问题。在这种情况下，个别合约的成交和持仓数据有助于投资者判断进入远月合约的头寸是否合理或者是否应该限制近月合约的交易。

套期保值

卖出套保是卖出期货合约作为未来商品现货的临时替代品[①]。同样，买入套保是未来买入商品现货的替代品。其实，套期保值者的目的都是为了锁定未来商品的价格，以便减少价格波动的风险。套期保值概念可以通过一些实例得以更好地解释。下面就是几个关于套期保值的例子。

商品套保实例

棉花农场主卖出套保。日期是 4 月 1 日，某棉花农场主估计棉花的产量大约是 200,000 磅，现货价格为 95 美分/磅（这个价格很诱人），但由于棉花要到 11

---

① 卖出套保也可以替代临时库存减少（后面的股票组合投资的例子可以说明这一点）。

月才采摘，他目前还无法获益。12 月棉花期货的交易价格为 85 美分/磅，反映市场预期价格可能下降。棉花农场主认为 12 月的棉花价格依然过于乐观。他预测棉花价格偏高，美国的产量将大幅增加，因此到棉花采摘时棉花价格很可能下跌。正因为有了这种悲观的预测，棉花农场主急于为未来的产量将目前的棉花价格锁定。

历史数据比较显示，11—12 月产棉区的现货价格平均低于 12 月期货价格大约 2~4 美分，（现货与期货间的价差称为基差，这种情况下，11—12 月基差为 2~4 美分）。因此，棉花农场主在 85 美分/磅的价格卖出 12 月期货，棉花农场主就可以把现货价格锁定在大约 81~83 美分/磅。由于他坚信到棉花采摘时价格会下降到 80 美分/磅，于是，根据他对未来产量的预计，他决定卖出 3 份 12 月期货合约，这种套保就是卖出套保。

要注意 3 份合约共 150,000 磅棉花，是棉花农场主预期产量的 3/4。农场主往往不对全部产量进行套保，因为收获时的实际产量不能确定。如果气候不好或者遇上自然灾害，他的收成可能减产 25%以上。因此，为了避免可能的过度套保，他仅卖出 3 份合约，让未来的收成保留一些净空头头寸。

表 2.1 说明了套期保值的两种结果。第一种情况下，农场主的预期完全正确，12 月 1 日现货价格下降到 72 美分/磅，假定 12 月期货的交易价格为 75 美分/磅，期现价差符合正常的基差关系。农场主以 72 美分/磅的价格卖出棉花，他的期货头寸也有 10 美分/磅的利润，参与套保的棉花有 150,000 磅，价格为 82 美分/磅（为便于讨论，本例与后面的例子均不考虑佣金问题，因为佣金并不会对套保产生明显的影响），该套保的结果是，农场主比实际高的价格锁定了棉花采摘时的价格，以美元计算，多收入 15,000 美元：

$$3×10 \text{ 美分/磅} ×50,000 \text{ 磅} =15,000 \text{ 美元}$$

并非所有的套保交易都有利可图。在表 1.1 的第二种情况下，如果农场主的预期是错误的，由于现货价格变化不大，与 4 月的价格比只下降了 3 美分/磅。在这种情况下，农场主要在高于预期的 92 美分/磅的价格卖出棉花，他的期货可能要损失 10 美分/磅，实际有效价格仍然是 82 美分/磅。当然，在这种情况下，该农场主最好还是不采取套保措施为好。因此，值得注意的是，这种套保使参与者失去了一笔额外的收益，他卖出的目标价格仍然是 82 美分/磅。

套保的价值在于，为生产者提供更广阔的市场空间。必须记住，如果农场主想赌一下运气，到收获后才销售棉花，这当然没有问题。但是，在目前到实际的收割日之间，期货交易扩大了可能性的范围，让交易者锁定期货隐含的价格。因此，尽管农场主的选择不一定正确，但在长期的运行中，期货扩大了可能性的范围。

表 2.1：棉花农场主卖出套保

情况 1：现货价格下跌			情况 2：现货价格相对不变		
	4 月 1 日	12 月 1 日		4 月 1 日	12 月 1 日
现货价格（美分）	95	72	现货价格（美分）	95	92
期货价格（美分）	85	75	期货价格（美分）	85	95
结果			结果		
现货卖出价格：72 美分 期货收益：10 美分 实际卖价：82 美分			现货卖出价格：92 美分 期货损失：10 美分 实际卖价：82 美分		

棉纺厂买入套保。当前日期是 6 月 1 日，某棉纺厂要提供次年 3 月远期纺织订单。为了完成该生产订单，棉纺厂 12 月需要 100 万磅棉花。当时棉花现货价格是 77 美分/磅，12 月棉花期货交易价格是 80 美分/磅。假设与上述棉花套保的例子相同，价差为−3 美分/磅，12 月期货报价意味着 12 月的现货价格与现价相比没有变化。

虽然棉纺厂有很多时间采购棉花，但要注意的是未来几个月价格可能会大幅上涨。由于已经谈妥最终产品的销售价格，棉纺厂必须锁定价格以便确保获取满意的利润。鉴于这种情况，该棉纺厂有两种选择：

- 库存增加，满足 12 月至次年 3 月的需求。
- 通过买入 12 月棉花期货达到远期套保要求。

该例子给出了价格结构，棉纺厂最好买入期货合约。为什么？因为买入期货只是一种远期承诺，没有增加存储成本。相反，购入现货棉花要支付 6 个月的存储费，成本增加。如果棉纺厂使用自有资金，这些费用就是借入成本或损失利息。

表2.2说明套期保值的两种选择。在两种情况下，假设棉纺厂在12月买入现货棉花，同时抵消了期货套保多头头寸。在第一种情况下，现货价格在6—12月间上升，12月1日现货市场的购买价格为87美分/磅，而期货套保的利润为10美分/磅，有效价格为77美分/磅（6月1日的现货价格）。在第二种情况下，现货价格下降，实际的买入价格为67美分/磅，结果期货亏损了10美分/磅，有效价格仍然是77美分/磅。虽然棉纺厂在这种情况下最好不参与套保，但还是达到了锁定当初目标价格的目的。

由于大多数公司更关心套保过程中获得的利润，忽视了套保也有可能损失意外获利的情况，套保应该是提供了经营管理的一种有效工具。此外，必须强调的是，如果存在期货价格所隐含的现货价格并不理想，棉纺厂还是可以选择不参与套保。总之，参与套保的厂商要比其他竞争者更有优势，因为他们的购买价格具有更大的弹性。

表2.2：棉纺厂买入套保

情况1：现货价格上涨			情况2：现货价格下降		
	6月1日	12月1日		6月1日	12月1日
现货价格（美分）	77	87	现货价格（美分）	77	67
期货价格（美分）	80	90	期货价格（美分）	80	70
结果			结果		
购买现货价格：87美分 期货收益：10美分 实际购买价格：77美分			购买现货价格：67美分 期货损失：10美分 实际购买价格：77美分		

金融期货套保[①]

前面的例子说明了商品期货的买入套保和卖出套保。其相同的原理可用于金

---

① 这里的"金融期货"包括利率期货、货币期货和股指期货，但也存在范围更窄的情况，有时单指利率期货。

融市场，下面举例说明：

某公司预计 6 个月后要贷一笔款，但由于担心以后的贷款成本会上升，所以选择利用卖出短期利率期货将未来的借款成本锁定在固定的利率上（如：短期债券、信用违约掉期、欧洲美元）。

某债券经理人预计 3 个月后将有一笔现金流入，但目前的利率可能随时下跌。于是，他决定买进国债期货，让未来流入的现金锁定在目前的利率上。

某股票投资经理担心股价短期内可能出现暴跌，通过卖出股指期货（标准普尔 500 指数期货、纽交所混合指数期货、价值线指数期货）来降低股票价格短暂下跌的风险。他也可以卖出部分或全部股票，等到股价回落之后再重新买进。但卖出期货合约的方式能更有效地降低成本（即佣金成本更低）。

某美国公司要在 3 个月内支付 1000 万德国马克的贷款，可通过买入德国马克期货，锁定外汇利率。

套期保值的一般原则

1. 上述例子中，有套期保值者或者在现货市场对冲预期的交易，或者在期货市场进行与现货方向相反、数量相等的交易。因此，对套期保值者而言，参与期货交易可以减少价格变化的风险。实际上，很多商品（或者金融市场上的）供给者和需求者并不通过套期保值避险，他们是市场中的投机者。例如，农场主如果不参与套保，就意味着他希望在农作物收割前农作物价格上涨。

2. 某些关于套期保值的研究认为，厂商和商品需求者应主动参与套保交易。这种看法太荒谬了。实际上，只有当期货价格隐含着理想的现货价格时，才应该进行避险；否则，避险者仅仅是将未来的现货价格锁定在期货合约隐含的不理想价格上。就长期而言，这类避险仅能维持交易的持平状态，但会损失大量的佣金。

3. 有必要将套期保值当做重要的营销工具，因为套保可为厂商和用户提供更多的买卖交易策略。当然也可以选择不进行套保交易，但不考虑套保的人就不能通过期货获得更大的利润。

4. 套期保值者可以在任何交易时间取消套保头寸。例如，重新用棉纺厂在 85 美分/磅卖出 12 月期货的例子。如果到了 10 月，期货下降到 70 美分/磅，套期保值者可能决定卖出空头套保头寸。虽然价格在 85 美分/磅时，他为了避免价格下跌而卖出期货，但到了 70 美分/磅时，他想抓住机会。如果价格稍有回升，他决定重新套保。事实上，经验丰富的套期保值者经常采用这种交易方法。显然这种观点与许多教材不同。

5. 在比较现货与期货价格时主要是考虑基差和预期。例如，表 1.1 的第一个例子中，期货价格低于现货价格 13 美分/磅。尽管这个价差很大，但套保仍有较大获利空间，因为价格的下降最终将超过这个价差。所以，期货隐含价格的比较对象不是当前的现货价格，而是预期的未来现货价格。

6. 套期保值者很难锁定未来的现货交易价格，其有效价格要取决于基差的大小。例如，在 85 美分/磅卖出期货的棉纺厂，假定基差是 -3 美分/磅。当他对冲合约时，如果基差是 -5 美分/磅，卖出的有效价格就是 80 美分/磅，而不是预期的 82 美分/磅。但必须强调的是，基差的不确定性要远远低于价格本身的不确定性。此外，通过合理而保守的基差假设，避险者的实际有效价格可能达到或优于预先锁定的价格。

7. 期货头寸在期货市场冲销，现货头寸在当地现货市场进行交易。期货应该作为定价工具，而不是交割的工具。

8. 一般讨论套期保值的文献都完全没有提到价格预测问题。这种现象似乎意味着避险者不必关心价格的走势。虽然有些套期保值者认为这个结论是正确的（例如，一个中间商往往锁定买卖的价差利润），但对多数套保者而言并不正确。套期保值者应该有效评估期货市场的套期保值功能。在进行这种评估时，价格预测是关键。就这方面而言，价格预测的重要性对套期保值者与投机者完全一样。

投机者

投机者通过预测价格变化寻找获利机会。例如，12 月棉花的价格为 70 美分/磅，投机者预测每磅价格会上涨 80 美分/磅以上，买入多头头寸。投机者并不打算到 12 月交割棉花，无论预测正确与否，他都会在合约到期前平掉所有头寸。如果价格上涨到 82 美分/磅，就获利了结，每份合约将盈利 6000 美元（50,000 磅×12 美分/磅）。另一种情况是，投机者预测错误，价格下跌到 63 美分/磅，随着到期日临近，每份合约将亏损 3500 美元。在这种情况下，投机者可能更愿持有多头头寸，而不愿进行交割。此时，他会卖出 12 月合约，同时买入远月合约的多头（这种交易形态称为展期，会以一种价差交易指令执行——下一部分将会介绍）。在一般情况下，投机者要尽量避免交割，以免在没有收益的情况下引起太大的亏损。

初学者必须克服在证券市场中单纯做多的思维。期货交易中的多头与空头没有什么差别①，因为价格可能涨也可能跌，只做多头交易的投机者将减少大约一半的交易机会。另外，期货价格往往都高于当前价格。因此，基于通货膨胀的缘故而偏向做多，这样的想法也有失偏颇。

成功的投机者必须运用某种价格预测方法。下面将列举两种基本的分析方法：

● **基本分析法**。基本分析者采用经济数据（如产量、消费量和进口量）预测价格。其实，信奉基本分析法的人通过比较供求平衡状况寻找潜在的交易机会。

● **技术分析法**。技术分析者基于非经济资料的预测，最重要的是采用价格数据进行分析。技术分析的基本假设是价格的重复走势，可以用类似的走势辨别交易机会。技术分析也可以包括其他数据，如交易量和持仓量。

交易指令的类型

日内指令和长效指令。除非特别说明，否则交易指令只在下单当天有效。如果交易者希望委托单在取消之前持续有效，就必须指定为长效指令。

市价指令。市价指令通常指示经纪人基于当时的价格执行交易指令，市价指令适用于交易者希望头寸立即成交，而不在意特定的执行价格。一般场内在收到市价指令后几分钟内即可成交，除非价格锁住涨跌停板或者指令距收盘时间太短。

限价指令。限价指令是指交易者希望执行价格在其指定价格成交而发出的指令。例如，一个在 455.00 美元/盎司买入 12 月黄金的指令，只能在 455.00 美元或以下成交。

当场内经纪人收到指令时，市场交易价格高于指定价格，必须等到价格下降到

---

① 有些初学者很困惑，投机者怎么可能做空一个并不拥有的商品。答案的关键在于，投机者是做空期货合约而非现货商品，虽然空头投机者在最后交易日要履行合约义务，但是在最后交易日之前他没必要拥有商品。简单来说，空头就是关于价格会在最后交易日之前下跌的一个赌约，不论价格是否会下跌，投机者都会在最后交易日之前平仓而没有必要拥有实际现货商品。

455.00 美元/盎司才可执行该指令；如果市场价格没有回落到该指定价格，就不能执行该指令。同样，一个在 490.00 美元/盎司限价卖出 12 月黄金的指令只能在市场价格等于或高于 490.00 美元/盎司时才能执行，限价指令往往没有市场指令那么容易执行。

停损指令。停损指令是指必须在市场达到特定的价格时才执行的指令。买入停损指令的价格必须高于市场价格，而卖出停损指令的价格必须低于市场价格。

事实上，停损指令往往发生在价格低于市场价格时。既然如此，为什么交易者会使用停损指令呢？原因有二：

一个原因是停损指令可以限制或保护利润。例如，在 14.50 美分/磅买入 3 月白糖的交易者可能将卖出 3 月白糖的停损指令设在 13.50 美分/磅。如果市场价格下降到或低于 13.50 美分/磅，停损指令就变成市场指令，交易者可以将其风险限制在大约 100 点。我们所谓的 100 点是个无法确定的概念，因为在指令执行之前，行情可能直接穿越指定的价格。持有空头头寸时，停损指令可能设在较高的价格。例如，如果交易者在 14.50 美分/磅卖出空头头寸，他可以将买入 3 月白糖的常效指令设在 15.50 美分/磅。

第二个原因是，交易者认为市场可能达到一定的价格时采用停损指令。例如，如果 3 月白糖连续几个月都在 12.00 ~ 15.00 美分/磅的价格区间运行。投机者相信，市场有能力突破该区间的上限。因此，他可能发出 15.50 美分/磅买入 3 月糖合约的停损指令。虽然可以以更便宜的现价买入 3 月白糖合约，但交易者更愿采用停损指令。因为只有当行情呈现多头信号时，他才愿意买进该合约。

停损—限价指令。停损—限价指令是限制实际执行价格的停损指令。例如，在 89.20 买入 3 月短期债券的停损指令，限制价格是 89.40。这就意味着 3 月短期债券的价格如果高于 89.20，该指令就有效，但在 89.40 的价格以上就不能执行。同样，在 87.80 卖出 3 月短期债券的停损指令，限制价格是 87.60，如果市场下降到 87.80 就有效，但价格低于 87.60 就不能执行（并非所有期货交易所都接受停损—限价指令）。

收盘终止指令。收盘终止指令是在收盘价格超出指定价格时生效（并非所有期货交易所都接受收盘终止指令）。

触及市价指令。触及市价指令（MIT）与限价指令相似，但一旦行情触及指定价格，交易指令将成市价单。例如，行情的演变如下：79.40、79.35、79.25、

79.20、79.25、79.30、79.40、79.50……如果在 79.20MIT 执行买入指令，一旦价格达到 79.20，该指令就变成市价指令，但是 79.20 的限价指令只能在价格达到 79.20 或以下时执行买入命令。如果市场价格触及 79.20 后立即反弹，设定在 79.20 的限价单也许就没有机会成交，但触及市价单一定可以成交（价格可能在 79.20 以上）。触及市价指令是一种不必要的吹毛求疵的指令。从长期来看，交易者采用次低点买入限制和次高点卖出限制指令可以获得与 MIT 指令同样的效果（所有期货交易所都接受 MIT 指令）。

全部成交否则取消指令。望文生义，全部成交否则取消（FOK）指令是一种必须立即执行否则就取消的指令。

分批单指令。分批单指令是交易者希望在不同价格分批买入或卖出合约采用的指令。例如，如果 6 月瑞士法郎的价格是 53.00，想在 55.00~57.00 的价格分批卖出 10 份合约的交易者可采用该指令卖出 10 手 6 月瑞士法郎，一份合约在 55.20，其他合约每高出 20 点卖出一份。

单边取消指令。单边取消指令（OCO）是一种双边指令，该指令是一边执行一边取消。例如，持有 2 月活牛多头的交易者在价格为 77.00 时的目标价格是 82.00，止损价是 75.00，因此他的交易指令如下：卖出 1 份 2 月活牛合约，价格限制在 82.00，止损价是 75.00（并非所有期货交易所都接受单边取消指令）。

或有单指令。或有单指令是指一个合约指令的执行是以另一个合约为条件。例如：如果 3 月白糖的交易价格是 13.00 或以下，就卖出 10 月白糖（并非所有期货交易所都接受或有单指令）。

套利指令。套利指令是在买入一种期货合约的同时卖出另一种期货合约的指令，这种指令可在同一个市场或相关的市场执行。一般情况下，套利者主要关注的是价差而不是价格方向。例如，一个套利者买入 1 份 7 月棉花合约，卖出 1 份 12 月棉花，7 月合约与 12 月合约的溢价为 200 点，如果 7 月买价高于 12 月，卖价正好为 200 点或者在 200 点以下，前述的交易指令就可以执行。

佣金与保证金

期货交易以每手合约为基础计算佣金。一般而言，大额交易者可以获得较低的佣金费率。虽然商品佣金相对低廉，但对于交易频繁的人而言也构成较沉重的负担，所以交易者应该建立相对长期的仓位，除非可以找到非常有效的短线交易方法。

商品保证金是一种履约保证金。大体上而言，保证金通常是合约价值的 5% ~ 10%。交易所规定了每种商品的保证金，但经纪公司还会在交易所规定的基础上提高一定比率作为经纪公司的保证金。由于初始保证金仅占合约价值的一小部分，如果行情出现不利的走势，交易者往往需要存入额外的保证金。这些额外的保证金就是维持保证金。

交易者都很关注经纪公司保证金的收取水平，保证金往往仅占合约价值很小的比率。如果交易者的操作能严格遵循资金管理原则，发生严重亏损的可能性就不大，但如果投机商将保证金用到极限，出现亏损的概率就大大增加。一般情况下，交易者应在每次交易时交付最低保证金的 3~5 倍。一般保证金账户中存有足够的保证金以保证正常交易。如果交易者的账户中保证金不足，结算部门就会通知他已经超额交易，必须追加保证金。必须指出的是，账户中保持一定数量的保证金并不意味着损失利息。大多数有信誉的经纪公司允许中等规模以上的客户将其账户中大部分资金投资短期债券。如果交易者的交易规模在中等以上，而经纪公司不允许存入担保证券作为保证金，就可以考虑更换一家经纪公司。

税收考虑[①]

1981 年颁布的《经济复苏税收改革法案》及其后来的税收规则变动，包括 1993 年颁布的《综合预算调解法案》（OBRA 1993），大幅修订了商品市场损益的税收待遇。这些变化一般涉及《国际税收法典》第 1256 条，规定了四种金融工具类别，其中就有受监管的期货合约（RFC）。这种修订非常重要。简单而言，期货合约就是在美国期货交易所交易的期货合约。对于一般的投机者，新法案最重要的部分可总结为以下四点：

- 法案中没有关于商品交易者持有合约时间的规定（例如，不论持有头寸的时间多长，头寸是多头还是空头，所有的交易都被一致对待）。
- 60% 的期货交易盈亏作为长期的盈亏，其余 40% 的期货交易盈亏作为短期的

---

① 　本部分内容由美国马里兰州卢瑟维尔的阿瑟·贝尔、小阿瑟·贝尔及其助理们提供。

盈亏。随着《综合预算调解法案》（OBRA 1993）的颁布，期货投资者面临的长期资本收益最高税率是 28%，但不包括 10% 的附加税。不过，短期资本利得部分最高税率为 39.6%（包括 10% 的附加税）。因此，最高的合并税率应为 32.64%。

- 所有的期货合约必须在年底时进行统计。换句话说，纳税人持有的每一份期货合约都被视为在年底最后一个交易日以公允价格卖出。这种合约的损益与该年内所持有但在最后一个交易日之前已终止的合约的损益合并统计。然后从这一总数中减去去年这类合约的按市价计算的收益或损失。最后，截至 12 月 31 日止，给定年度的商品交易盈利（亏损）是该年度合约已实现的盈利（亏损）加上当年 12 月 31 日未实现的盈利（亏损）。

  为了支持对这种期货合约的税收计算，美国国家税务局创建了 6781 表格，用于统计 1256 种合约的损益。这种表格不仅反映了 1256 种合约的交易，而且有助于通过计算在第二点所提到的 60/40 长短期盈亏来确定这些交易的特征。一旦这种计算成立，长短期的交易盈利或亏损就可以转换成明细表 D.

  许多纳税者几乎都不关注甚至忽视 6781 表格和明细表 D 中直接反映的期货损益。之所以如此，主要因为 6781 表格特定用于期货合约交易，通过该表格可以计算 60/40 长短期盈亏，并且美国国家税务局通常无法处理此类交易的直接报告。因此，如果不使用表格 6781，可能导致美国国家税务局的警告。

- 期货交易的亏损不像股票或其他证券交易的亏损，可以结转至多三年以抵消期货交易的盈利。这个选项必须在 6781 表格项下，只能由个人纳税者在当时的税务年度完成。在某种程度上，这种损失是不能抵消当年期货交易盈利的，他们往往用于抵消未来年度的期货盈利。

  以上讨论的目的仅限于提供期货交易盈亏的税收处理意见，并不包括外汇或其他资产组合或衍生品。此外，现行的税收制度可能会做出一些重大修订。因此，如要获得关于这方面税收的进一步深刻理解，建议咨询专业的税务顾问。

第二部分

基本分析

期货基本分析的核心是确立因果关系。反之，技术分析的所有方法都是建立在形态之上的。因此，如果交易者希望了解市场的行为，只有诉诸于基本分析。基本分析的重要特征包括：

- 对于纯粹的技术分析者而言，基本分析可以提供另一个维度的思考。
- 基本面的资料往往可以远在技术面的信号之前提供重要价格走势的信息。
- 基本面的资料经常可以强化技术面所呈现的重要行情契机，鼓励交易者采取更积极的立场。
- 交易者了解基本面的环境，可以对坚持持有某个制胜的仓位有更强烈的动机和信心。
- 市场对于基本面信息的反应方式，可以做为一种交易工具——甚至技术交易者也是如此。

遗憾的是，许多关于基本分析的常识是错误的。为了从一个正确的认识开始，第二部分将在第3章"14种常见的谬误"中讨论基本分析中的一些常见错误。

第3章提到的最后一种谬误——需求概念的混淆——强调了第4章"供求分析：基本经济原理"内容的必要性。在对基本概念的简单回顾后，第4章主要以数据表示量化的需求，并解释传统的基本分析方法为什么不适用于诸如黄金这样的品种。

第5章"基本分析的类型"总结了不同的基本分析方法。从单一指标的模型到多种指标分析模型，本章详细介绍了（TAG①）法——一种系统但非数学的方法。回归分析法被认为是最重要的基本分析工具，但关于回归分析法的详细说明则延后到第三部分。

第5章介绍的指数模型根据要求分为多头市场和空头市场。问题是如何恰当地进行划分。要提醒的是，技术分析提供了最合适的方法。第六章"技术分析在基本分析中的运用"对此作了不同寻常的阐述。

第7章讨论了预期在基本分析模型中的重要性——"预期的作用"，讨论了两种不同市场预期的区别：供求双方的预期和新作物预期。

---

① TAG 法：tabular-and-graphic，图表法。

第8章"通货膨胀的具体反映"强调了通货膨胀在基本分析模型中的重要性，介绍了在一定时期内价格比较出现失真的情况。

第9章"季节性分析"介绍了分析期货市场季节性走势的各种方法，用于判断市场的季节性形态。

第10章"各类市场的季节性分析"提供了市场走势的各种图表，描述各种市场对基本面情况的反应，以及对期货价格走向的影响。

第11章"市场反应分析"通过介绍一些典型案例，说明如何系统地分析市场对重要事件（如美国农业部报告）的反应。

一些活跃的期货市场基本上都是自由市场。其中一些市场比其他市场更自由。第12章"政府计划与国际协议"讨论了一些外部事件对市场价格的潜在影响。

第13章"建立预测模型"介绍了如何将前面讨论的各种影响因素综合到分析方法中。

第14章"基本分析与交易"是对第二部分的总结，主要探讨了基本分析如何与实际交易相结合。本章特别提醒大家在进行基本分析时要注意一些潜在的陷阱。

第3章　14种常见的谬误[①]

亲爱的交易者，错误并不在基本面资料，而在于我们自己。

（向莎士比亚致歉）

5种常见的情形

情形一

美国财政部宣布出售库存黄金的计划。毫无疑问，该计划一宣布，黄金市场在下一交易日几乎以跌停价开盘。你的理由在于，黄金出售计划的出台将大幅增加市场的供给，必将导致黄金价格下跌。你多少应关注的是持续的通胀预期和弱势美元，而不是关注在短期内黄金出售计划将主导市场行为。

市场在短暂的下挫之后出现了持续两天的反弹行情，然后如你所料急速破位下行。一周以后，你的交易账户出现盈利，你相信自己抓住了熊市的获利机会，决定长期持有空头头寸。然而接下来的一周，市场莫名其妙地开始上涨，你的所有盈利逐渐蒸发。非常矛盾的是，即使没有预期的利好消息，上涨行情仍在继续，价格甚至超过了美国财政部发布消息之前的价格。你的账户亏损额还在不断增加，最后不得不忍痛割掉所有头寸，并发誓："这是我最后一次根据基本分析进行的交易。"

[①]　本章的部分内容摘自《商品期货》杂志的系列文章。

情形二

美国农业部将在下午发布 50 个州的生猪报告。你认为自己已经做了大量市场调研，相信已了解 50 个州的生猪数量增加情况，并认为生猪市场会有很大的发展空间，预测上市生猪的数量至少超过去年同期 15%。生猪的价格已在最近几周大幅下跌，但你以自己的预期与报告一致的理由推断生猪的价格将会更低。

尽管你很清楚报告发布时追加头寸的风险很大，你还是没有把握住自己。下午 3 点，你的眼睛盯着消息提示器，心脏怦怦直跳。当看到一个关键数字出现时，你的脸上笑容绽放，并放声高呼，"我早就预料到了"。因为报告显示生猪数量增加了 16%。

果然，第二天市场以跌停板开盘，你开始计算三个跌停板后自己的盈利。但是，你还没计算出来结果，意外的事情发生：价格开始回升。上午收盘前，生猪的价格比前一交易日收盘时高出 100 点。下午及随后的几个交易日价格继续上涨。一周后，你忍痛割掉所有头寸，损失惨重。你认为自己受骗了。你的预测完全正确：报告显示是熊市，那价格怎么会上涨呢？

情形三

你持有多头小麦合约已经三周了，这是你从事期货交易以来最好的一次交易。市场走势平稳，各方面的消息都有利于价格上涨。当你那天晚上听到官方宣布一批谷物销往某国的消息后，你就开始做起白日梦，幻想这次能够赚大钱，然后退出市场。

第二天早晨，你打电话告诉经纪人，"小麦预计会上升 8~10 美分/蒲式耳"。但实际行情并没有按你的预测发展。开市后，小麦开盘价比前一交易日的收盘价低了 2 美分，走势虽不理想但不至于糟糕。几天后，小麦价格下跌了 40 美分，你账户中的利润消失殆尽。

情形四

活牛期货价格最近一直保持高位。经了解，活牛的供给数量有所下降，短期内可能维持在较低的供给水平。但进一步的调研发现，在很多情况下，价格较低时供给量也较低。因此，你推断目前市场持续上升存在着炒作嫌疑，并决定做空活牛期货。

随后，活牛价格又上升了 5 美分/磅。你认为这是更理想的做空机会，因此增加空头头寸。但市场价格继续上涨，最后你不得不认输出局。

情形五

当一项新的国际白糖协议在日内瓦签署时，白糖期货合约的价格接近 11 美分。该协议设定白糖最低价是 13 美分/磅，并将于下一个年度开始生效。此外，你还了解到白糖价格低于生产成本价，价格明显偏低。因此，你决定做多。但实际情况是，白糖价格没有上升到 13 美分，反而继续下跌。

上述 5 种情形说明，根据基本分析并不能完全解决交易中的问题。至少很多交易者都会从类似的经历中得出这样的结论。

然而，基本的事实是，许多基本分析得出的结论或者不够全面，或者不够准确，或者两者都有。也许完全不用基本分析的交易者比采用了错误分析结果的更好一些。但必须承认的是，有效的基本分析是有参考价值的，甚至是强有力的分析工具。

在讨论如何完善基本分析法之前，有必要先解释基本分析中常见的 14 种谬误。顺便提一下，这些谬误并不代表交易新手们经常犯的错误。事实上，这些谬误也经常出现在那些著名的新闻媒体、商业期刊和商品研究杂志上。这些谬误排列不分先后。

14 种常见的谬误

一、从真空的角度看待基本资料

"市场走熊"通常被认为与供给过剩意义相同。这种解释看上去有些道理，但可能导致错误的结论。

例如，假定当前的白糖市场价格是 30 美分/磅，而供给由紧俏转为过剩。在这种情况下，基本面似乎对市场不利，价格走低是合理的预期。假定价格下跌，跌到 25 美分的价格，基本面是否仍然偏空？很可能。如果到 20 美分呢？也可能。15 美分、10 美分、5 美分呢？直到某一价格水平，无论市场上有多大的供货量，基本面可能不再偏空。

其实，在供给过剩的情况下，如果价格超跌，有可能代表多头的基本面。因此，基本面本身没有多头或空头的含义，仅仅是相对于价格而言的。一些分析师对这个事实认识不够，因此在行情顶部时认为基本面偏多，在行情底部时认为基本面偏空。

二、把旧闻视为新闻

新闻机构、网络和报章杂志经常报道传播一些过时的消息。例如，一则标题为"世界棉花产量预计上升 10%"听起来似乎对市场构成利空，但这则消息早已报道过四五遍了，并不能真地看出是否利空。一种可能是，上个月预测的世界棉花产量可能上升 10%，也有可能是，上个月的产量上升了 12%。因此，目前的预测值反而有助于价格走势。有一点必须记住，许多听起来好像是新闻的消息，实际上是旧闻，早就被市场消化吸收了。

三、与去年同期进行比较

市场中经常有一些统计数据与一年前的同期情况进行比较，根据时间点进行分析。但是，这种方法过于简单，应避免使用。例如下列市场评论："12 月生猪报告显示，猪肉供给货源充足，农场的可售生猪将增加 10%，计划生猪屠宰量将增加 10%，预计市场价格会下跌……"虽然该分析结论在某些情况下可能成立，但简单的分析预测容易出现误差。

精明的读者可能会察觉其中的谬误，供给量的增加并不一定会造成价格下跌，因为市场可能已经消化了上述信息。此外，同期比较的方法还存在一些潜在的问题。首先，12 月报告显示生猪数量增加 10%，并不意味着供给量随之增加，也许去年同期的生猪供给数量很低。其次，生猪屠宰量与生猪数量之间的关系可能发生重大变化。去年同期的生猪屠宰量占生猪数量的比率可能变化很大，也许去年生猪屠宰量的比例可能很高。在这种情况下，生猪交易量增加 10%，生猪屠宰量可能增加不多。虽然一年期的同期比较法在某些情况下有助于解释市场运行状况，但绝不能视为基本分析中的基本方法。

四、根据基本资料判断交易时机

如果根据问题出现的频率排序，这一项可能比第一项更重要。基本分析是一种方法，是在一定条件下衡量一段时期的合理价格，用以预测某年、某季和某月的价格走势。然而，企图将供求的统计数据用于瞬间价格讯号的依据是相当荒谬的，但有些交易者就是根据基本面资料选择入场的时机。

根据报纸文章、新闻报道和小道消息进行交易，就会陷入这个误区。据此进行交易的投机者常以失败告终。但例外的是利用这些消息进行方向思维的交易者。例如，交易者在利多消息出台后市场仍然没有上涨，就转而做空。

基本分析者也要防止在没有确定价格是低估或高估时，就凭直觉认为该仓位是正确的交易仓位，从而匆忙入市。市场不会认同分析者个人确定的价格，即使该分析正确，最好的入市时机可能在三周或三个月后。简而言之，预测入市的时间，在采用基本分析时还需要一些技术分析的方法

五、疏于观察

假定有这样一种情形——某天你注意到报纸财经版面的这样一则消息："政府预计最近发生在中西部的暴风雪将导致10000头牛被冻死。"这种大量减产的消息难道不是最好的买入机会吗？别着急，你要仔细算一下有多大的损失，如果在你面前的草坪上有10000头牛，数量似乎很多。然而，当你认真考虑一下牛的总量为1亿头时，损失的数量对市场的影响就微不足道了。

该例子说明了供给的情况，而国内消费和出口的例子可能大同小异。对每种情况都应问同一个问题：在新闻报道（如数量减少和新的出口销售）中相对于总体而言，其重要程度如何？

六、忽略合适的时间考量

当看到"粮食价格上涨意味着肉价将上涨"的消息时，究竟是对是错？在继续看下去之前不妨认真考虑一下。

其实，这个问题是中性的。从时间来看，多数人的回答是对的，因为粮食价格上涨导致饲料批发商成本增加，这将导致鲜肉减产，肉价上涨（生产成本可能是主要的误解），上述结论从长远（两年半以上）看是对的。

从中短期（时间架构确实是期货交易者关心的问题）来看，上述影响可能是相反的。如果粮食价格的上涨对牛的饲养影响很大，就会造成产量减少，初步反应是应尽快出售牛，这将造成肉类价格下跌。较高的谷物价格可能使牛达不到市场要求的重量，但这种影响较小，增加饲养成本意味着供货流量的变化（因为饲草牛的重量增加较慢），而不会改变长期的总供给量。

在经济世界中，因果关系不一定同时并存。有些情况下，一个事件可以马上诱发价格的变化，而在其他情况（如上述例子）下，几年后才可能产生影响。

七、认为价格不可能远低于生产成本

无数事实证明，这一观点是错误的，但有人就是不相信。这里再重复一遍，生产成本不是价格的支撑因素，尤其是那些无法储存的商品。

商品一旦生产出来，市场并不关心它们的生产成本，价格是根据供求关系来决定的。如果商品价格下跌到生产成本以下，商品供给仍旧过剩，价格就可能继续下跌，直到供求平衡。

生产者为什么会以低于成本的价格卖出商品呢？原因在于他们别无他选。农产品市场竞争非常激烈，卖家成千上万，再则任何个人都无法将生产成本转嫁给市场；相反，生产者必须接受市场价格。总之，能低价卖出去总比卖不出去要好。

当然，无利可图可能导致产量下降，但不是一夜之间就能出现的。这种情况至少要一年之后才会有所反映。有时候，价格下跌到生产成本以下，可能需要几年的时间。从这个意义上讲，第七种谬误是第六种谬误的结果——忽略了相关的时间。

一些价格下跌到成本以下的例子包括：20 世纪 70 年代中期的活牛市场、1976—1979 年及 1981—1983 年的白糖市场、1975—1978 年及 1981—1986 年的铜市场、1986—1987 年的玉米和小麦市场，以及 20 世纪 90 年代的白银市场。每当你发现基于价格等于或低于生产成本的理由而推荐买进的研究报告时，请务必记住上述的这些例子。

八、错误的推理

这种谬误最好通过一个例子来解释。其中一个例子是，不能用饲养牛的数量来推算潜在的活牛屠宰量。其原因在于：饲养牛中不包括饲草牛。如果饲草牛占活牛屠宰总量的比例不变，上述推理就没什么问题。实际上，这个比例在预测期间经常变化。因此，仅用饲养牛的数量来预测活牛屠宰量，结果可能不准确。例如，在饲料价格偏高的情况下，饲草牛的数量可能增加，甚至出现饲养牛的数量减少但牛的总量增加的情况。

许多市场分析和评论忽略了屠宰过程中的复杂情况。其造成的误差有多大？表2.1 说明了饲养牛与屠宰量比例变化之间的关系。如表中所示，两组数据之间的关系变化很大。事实上，在 10 年中至少有 6 年，饲养牛与屠宰量比例之间的偏差有 1 个季度超过 20%。但这并不意味着，根据任一给定季度的屠宰量将与前一年度的水平相当的假定就可以获得更准确的屠宰量。没有信息总比不正确地使用信息要好，这就是一个典型例子。

表 3.1 饲养牛数量比例变化与屠宰量之间的比例变化

年份/季度	相较于去年饲养牛比例[a]	相较于去年屠宰量比例	两比例差[b]
1974 年 1 月	115.6	98.3	17.3
1974 年 4 月	109.0	108.1	0.9
1974 年 6 月	93.5	117.1	−23.6
1974 年 10 月	80.8	114.0	−33.2
1975 年 1 月	76.8	114.3	−37.5
1975 年 4 月	63.2	108.3	−45.1
1975 年 6 月	78.0	112.6	−34.6
1975 年 10 月	88.1	109.6	−21.5
1976 年 1 月	116.3	112.1	4.2
1976 年 4 月	137.2	106.5	30.7
1976 年 6 月	132.3	103.5	28.8
1976 年 10 月	111.2	96.1	15.1
1977 年 1 月	96.5	95.9	0.6
1977 年 4 月	98.0	100.2	−2.2
1977 年 6 月	96.0	97.4	−1.4
1977 年 10 月	96.6	99.1	−2.5
1978 年 1 月	101.5	97.5	4.0
1978 年 4 月	113.1	96.9	16.2
1978 年 6 月	106.6	91.7	14.9
1978 年 10 月	124.5	92.0	32.5
1979 年 1 月	116.8	87.1	29.7
1979 年 4 月	101.2	81.5	19.7
1979 年 6 月	102.8	84.7	18.1
1979 年 10 月	93.5	87.3	6.2
1980 年 1 月	96.4	91.5	4.9
1980 年 4 月	97.5	101.9	−4.4
1980 年 6 月	95.0	104.4	−9.4
1980 年 10 月	98.7	104.3	−5.6
1981 年 1 月	98.6	105.4	−6.8
1981 年 4 月	95.9	103.7	−7.8

（续表）

年份/季度	相较于去年饲养牛比例[a]	相较于去年屠宰量比例	两比例差[b]
1981 年 6 月	109.1	103.1	6.0
1981 年 10 月	95.8	101.6	−5.8
1982 年 1 月	98.1	101.1	−3.0
1982 年 4 月	99.2	101.7	−2.5
1982 年 6 月	102.9	103.8	−0.9
1982 年 10 月	110.2	103.5	6.7
1983 年 1 月	111.6	100.6	10.9
1983 年 4 月	114.8	102.4	12.3
1983 年 6 月	110.1	103.6	6.5
1983 年 10 月	100.0	102.3	−2.3
1984 年 1 月	98.6	105.0	−6.4
1984 年 4 月	102.6	105.6	−3.0
1984 年 6 月	99.6	100.1	−0.5
1984 年 10 月	109.3	99.9	9.4
1985 年 1 月	110.4	97.5	13.0
1985 年 4 月	109.9	96.6	13.3
1985 年 6 月	106.4	97.8	8.6
1985 年 10 月	96.3	94.4	1.9
1986 年 1 月	101.4	99.4	1.9
1986 年 4 月	98.7	106.0	−7.3
1986 年 6 月	94.7	103.2	−8.5
1986 年 10 月	99.9	102.3	−2.3
1987 年 1 月	90.8	98.6	−7.9
1987 年 4 月	88.8	92.8	−4.0
1987 年 6 月	106.7	95.5	11.2
1987 年 10 月	103.5	95.7	7.8
1988 年 1 月	108.1	97.9	10.2
1988 年 4 月	115.3	98.7	16.7
1988 年 6 月	107.9	99.8	8.2
1988 年 10 月	101.2	97.3	4.0
1989 年 1 月	99.9	95.3	4.6

（续表）

年份/季度	相较于去年饲养牛比例[a]	相较于去年屠宰量比例	两比例差[b]
1989 年 4 月	106.4	99.2	7.1
1989 年 6 月	98.5	93.6	4.9
1989 年 10 月	99.9	98.7	1.2
1990 年 1 月	94.5	99.2	−4.7
1990 年 4 月	101.4	98.3	3.1
1990 年 6 月	99.0	98.2	0.8
1990 年 10 月	101.1	96.3	4.8
1991 年 1 月	107.6	96.9	10.7
1991 年 4 月	108.7	97.1	11.6
1991 年 6 月	112.7	99.9	12.8
1991 年 10 月	105.9	99.4	6.4
1992 年 1 月	95.5	102.2	−6.7
1992 年 4 月	89.7	99.5	−9.7
1992 年 6 月	86.8	100.0	−13.2
1992 年 10 月	98.7	100.7	−1.9
1993 年 1 月	102.3	98.4	3.9
1993 年 4 月	112.3	102.6	9.7

[a] 季度初体重在 900 磅以上的公牛和体重在 700 磅以上的母牛数之和

[b] 第 2 列减去第 3 列的百分比

　　另一个例子是，根据耕种亩数来预测作物产量也经常会出现错误的结论。当耕种亩数发生一定比率的变化，这并不代表产量也会发生相同的变化（即使假设收成率不变也是如此）。对于大多数作物而言，产量的分配是一项非常重要的变数。例如，某些州（如加利福尼亚州）的棉花收成率是其他州（如德克萨斯州）的 3 倍。产量最好根据地区（区或州）耕种亩数的变化，而不是基于总耕种亩数的资料来进行预测。

九、比较名义价格水平

　　当前的价格不能与历史价格进行比较，不同时期的价格比较要考虑通货膨胀因素。

例如，假定我们深入研究过去的统计数据，不难发现当前的基本面与 1965 年和 1972 年的情况非常相似，但这并不意味着当前的价格与 1965 年和 1972 年的价格相同。就实际价格而言，由于通货膨胀的影响，现在的名义价格要高于过去。

然而，应注意的是，从 1980 年开始，许多商品需求呈现逐步下降的趋势，主要是因为为抵御通货膨胀的囤货需求减少。由于需求量难以具体量化——下一章将详细讨论这个问题——因此通胀调整后的预测价格可能偏高。总之，预测商品价格要考虑需求变化和通胀因素，否则预测的价格可能不准确。

十、忽略市场预期

相对于既有的基本面资料而言，市场往往更重视第二年（或下一季度）的预期，尤其是在供给面处于由松转紧或由紧转松的过渡期。

1990 年的小麦市场就是一个典型的例子。在 1989/1990 年间，冬小麦收成较低，结转库存是 15 年来的最低水平。此外，1990 年产期的冬麦播种仅小幅增加，这就意味着接下来的一年甚至数年小麦供给将会短缺。

尽管基本面显然偏多，但小麦价格由 1990 年初开始就开始逐步下跌。这波价格跌势无法用当时的基本面资料予以解释，只能说明预测不准确。1990 年或 1991 年冬小麦收成符合市场预期，事实证明冬小麦产量较前期增加 16%。这是在种植面积少量增加的情况下，年产量却增加了 39%，因此结转库存也恢复了正常水平。

虽然上述基本面转变的情况到了 1990 年后期才通过一些数据反映出来，但市场在 1990 年初就有这方面的预期。因此，预期心理的重要性超过当时的基本面资料，1990 年上半年的小麦行情就是一个典型的例子。

十一、忽略季节性考量

几乎每种商品的市场走势都会呈现一种或多种季节性形态。忽略季节性的影响很容易导致对基本面资料的误解。下面举例说明。

生猪屠宰量。第四季度的生猪屠宰量比第三季度增加了 5%，这可能意味着产量减少——而不是产量增加。这种解释表面上看起来非常矛盾，但实际上有其道理。因为生猪的产量有高度的季节性。生猪的繁殖水平在春季最高，而冬季最低。由于猪仔大约需要 6 个月的时间才能成长到市场销售要求的重量，生猪屠宰量在秋季最高，而夏季最低。因此，当我们比较当前与上个月或上一季度的生猪屠宰量时，必须考虑其季节性形态。

棉花消费量。棉花的月消费量也具有高度的季节性质，某些月份的消费量总是处于特别高或特别低的水平。例如，由于假期的缘故，每年6、7月的消费量大概会降低30%。基于同样的原因，7、8月的消费量大约会增加20%。这种波动显然非常剧烈，如果不了解棉花销售的季节性形态，就不可能准确预估棉花的消费数据。

如果生产与消费的数据是与往年同期的资料相比较，当然就不考虑季节性的因子。然而，如果所比较的基本面资料属于不同的月份或季节，务必要详细观察历史资料中的季节性市场行为，并据此做出必要的调整。

十二、预期价格将趋同于国际贸易协定的目标水平

无数的例子证明，商品价格预测很难与国际贸易协定制定的目标价格相一致。交易协定通常通过出口管制与库存计划的手段来支持交易价格。虽然这种调节手段有时在一定程度上有效，短期内会刺激价格上涨，但很难维持长期的上升趋势。国际白糖协议和国际可可协议就是两个最近的例子，最后都不可能将价格维持在目标区间的下限。欧佩克（OPEC）或许是最有效率的价格支撑组织，但这个石油卡特尔也经常让油价跌破目标区间的下限，甚至相当严重。

值得注意的是，国际贸易协定在限制价格上涨方面更是无能为力。当市场价格上涨超过目标区间的上限时，这些协定只能取消所有的管制——恢复市场的自由交易。

十三、根据不充分的资料预测行情

有时，由于历史数据不充分或不精确，无法据此预测行情或建立预测模型。一个典型的例子是，《商品期刊》（现改名为《期货杂志》）1972年8月刊载了一份关于棉花市场基本面的研究报告。报告指出，自从1953年以来，棉花市场仅有两年是名副其实的自由交易市场。在20世纪50—60年代年代，政府计划将棉花价格维持在供求平衡的水平上。到目前为止，一切都还不错。

事实上，正确的结论应该是：很多时候既有的资料不足以进行基本面的价格预测。如果仅有两年的资料可供比较，如何才能精确地预测市场的走势呢？

遗憾的是，上述报告的作者根据非常有限的资料来进行预测得出结论。引用其中的一段话：棉花库存不到350万包，说明供给非常紧张，价格有可能上涨超过30美分/磅。

虽然其结论最后证明是正确的，但严重低估了棉花市场的上涨潜能。一年以后，棉花价格达到99美分/磅，创出历史新高。顺便提一下，我就是这篇报告的作者。

十四、混淆需求与消费的概念

在期货的一些文献和分析资料中，需求和消费是两个经常被混淆的概念（参数是另一个容易混淆的概念①）。由于被当做同义语，从而导致许多分析上的错误结论。对这两个词的解释需要涉及基本的供求理论，这也是下一章要介绍的内容。

以上简单讨论了期货市场中 14 种常见的谬误。回顾开始提及的 5 种情形，每种情形都存在两种以上的谬误。具体答案请见表 3.2。

表 3.2　5 种情形所犯的谬误

情形	谬误[a]
1	4，5，10
2	1，3，4
3	2，4
4	9，10
5	7，12

[a] 再加入其他的谬误不一定是不正确的，其他的谬误可能也适用（例如谬误 1 在任何情形都适用），但是没有列出它们是因为本文所提供的信息并不足以做出这样的决定。

---

① "参数"的基本定义见第 12 章脚注 2，第 13 章也给出了另一种定义。"参数"通常被误用成"边界"，可能是因为英文发音相似。

第4章　供求分析：基本经济原理

在经济学领域里没有不变的关系，因此，也是不可测量的。

——路德维希·冯·米塞斯

供给和需求的定义

供给曲线向上倾斜，意味着供给市场的商品价格更高（图4.1）①。假设图3.1中水平轴显示的时间单位为一个季度，市场供给可能受到总产量和库存的限制。但是，如果价格较高，厂商就会降低库存，尽可能多地向市场提供商品；相反，如果价格较低，厂商就会增加商品库存，等价格上涨时再向市场投放。供给曲线的倾斜度可以反映商品的销售和库存情况。②

易腐商品（如鸡蛋、土豆）或非储存商品（如活牛、生猪）的供给变化不是很大，可以用垂直线表示（图4.2）。例如，如果生猪市场半年间的供给曲线垂直向下，该期间市场的供给量就不受市场价格的影响。价格再低也不会减少供给数量。

---

① 为了简化说明，这部分的供给和需求曲线都是直线，我们希望避免讨论决定曲线精确形状的因素以防离题。虽然直线假设在正常范围内是成立的，但在整个价格区间里供给需求曲线都非直线。例如，价格上升，消费数量下降，通常价格会继续上升使得消费持续走低。另一个例子，在短期的某个时点上，供给曲线渐进上升，因为市场上的供给量不可能超过现存的总供给（储量加上产量）。

② 在更长的时间段里（如10年），供给曲线也反映产量超过当前水平的可能性。例如，较高的价格水平会促进更大面积地种植新作物并且增加肥料的使用。然而，对于期货交易的优势，把供给和需求的讨论限定在短期是非常有用的（如季度或月度）。

因为一旦生猪达到了市场要求的重量，除特殊情况外，通常别无选择，不论价格高低，都要将生猪卖出。另一方面，从开始饲养生猪到能够达到市场要求的重量有快一年的时间，高价格也不能增加供给量。事实上，如果此时市场的供给曲线反映的特性不正常，高价格可能减少供给量。其原因在于：高价格会使生产商继续饲养生猪而不向市场供给，因此会减少当前的供给量。但是，为了简化问题，我们假设易腐或非储存商品的供给曲线是垂直的。

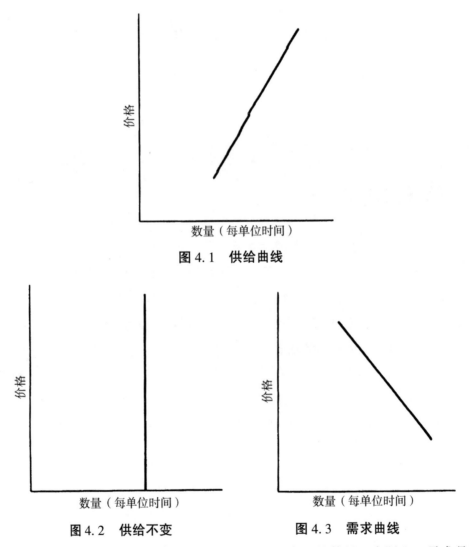

图 4.1　供给曲线

图 4.2　供给不变　　　　图 4.3　需求曲线

　　需求可以确定在每个价格水平上计划消费不同商品的数量。实际上，需求是消费者购买商品能力的测试仪。需求曲线向下倾斜，意味着价格越低，商品的需求量就越大（图 4.3）。

　　需求弹性等于需求量增加比率除以价格下降比率。如果商品需求是缺乏弹性的，意味着价格较大的变动率仅造成需求量较小的变动率，图 4.4 就分别是富有弹性的需求曲线和缺乏弹性的需求曲线。[①]

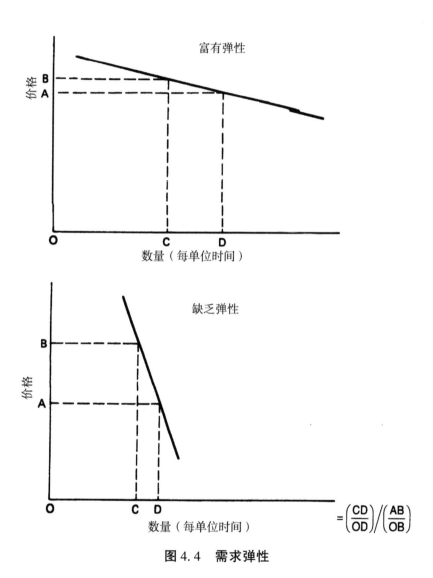

图 4.4　需求弹性

<hr />

　　①　需求曲线上的每一点弹性都不同，弹性是关于特定点的概念而非整条曲线，沿着需求曲线（富有弹性或缺乏弹性）向右移动，需求弹性会减小，因为给定价格的一个变化，意味着更大的百分比改变，虽然需求数量有相同的绝对值变化，但是百分比变化更小。从图 4.4 可以看出，沿着需求曲线向右移动，需求的弹性公式里分母变大，分子变小。

需求弹性主要取决于两个因素：

1. 替代品。需求弹性随着替代品的供给发生变化。例如，盐的需求是缺乏弹性的，但是特定品牌的盐的需求就是富有弹性的。

2. 花费在商品上的总收入比重。需求弹性随着花费在商品上的总收入比重变化而变化。例如，虽然两者都没有相关的替代品，移动电话的需求弹性远远大于盐的需求弹性。

总的来说，大部分商品的需求曲线是缺乏弹性的。也就是说，价格发生一定比例的变化导致需求量反向变化的比例更小。这里要注意的是，商品价格的缺乏弹性的需求曲线要承受短期价格的大幅波动。

需求量化的问题

所有学习经济学的人都知道，价格是由供给曲线和需求曲线的交叉点决定的（图4.5）。但是，采用供给与需求分析预测价格的一个关键问题是：需求是不能提前量化的，即无法确定一定价格水平上可以消费的商品数量。而在大多数情况下，易腐或非储存的商品可以确定大致的供给数量，或至少可以用产量和库存量估算出大致的供给量①。需求是很难量化的，不可能满足所有潜在的消费者购买不同价格的商品数量。

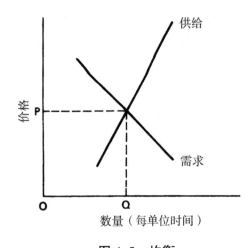

图 4.5　均衡

---

①　贵金属市场是个例外，详见本章最后的"为什么传统的基本面分析不适用于黄金"。

量化需求的唯一理论方法是，如果需求相对稳定并容易推断，就通过对历史消费和价格数据的分析推断出需求曲线。遗憾的是，当需求出现频繁宽幅震荡时，就很难得出结果。

理解消费与需求间的差别

解决量化需求问题的常用方法是，将消费作为需求指标，但该方法获得的结果是错误的。将消费与需求当做同义词，混淆了两个完全不同的概念。消费是商品的使用量，通常由价格决定，而价格又由供求因素决定。需求是在特定的价格水平发生的使用量，需求与供给决定价格。

需求增加意味着在一定的价格水平上消费增加（图4.6）。影响需求变动的因素有可支配收入、消费者偏好和替代品价格，而不是价格。对大多数商品而言，收入增加可能引起需求增加，即在每个特定的价格水平上消费量都将增加。价格下降可能带来消费量的增加，这样的变化是沿同一需求曲线的变动，但需求曲线本身没有移动。换而言之，假定其他条件不变，除非需求发生变化，消费量在一定的价格水平上是相同的。

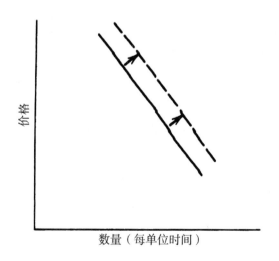

图4.6　需求增加

图 4.7 总结了供给与需求间的关系，消费（即消费量）直接取决于价格，而价格由供求的相互作用决定。要记住的是：消费是价格的结果，而不是决定价格的因素。因此，消费反映需求的概念是错误的；消费由供给和需求共同决定。

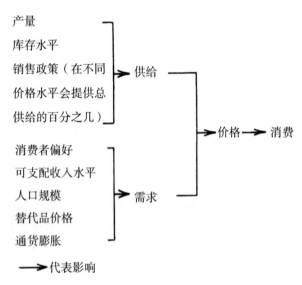

（ª易腐或非储存的商品，如土豆、猪和牛，不管价格水平如何，整季的供给量就是总量。在这种情况下，当季的供给量就是固定的，即等于总产量）

图 4.7　供给—需求相互作用

事实上，对易腐商品和非存储商品而言，消费主要反映供给，而不是需求。例如，假定猪肉消费明显增加，这能说明猪肉需求突然改变了吗？显然不是，消费增加意味着生猪的屠宰量增加。猪肉的供给曲线近似于垂直线，图 4.8 说明，不论需求曲线如何变动，供给决定消费量。因此，消费量增加反映了供给的增加即供给曲线右移（价格走低），并不是反映需求的增加（价格走高）。

应注意的是，需求增加与消费减少很可能同时发生，图 4.9 从供给变化和供给不变的角度说明了这种情况。开始时，A 代表均衡的消费量，虽然需求在第二阶段增加，但由于期间供给减少，均衡消费量就下降到 B。

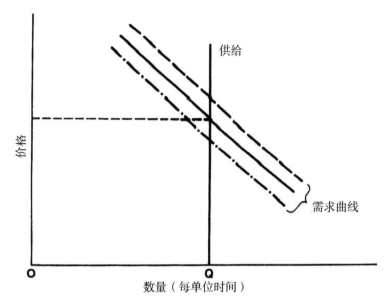

图 4.8　消费反映供给（供给不变的情况下）

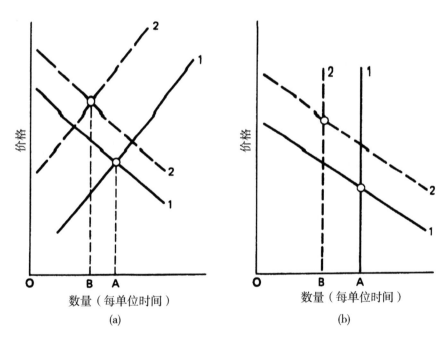

图 4.9　需求越大，消费越少　（a）供给变化　（b）供给不变

即使美国农业部（美国著名经济智库之一）也经常误用"需求"一词。通常所说的"供/求"报告实际上是供给和消费的报告（这里的消费是国内消费和出口的

总和）。

通常情况下，美国农业部改变其"需求"项目的分类时，只在供给方面反映变化，而不是需求。例如，如果预测的商品结转库存正在按预估的要求进行，产量减少的预测意味着美国农业部或者降低了国内消费的预估，或者降低了出口的预估（或者两者都降低）。否则，库存预测的结果趋于零或负值。但是，这种修正并不意味需求已经减少（价格走低），而是高价格将抑制供给，导致消费量减少。

加入需求变量的必要性

由于需求很难量化，因此在建立基本价格预测模型中往往使用供给因素，这是很严重的错误。因为需求变化可能是导致价格变化的主要因素。例如，1980—1982年的铜市场就是典型的例子，该市场反映了忽视需求分析的风险。

来看看下面这个铜价预测模型：

$$P = f\left(\frac{S}{C}\right)$$

P = 铜价紧缩期间的均价；

S = 铜库存量（美国与国外精炼铜库存）；

C = 期间的铜消费量；

f（ ）是一个函数关系符号，意思是"因变量取决于自变量"。

乍看上去，这个模型好像是成立的。该模型的核心是表明铜价取决于铜库存与消费量之间的对比关系，当库存相对于消费量增加时价格将下跌，反之则价格走高。这种情况貌似合乎逻辑。其实，如图4.10所示，在20世纪70年代，库存—消费比的变化确实能够解释价格的主要变化。但要注意到，1980—1982年间的价格走势并不符合上述关系。在此期间，虽然库存—消费比下降，但价格却没有上涨。

原因很简单，虽然库存—消费比是重要的价格决定因素，但仅仅反映了供给的情况。1980—1982年间的价格走势反常，就是因为模型中没有纳入需求因子。在此期间，对于经济低迷的预期和现实、实际利率（名义利率减通胀调整后率）偏高，使持仓者在任何价格水平的持有信心大幅降低。也就是说，需求曲线明显向下移动。这种基本面的演变在上述模型中并没有反映出来。

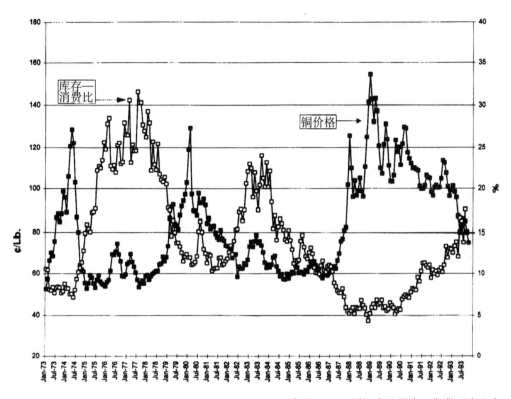

来源：ACLI 国际商品服务，期货研究公告

图 4.10 世界铜库存—消费比与铜价

以上分析只是表明，考虑需求面非常必要。下一节讨论在预测模型中纳入需求变量的方法，即使不一定实现，但仍要考虑。如果因为量化问题，模型中不能直接添加需求因子，可分成下面两步加以分析：

- 构建模型；
- 对需求因素的潜在影响进行评估。

加入需求变量的方法

如何解决需求不能量化的问题？答案取决于市场。在下面各种类型的市场中，可以采用不同的方法解决需求量化问题：

1. 稳定的需求。在某些市场（如土豆市场）上，假定需求非常稳定。实际上，可以根据供给的统计数据来预测该类市场的基本价格走势。

2. 需求变化的增长形态。有些市场的需求虽然每年都发生变化，但变化的形态可简化为量化公式（需求年增长3%）。对于这种市场，可以用一种与增长形态一致的指数来表示。白糖市场就是一个典型的例子。在二战以后的大部分时期，白糖需求以每年约3~4%的速度增长。然而，在最近这些年，白糖需求的增长非常缓慢，原因就在于糖浆的市场竞争加剧。

3. 需求影响变量的确定。有些市场需求的变化虽然没有稳定的增长形态，但可以确认影响需求的因素。例如，某些年份的牛肉需求增加，而另一些年份则会减少。这些变化可通过其他因素（如肉类替代品）反映出来。在这种情况下，不需要关注需求曲线的变化，通过供给统计数据和需求因素就可以建立价格预测模型。下面这个模型就采用了这种方法。

$$DQCP = f(CS, HS, BP)$$

$DQCP$ ＝每季活牛均价；

CS ＝每季活牛屠宰量；

HS ＝每季生猪屠宰量；

DI ＝可支配收入。

在该模型中，CS 代表供给变量；HS、DI 代表决定需求的变量。

在预测铜价的例子中，我们可以通过关注主要铜消费企业的经营活动而加入需求的影响因素，图4.11说明了铜价与新屋开工数量之间的关系。图4.12反映了铜价与国内汽车销量之间的关系。值得注意的是，新屋开工数量和汽车销量都领先于铜价下跌。仅用库存—消费比分析铜价时，对1980—1982年间令人难忘的熊市就很难理解。图4.11和图4.12就明显解释了一旦考虑需求的因素，这个看起来自相矛盾的问题就迎刃而解了。

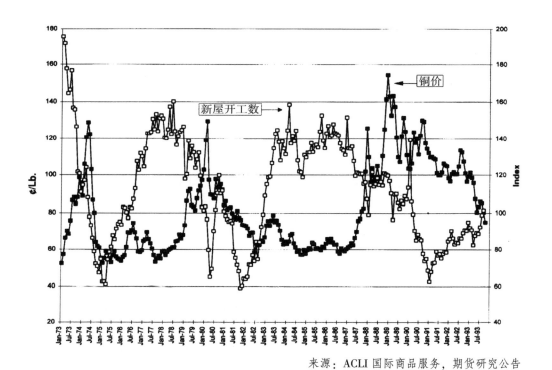

来源：ACLI 国际商品服务，期货研究公告

图 4.11 近期铜期货价格与新屋开工数

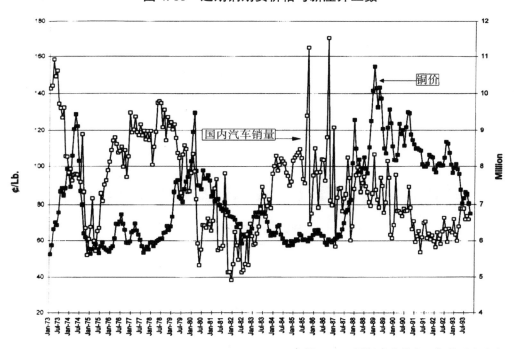

来源：ACLI 国际商品服务，期货研究公告

图 4.12 近期铜期货价格与国内汽车销量

4. 非常缺乏弹性的需求（以及与需求相关的供给弹性）。虽然在概念上有些混乱，但这种类型的市场在现实中可以用消费代表需求。由于这些市场的消费变化不大，不论价格如何变化，消费量都不会发生太大的变动。因此，我们可以假定消费量大致反映需求的水平。例如，图 4.13 就说明了一组缺乏弹性的需求曲线和两条供给曲线。值得注意的是，即使供给曲线发生移动，与均衡价格所对应的消费量基本上取决于需求曲线。因此，消费量可用来代表未知的需求曲线。

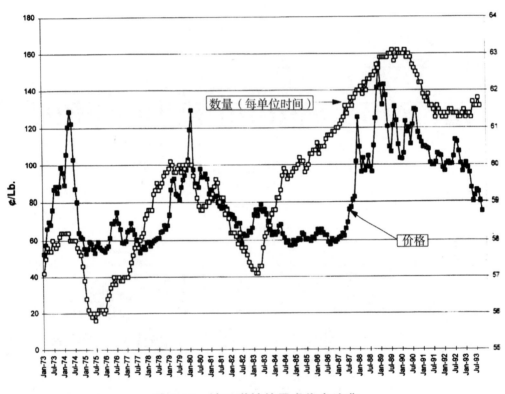

图 4.13　缺乏弹性的需求代表消费

下面的模型是该方法的实例：

$$DASP = f\left(\frac{IS + P}{C}\right)$$

$DASP$ = 白糖的年均紧缩价格；

IS = 期初库存；

P = 产量；

C = 消费量。

值得注意的是，初始库存加上产量代表供给，消费量代表需求。

传统的基本分析为何不适用于黄金市场

遗憾的是，我们讨论的这些需求方法并不可能适用于所有市场。有些市场不仅需求变化较大，而且很难确定需求与其他变量之间的稳定关系。

黄金市场就是典型的例子。黄金需求基本上取决于市场对黄金价值的心理认知，反过来又由无数个包括通货膨胀率、全球利率、汇率波动、贸易平衡数据、OPEC行动和政治事件等在内的相互关联的变量决定。黄金的需求由于某些因素变得相当复杂，在分析黄金的需求时要考虑一些重要因素的变化。例如，在某些阶段，汇率的波动可能是黄金价格的主要影响因素，而在其他时间，该类波动对黄金价格的影响很小。

黄金市场的供给也很难预测。与需求相同的是，供给也要承担市场心理因素的不确定性。这种供给曲线的不稳定性归因于黄金抛售行为的变动，而不是由供给的变动所决定的。

由于黄金的供给和需求曲线都很不确定，导致黄金市场的基本分析变得非常复杂。有些分析师试图通过统计黄金矿产量和工业使用量建立黄金价格的预测模型。该方法是不切实际的，原因在于这些数据仅占黄金总供给的很小一部分，黄金价格主要取决于心理因素，这是无法避免的事实。

实际上，类似黄金这样的市场不宜采用传统的分析方法。建立一种计量模型来预测黄金价格，就像编写一个根据摄影师过去拍摄的照片来预测其未来作品的计算机程序一样——其结果也许比瞎蒙稍强一点，但确实不值得为此花费太多的精力。

究竟如何用基本分析预测黄金价格呢？其答案是凭直觉而不是正式的分析过程。实际上，分析师必须确定在当时的情况下是哪些因素在影响市场心理和黄金价格方面起到关键作用，然后关注这些变量并预测它们未来的可能变化。这种方法不可能形成任何准确的价格预测，但如果正确运用，就可以偶尔得到关于市场未来发展趋势的确切结论。

第5章 基本分析的类型

当你可以衡量并且能用数字来表达你正在谈论的东西的时候，说明你对这个东西有一定的了解；但当你不能衡量它并且无法用数字来表达你的想法时，你对它的了解是欠缺甚至微不足道的：它也许就是知识的开始，但在你的思想中，你并没有认为它是科学。

——威廉·汤姆森，开尔文勋爵

"老手"法

"老手"法是指那些熟悉市场的分析者根据"第六感"来分析市场价格波动的方法。他们通过收集资料和市场调研，并根据他们对市场氛围的感觉，来评估市场对这些信息的反应。严格地说，这种方法并不科学，与先进的分析方法相比很幼稚，其结果取决于运用者的经验与直觉。实际上，这个领域一些分析者的研究水平甚至超过了那些基于计量分析的同行。但是，这种方法带有一定的个人特点，有时不能客观地反映实际情况。

平衡表

平衡表汇总了当季供给和消费的主要数据，以及与前一季度的比较结果。供给与消费的平衡反映季末的结转库存，库存数据的多少对价格的确定关系很大。表5.1是美国农业部关于小麦市场的平衡表。对平衡表的分析主要是根据供给和消费的改变来预测价格变化的方向。

表 5.1 小麦：供给与消费平衡表（6 月/5 月）作物年度（百万蒲式耳）

	1988/1989	1989/1990	1990/1991	1991/1992	1992/1993	1993/1994
期初库存	1261	702	536	366	472	529
进口量	23	23	37	41	70	75
产量	1812	2037	2736	1981	2459	2493
总供给	3096	2762	3309	2888	3001	3097
食品用量	726	749	786	789	829	845
种子量	103	100	90	94	93	94
种子/剩余	146	143	500	254	196	325
国内总量	975	992	1376	1137	1118	1264
出口量	1419	1233	1068	1280	1354	1125
总消费	2394	2225	2444	2416	2472	2389
期末库存	702	536	866	472	529	708
库存—消费比	29	24	35	20	21	30

数据来源：美国农业部

平衡表对总结那些关键的市场数据具有很大的帮助，但在特定条件下，平衡表只是一种市场分析工具，对于解决给定情况下的价格水平这样针对性的问题是远远不够的。事实上，使用平衡表预测价格的分析师往往会犯第 3 章中的第一种错误。

图表法

除平衡表外，图表法也是一种常用的基本分析方法。平衡表只是涉及供给量与消费量的统计，没有直接考虑价格，而图表法可以检验平衡表中供给/消费统计数据与价格之间的关系。图表法也考虑了平衡表以外的价格影响因素（如替代品供给和税后收入）。

可以通过一个例子说明图表法的许多优点。假设我们要建立生猪市场的价格预测模型，通胀调整后的生猪价格主要取决于屠宰量。表 5.2 列出了 1971 年以来 7—

11 月①的生猪屠宰量和相对应的通胀调整后的 12 月生猪期货合约价格。为了便于分析生猪屠宰量与价格之间的关系，我们在表 5.3 中列出了相关数据，并根据屠宰量的大小顺序排列。另外，将表 5.3 中的屠宰量与价格之间的关系在图 4.1 中反映出来。

表 5.2　通胀调整后的生猪价格与 7—11 月生猪屠宰量的对照

年份	7ª—11 月间通胀调整后的 12 月生猪平均价格（美分/磅）ª	6—11 月间ᵇ生猪屠宰量（1000 头）
1971	53.6	45,908
1972	70.9	41,203
1973	102.0	36,878
1974	71.8	40,194
1975	91.9	31,666
1976	58.0	38,053
1977	57.4	38,213
1978	68.8	38,462
1979	46.1	46,627
1980	52.7	46,234
1981	52.1	43,988
1982	57.1	39,645
1983	41.6	44,967
1984	49.1	41,839
1985	41.9	41,753
1986	53.6	38,183
1987	44.4	40,594
1988	40.0	44,486
1989	39.5	44,719
1990	45.6	41,955
1991	37.5	44,113
1992	35.7	47,871
1993	39.3	46,457

ª 之所以选择 7 月而非 6 月作为统计区间的起点，是因为美国农业部直到 6 月底 7 月初才批准生猪屠宰计划。

ᵇ 通胀调整后的生产者价格指数。

————————————

①　根据美国农业部生猪数据的分类和公布日期，7—11 月正好是一个自然的价格预测区间。

表 5.3　通胀调整后的生猪价格与 6—11 月生猪屠宰量的对照[a]（按序排列）

年份	7[b]—11 月间通胀调整后的 12 月 生猪平均价格（美分/磅）[a]	6—11 月间[c]生猪屠宰量（1000 头）
1975	91.9	31,666
1973	102.0	36,878
1976	58.0	38,053
1986	53.6	38,183
1977	57.4	38,213
1978	68.8	38,462
1982	57.1	39,645
1974	71.8	40,194
1987	44.4	40,594
1972	70.9	41,203
1985	41.9	41,753
1984	49.1	41,839
1990	45.6	41,955
1981	52.1	43,988
1991	37.5	44,113
1988	40.0	44,486
1989	39.5	44,719
1983	41.6	44,967
1971	53.6	45,908
1980	52.7	46,234
1993	39.3	46,457
1979	46.1	46,627
1992	35.7	47,871

[a] 按生猪屠宰量由低到高排列。

[b] 之所以选择 7 月而非 6 月作为统计区间的起点，是因为美国农业部直到 6 月底 7 月初才批准生猪屠宰计划。

[c] 通胀调整后的生产者价格指数。

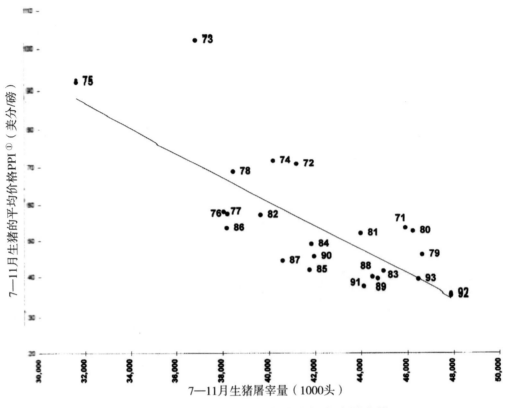

图 5.1 通胀调整后的生猪价格与生猪屠宰量

根据表 5.3 和图 5.1 中显示，生猪价格与屠宰量之间似乎呈反向关系，即较高的价格对应较低的屠宰量，反之亦然。然而，二者之间的相关性并不密切，屠宰量最低的 1975—1978 年的生猪价格相对低于其他年份。例如，虽然 1975 年的生猪屠宰量低于 16%，但是 1973 年的价格却比 1975 年高。另一种情况是 1976、1986 和 1977 年，分别是第 3、4、5 屠宰量的年份。在此期间，见证了较高生猪屠宰量（即 1972 年）相对较低价格的年份。另一个令人困惑的例子是 1979—1981，每年的价格都相对高于相应的生猪屠宰量。

上述矛盾的价格走势说明我们建立的模型过于简单；也就是说，可能缺少一些重要的因素。为了优化这个模型，我们考虑在模型中添加活牛屠宰量。换而言之，假定生猪的价格不仅取决于生猪屠宰量，还取决于活牛屠宰量。我们在表 5.4 中增

---

① 生产价格指数。

加了一栏关于活牛屠宰量的数据。

注意，现在可以对上述异常情况做些解释。例如，虽然 1973 年生猪屠宰量远远高于 1975 年，鉴于活牛屠宰量非常高，而生猪屠宰量相对较低，但生猪的价格呈现低迷的态势。显然，1975 年牛肉的大量供给抵消了生猪屠宰量较少的影响。同样，1976 年和 1977 年的价格和生猪屠宰量都相对较低，而 1972 年的生猪屠宰量却很高，这种情况可通过 1976 年和 1977 年较高的活牛屠宰量来解释（这也是 1986 年生猪价格较低的原因）。最后，1979—1981 年的高价是由于这几年活牛屠宰量较低的缘故。

表 5.4　通胀调整后的生猪价格与 6—11 月生猪和活牛屠宰量的对照[a]

年份	7[b]—11 月间通胀调整后的 12 月 生猪平均价格（美分/磅）[a]	6—11 月间[c]生猪 屠宰量（1000 头）	6—11 月间[c]活牛 屠宰量（1000 头）
1975	91.9	31,666	21,191
1973	102.0	36,878	16,899
1976	58.0	38,053	21,639
1986	53.6	38,183	18,880
1977	57.4	38,213	21,356
1978	68.8	38,462	19,681
1982	57.1	39,645	18,499
1974	71.8	40,194	19,112
1987	44.4	40,594	18,133
1972	70.9	41,203	18,334
1985	41.9	41,753	18,285
1984	49.1	41,839	19,306
1990	45.6	41,955	17,061
1981	52.1	43,988	17,754
1991	37.5	44,113	16,672
1988	40.0	44,486	18,029
1989	39.5	44,719	17,388
1983	41.6	44,967	19,047
1971	53.6	45,908	18,367
1980	52.7	46,234	17,245
1993	39.3	46,457	17,181
1979	46.1	46,627	16,803
1992	35.7	47,871	16,801

[a] 按生猪屠宰量由低到高排列。

[b] 之所以选择 7 月而非 6 月作为统计区间的起点，是因为美国农业部直到 6 月底 7 月初才批准生猪屠宰计划。

c 通胀调整后的生产者价格指数。

图 5.2 是根据表 5.4 中的数据绘制的，用来说明通胀调整后的生猪价格与生猪和活牛屠宰量。前一年通胀调整后的价格与生猪和活牛屠宰量用坐标图表示，纵坐标代表生猪屠宰量，横坐标代表活牛屠宰量。如果只考虑生猪屠宰量，较高的价格对应纵坐标上较低的数量，但由于活牛屠宰量也很重要，对于任何特定的生猪屠宰量，越接近横坐标左边，意味着价格就越高。

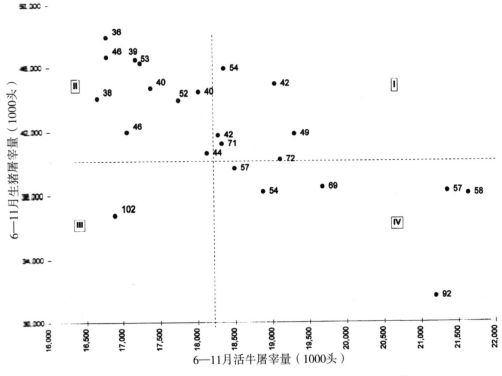

图 5.2　通胀调整后的生猪价格与生猪和活牛屠宰量

综上分析，越高的价格就越接近坐标图的左边和下边，越低的价格就越接近坐标图的右边和上边。图 5.2 中，虚线分别代表生猪和活牛屠宰量的中部。理论上讲，我们预计最高价格会出现在第三象限，最低价格会出现在第一象限，每个点在象限中的位置也很重要。因此，第一象限中点所对应的价格低于第二象限的另一点，说明情况正常，因为第一象限中该点的位置可能偏低，说明生猪屠宰量较低。

虽然活牛屠宰量的增加有助于解释生猪价格，但还是存在很多明显的矛盾之处。

例如，在表 5.4 中，1972 年和 1985 年，市场上生猪和活牛屠宰量变化非常相似，但 1972 年的生猪价格大体还是较高。另外一个例子，1980 年和 1993 年的生猪屠宰量水平非常相似，但价格相差悬殊。价格相差悬殊的例子还有 1981 年和 1991 年：虽然这两年的生猪屠宰量相当，1991 年活牛屠宰量明显较低，所以 1991 年的价格较高。在以上三个例子中，相对于较早年份，最近年份的猪肉价格更低。

这种现象说明，时间也是价格的影响因素——其他条件都不变，近几年的价格较低。通胀调整后的生猪价格有下降的趋势，这可以用不断上升的肉鸡产量和消费者口味改变倾向于减少红色肉类的消费来解释——这些因素导致多年来的需求曲线呈下降趋势。[①]

现在，我们可以建立一个合理的生猪价格预测模型。分析表明，生猪的价格取决于生猪屠宰量、活牛屠宰量和时间趋势。当然，模型中仍然缺少其他重要的价格确定因素（如猪肉进出口的影响）。实际上，这些因素可能没有图表中解释的三个变量重要。的确如此，即使增加了第三个变量也只是一种延伸，不会从不同角度说明对价格的影响。

图表法的问题在于，只有当价格波动通过一种因素解释时，图表法才有效。遗憾的是，在生猪价格预测模型的例子中，这种情况很少。但是，在试图解决如何评价几种不同因素对价格的影响这一更复杂的问题之前，有必要先考虑一个关键变量对价格的影响这种较简单的模型。例如，如果生猪屠宰量是价格的重要指标，我们可利用生猪屠宰量与最佳直线较差的部位来预测生猪的价格，如图 5.1 所示，如果计划生猪屠宰量是 42,000 头，意味着通胀调整后的生猪价格接近 54 美分/磅。为了让该方法更切合实际，散点可能比图 5.1 中显示的更接近最佳直线。

只有一个价格变量的模型用二维图形表示，而两个价格变量的模型最好用三维图形表示。具体而言，将图形的三维空间看成是盒子，盒底长度代表生猪屠宰量的比例，而盒底宽度代表活牛屠宰量的比例，盒子的高度是生猪价格。活牛和生猪屠宰量的总和对应生猪的价格，在两个屠宰量上方一定高度的交叉点标示出来。一个变量的模型是一条直线上的某点，而两个变量的模型类似一个平面。对生猪和活牛屠宰量的预测值决定最佳平面上的两条直线，两条直线的交叉点是屠宰量预测值对应的生猪价格预测值。

---

① 　很明显，这些因素抵消了人口增长的影响，人口增长会使需求曲线向上移动。

上述方法的问题在于，在三维图中不可能精确地测量平面中的每个点位。因此，在处理两个变量模型时，人们只能采用二维图形。上述解释中，每组屠宰量对应的价格不是用高度表示，而是注明每个价格值。但是，如果以前的屠宰量中只有几个与现在相同，或者以前的屠宰量没有标示出来，二维图形就只能提供大致的价格。例如，假设生猪和活牛屠宰量分别是 46,500 头和 17,000 头。图中显示通胀调整后的价格大致在 39~53 美分之间，还是过去三年屠宰量隐含的价格。

如果模型中增加第三个变量，如时间变量，此时利用二维图形来处理价格点位就很困难。因此，每个点位都需注明价格和时间，如图 5.3 所示。此法可以说明第三个变量是否对价格影响很大，但是却无法测量影响价格的程度。例如，如果近一阶段生猪和活牛屠宰量的预测值与过去几年相同，我们该如何评估时间对价格的影响呢？迄今为止，还没找到令人满意的答案。

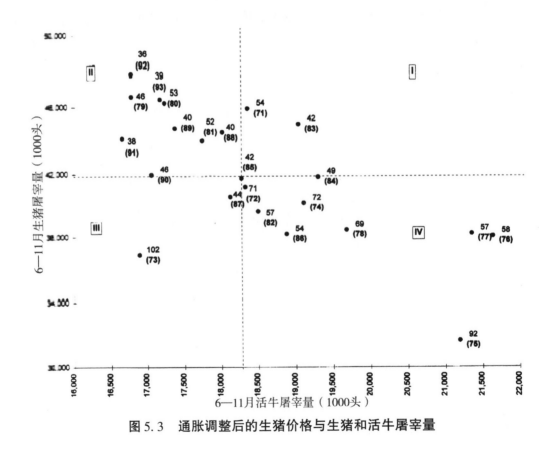

图 5.3　通胀调整后的生猪价格与生猪和活牛屠宰量

应强调的是，本节中介绍的生猪市场价格预测模型仅是一种处理方式。各种模型预测结果不同，还没有绝对正确的模型，其结构受限于分析师的想象力。例如，上述模型用猪肉和牛肉的产量代替其屠宰量。或者，模型也可以考虑包含其他的变量，例如进口量等。实际上，分析师可检验各种模型的结构，选择他们认为最能反映历史价格特性的模型。

总之，对不熟悉统计学的交易者来说，图表法是比较有用的分析工具。比平衡表法更适用，很明显后者没有处理价格——整个分析的主要因素。但是，图表法适合价格用一或两个变量说明的情况。如果变量说明在三个以上，图表法可能不适用，这种情况下，回归分析法更适合。

回归分析法

通过回归分析法，可以将图表描述的关系转化成统计模式，就是说，可将图形和表格中的关系转换为简单的数学公式。例如，上面介绍的生猪模型可以用以下等式表示：

$P = a + b_1 H + b_2 C + b_3 T$

等式中：$P = 6$—11 月份生猪平均价格除以 PPI；

$H = 6$—11 月份生猪屠宰量；

$C = 6$—11 月份活牛屠宰量；

$T =$ 时间趋势。

方程中系数 a，b_1，b_2，和 b_3 数值由回归分析决定（第三部分会具体解释），当确定了生猪和活牛屠宰量预测值后，将这些数值代入公式中，就可获得生猪价格预测值。

即使你不擅长数学，在放弃回归分析前，你可以发现用回归分析法有四个优点：

- 如果价格说明变量在两个以上（经常出现），图表法不适用。
- 回归分析可获得比较理想的结果，譬如，两个人采用同样的模型和数据，得出的答案基本相同。但在图与表的形式中，价格和影响价格的因素之间的关系取决于个人的解释。以图 4.2 为例，不同的人绘制出的最佳直线不同。如果用回归分析，不同的人根据这些数据可获得相同的直线。①

- 回归分析可以检验每个自变量的重要性，并大致预测公式的正确性。
- 回归分析是比较理想的分析工具，可了解各种基本因素与价格间的相互关系。

回归分析是基本分析中运用最广泛、最有用的工具，第三部分将讨论该方法。

经济计量模型

回归分析只采用单一的公式。某些情况下，模型中需要考虑一组公式，这些等式相互联系，必须同时解出。这种模型通常称为经济计量模型。例如，如果某个影响价格的变量也受价格影响，该类模型可能更适用。以上述生猪价格预测模型为例，不存在类似问题。由于牲畜达到市场重量必须上市交易，因此，在生猪价格预测期间生猪和活牛屠宰量独立于生猪的价格。尽管人们也对生猪价格影响市场交易时机有争议，但是影响很小，可忽略不计。

关于计量模型的建立、解值、解释，本书不做深入探讨。虽说探讨多个公式的模型更有利于理论上的完善，但不是必需的分析工具。多数情况下，商品价格在一定范围内波动，可通过相关的多元回归模型预测波动区间，回归模型预测结果更精确。例如，预测价格95%的置信区间为正负10美分，价格预测模型预期的价格是1.24或1.28美元，差别不大。总之，计量经济模型与多元回归模型通常获得类似的预测结果。

季节性类比法

在季节性类比法中，分析师用与过去基本面特点类似的季节走势估算当前的价格趋势。比如，如果当季的产量增加，但消费量下降，期末的库存—消费比就会下降，分析师可以找出以前有类似情况的季节。接着，分析师要观察类似季节中关键

---

① 如果两个分析者用不同的模型——不同的变量和观测时间，甚至是不同的解释价格关系的数学公式，那么就会得到不同的价格估计值。即使这些都相同，在分析初步回归结果后，他们也可能会使用不同的方式完善最初的模型。

的价格转折点，分别计算每个类似季节中这些转折点的时间和价格波动幅度。最后，分析师要根据类似季节的价格波动区间和转折时间来推算当季价格行为。要注意的是，选中季节的基本面要相似，价格趋势基本一致。有关季节性类比法将在第 24 章详细介绍。

等级分类法

有些情况下，可能没有足够的数据运用回归分析预测价格。比如咖啡市场，1990 年前，咖啡价格受到国际咖啡组织（ICO）的制约，用出口管制将价格控制在一定范围内。也就是说，咖啡市场在 1990 年后才成为真正意义上的自由市场，到撰写本书的 1994 年仅有 5 年的时间，因此只有 5 年的咖啡数据供分析师参考。

在这种相关数据缺乏的情况下，不适合采用基本分析预测价格，但可以用基本方法预测价格趋势。这种情况就可采用登记分类法预测，分析师要确定影响价格的重要因素，如出口量对可供出口量的比率和期末库存对季节总使用量的比率。分析师可将每个变量评估为多头、空头或中性，然后根据评级结果将每个变量分类。下表就是一个等级分类的例子。

评估结果	等级
多头	+2
偏多	+1
中性	0
偏空	−1
空头	−2

例如，如果下季期末库存—消费比明显上升，就被评级为−2（空头）；如果预期小幅下降，就被评级为+1（偏多）。很显然，这种方法涉及分析师的主观判断，包括所选择的变量和确定的分数值。最后，分析师要汇总每个变量的分数，得出的总数可用作决定市场趋势究竟是上涨、下跌还是横盘。这种方法将在第 26 章"预测咖啡价格"中详细介绍。

指数模型

有时，我们希望用说明变量建立市场价格指标的基本模型，例如，我们假定债券价格或利率与通胀指标（如黄金价格、CRB 指数和 CPI）、经济指标（如失业率、工业产量和房屋开工率）和货币指标（如联邦基金和货币供给）反相关。给出这些指标的范围，每个指标可以用几次。模型中的说明变量可能高达 50 种，甚至 100 种指标。

一般情况下，回归模型不宜采用过多的自变量，最好不超过 5 个。其原因在于：

- 如果自变量过多，就很难与实际情况相符（即所建立的模型都采用以前的数据，对预测将来的价格或价格趋势效果并不理想）。
- 回归模型一旦采用多个自变量，这些变量的自相关性可能较强，譬如，CRB 指数与黄金价格之间就具有很高的相关性。如果回归模型中的自变量相关性太高会产生多重共线性问题，从而降低预测的可靠性。

如果自变量太多，可以将这些变量综合为单一的指数。方法如下：

- 如果认为当前市场价格（或利率）处于上涨趋势，指标就定为 +1；如果认为当前价格处于下跌状态，指标就定为 −1（后面将会讨论这种状况如何判断）。
- 将所有的指标相加得到指数值。
- 标准化的指数通过除以指标的个数，再乘以 100，最终确定的指数范围就确定在 −100（所有指标为负值）和 +100（所有指标为正值）之间。例如，如果有 50 个指标，30 个为正值，20 个为负值，则其最终结果为 +20。当然，如果多头和空头指标相等，则其指数为 0。

以上步骤听起来简单，但问题在于：如何确定当前的指标究竟是处于多头还是空头？可以利用绝对数字来判定指标的多/空性质，因为许多变量和结构会随时间发生变化，很多指标也会随之变动。实际上应根据指标运行方向而不是绝对价格判定多/空性质。但是，趋势分类属于技术分析范畴，而不是基本分析。的确如此，一些最基本的技术分析方法可以设定指数模型中的指标数值。我们将在下一章详细介绍这种方法。

第6章　基本数据处理中的技术分析

> 费曼（著名的物理学家）继续拒绝阅读当前的文献，他还斥责那些用习惯于用检查数据的方式研究问题的研究生，他告诉那些学生，一直如此的话，他们就会失去发现自己原创作品的机会。
>
> **——詹姆斯·格雷克**

正如第五章所述，当基本分析师希望用多个变量建立预测模型时，其中的一些变量相关性可能很强。这种情况不适用于回归分析，必须将多个变量综合为指数模型。如果认为当前是多头市场，其变量的读数是+1；如果认为当前是空头市场，其变量的读数是-1。最常用的归类法使用技术分析确定每个变量的趋势。

趋势确定法

有许多确定趋势的方法。事实上，这些方法都局限于分析师收集过去、现在和将来的数据上，分为月度或季度数据。通常有两种方法：

1. 分类法。如果当前的变量（数据序列）大于过去 N 时间的数值，就认为是多头信号。例如，如果将 N 定为 12，当目前的读数大于前 12 个月内的每个读数时，就认为形成了多头信号。同样，当目前的读数低于前 12 个月内的每个读数时，视为空头信号。当然，上述情况假设数列读数与价格呈正相关。如果解释变量与价格为负相关，情况则相反。

2. 交叉移动平均法。移动平均是加工数据的一种方法。系列数据中的每个点位都由 N 时期平均值代替。例如，以月份数据的 4 期移动平均值为例，每一点代表当前月与过去 3 个月的平均值。移动平均的转折点在时间上滞后数据的转折点，移动平均的期数越大，平滑的效果就越好，移动平均转折点滞后数据的时间就越长。

当下降（或上升）的趋势转变时，较短的移动平均线领先于较长的平均线向上（或向下）转变。因此，两条移动平均线的交叉可以看作是趋势反转的信号。也就是说，较短的移动平均线从下方穿越较长的线时，代表趋势向上的反转信号；同样，较短的移动平均线从上方穿越较长的线时，代表趋势向下的反转信号。

案例

为了说明上述方法，我们引用商品研究局指数（CRB 指数）说明上述方法。CRB 指数经常用于利率预测模型①。由于名义利率与通货膨胀率之间有很强的相关性，CRB 指数（通胀指标）趋势向上代表利率走高（即利率期货价格走低）；反之，CRB 指数向下表示利率走低。图 6.1 说明了 CRB 指数与国债利率之间的密切关系。

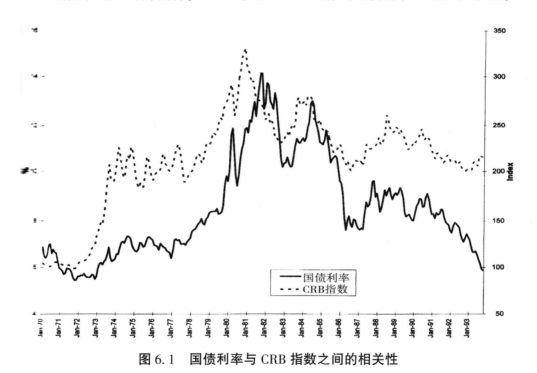

图 6.1 国债利率与 CRB 指数之间的相关性

---

① 在这个例子中，预测的项目是利率（而不是价格）。利率工具的价格将与直接利率水平成反比。因此，对利率的"看涨"预测将是对利率期货的"看跌"。

我们可以用前面介绍的两种方法确定 CRB 指数的趋势。图 6.2 中向上的柱状显示 CRB 指数高于前 12 个月数值的情况。这种柱状解释为 CRB 指数的趋势向上转变的信号，预期利率将走高，出现了上升趋势的反转信号。其后，下一个柱状接近 12 个月的低点，认为是 CRB 指数向下转变的信号，意味着利率将下降，与理论预期基本相符。总之，出现向上的柱状，利率随后就上涨；而出现向下的柱状，利率随后将下跌。

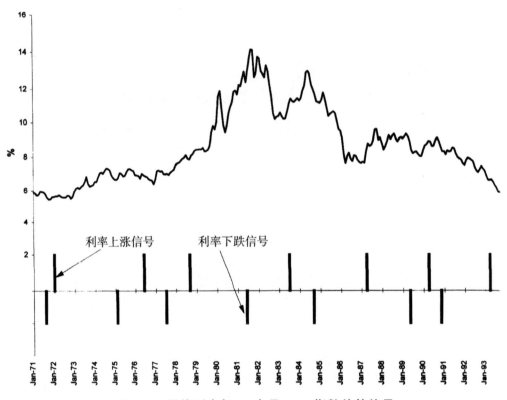

图 6.2　国债利率与 12 个月 CRB 指数趋势信号

图 6.3 是国债利率与两条 CRB 指数（4 个月和 20 个月）移动平均线的重叠。4 个月移动平均线点位从下方穿过 20 个月平均线，可以看作是 CRB 指数向上转变的信号，因此预测利率会升高。同样，4 个月移动平均线点位从上方穿过 20 个月平均线，认为是 CRB 指数向下转变的信号，据此预测利率会下降。事实上，4 个月移动平均线在 20 个月上方期间认为是利率上涨阶段，同样，4 个月的移动平均线低于 20

个月平均线认为是利率下跌阶段。

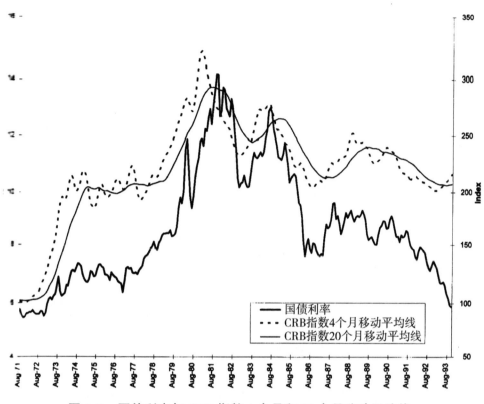

图 6.3 国债利率与 CRB 指数 4 个月和 20 个月移动平均线

如果我们绘制出两条移动平均线的差异，可从两条移动平均线交叉的关系和系列数据看出变化。在图 6.4 中，实线代表国债利率走势，虚线代表 CRB 指数 4 个月与 20 个月移动平均线的差值，当虚线从负值区移向正值区时，表示利率上升的信号，反之亦然。当虚线在零线上方的正值区，CRB 指数预测的利率将走高；相反，当虚线在零线下方的负值区，利率就处于下降趋势。如图 6.4 所示，当移动平均差值在零线以上，利率呈上升趋势；当移动平均差值在零线之下，利率就出现下降态势。

当然，CRB 指数仅是利率预测模型中应用的许多变量之一。而关键的点是如何选择模型中可以采用的变量，下面介绍模型中各种变量的选择。

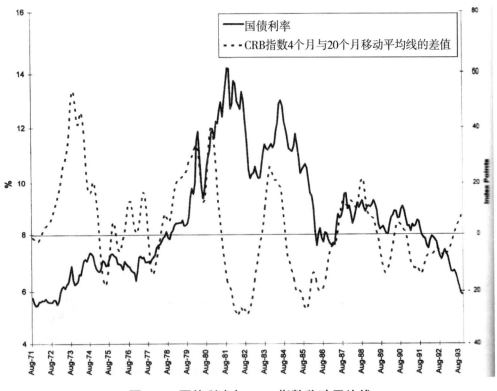

图 6.4　国债利率与 CRB 指数移动平均线

筛选趋势数据

　　如果将基础数据用作长期趋势指标，前面介绍的趋势确定法可能导致偏离实际的结果。对于任何数据必须辨别其长期趋势，并筛选长期数据反映的短期上升与下降趋势。如果没有剔除数据中很明显的长期趋势，所产生的向上或向下趋势信号就不明确。

　　图 6.5 描述了工业生产指数，这是一个有明显趋势的变量。如图所示，尽管有时出现下降，长期以来该指数呈上升趋势。因此，如果假定主要工业产量与利率之间存在正相关的关系，用工业产量来预测利率趋势就不感到意外了。例如，图 6.6 就是国债利率与 4 个月和 20 个月工业生产指数的移动平均线。在整个分析期间，除几个短暂瞬间外，4 个月的移动平均线都在 20 个月移动平均线的上方。也就是说，如果工业生产指数未经调整，移动平均线出现交叉表示利率走高，该结果可能失真。

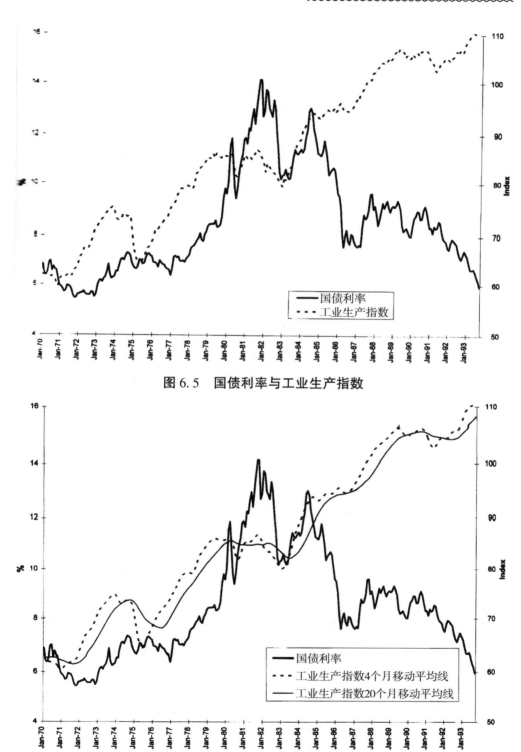

图 6.5　国债利率与工业生产指数

图 6.6　国债利率与工业生产指数 4 个月和 20 个月移动平均线

如果指标的趋势很明显，为了获得精确的结果，有必要剔除这种趋势，有许多剔除长期趋势的方法。只要能调整系列数据的趋势，具体方法就不那么重要。图6.7描绘了工业生产指数与12个月移动平均线的差值，是一种常用的方法。由于系列数据和12个月移动平均线都有相同的长期趋势，两者相减后的差值就不存在长期趋势。当差值有上升趋势时，表示工业生产指数比长期趋势上升快；反之，当差值处于下降阶段时，意味着工业生产指数增加速度慢于长期趋势（工业生产也可能下降）。

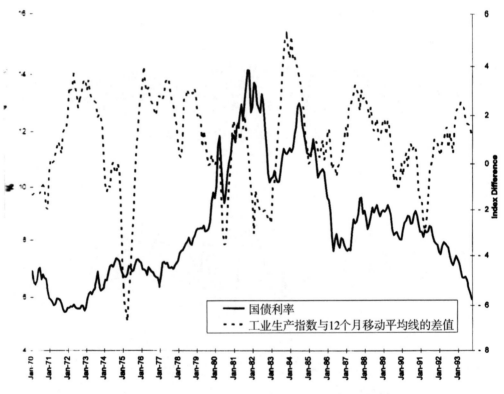

图 6.7　工业生产指数与 12 个月移动平均线的差值

在图 6.8 中，虚线是 4 个月移动平均线，细线是取差值 20 个月的移动平均线。现在可用交叉点预测利率（或价格）。即当差值序列短期移动平均线上升穿越长期移动线时，这种情况意味着利率将走高；同样，向下穿越意味着利率可能下降。

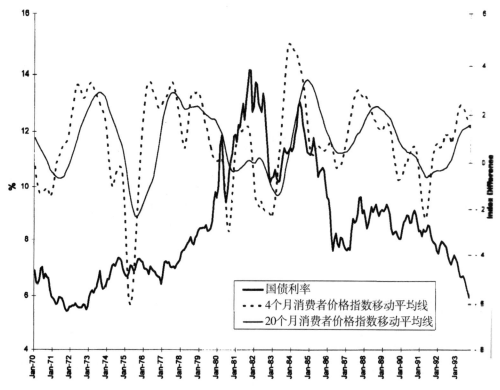

图 6.8　国债利率与 4 个月和 20 个月消费者价格指数移动平均线

　　消费者价格指数（CPI）也是一种具有长期趋势的指数，事实上，消费者价格指数的趋势更明显。虽然价格上涨速度逐渐减缓，还有可能降低，但在经济方面价格指数的另一个变动方向上升。如图 6.9 所示，一段时间以来消费者价格指数一直上升，所以短期均线（虚线）始终高于长期均线，说明利率一直处于高位。

　　此外，还可以运用另一种方法筛选数据，不采用消费者价格指数，采用消费者价格指数的变动率。指数变动率为当月的指数值减去前 12 个月的指数值，再除以 12 个月最小指数值。该小数形式的数值乘以 100，以百分率表示。也就是说，指数的变动率就是过去 12 个月期间消费者价格指数的百分比变化。

　　图 6.10 比较了国债与消费者价格指数变动率 4 个月和 20 个月的平均线。要注意的是，指数变动率的移动平均线不再反映任何方向性趋势，两条均线多次出现的两个方向交叉。正如预期的那样，4 个月移动平均线在 20 个月均线上方时，趋向于利率上升；而 4 个月移动平均线在 20 个月均线下方时，利率通常下降。

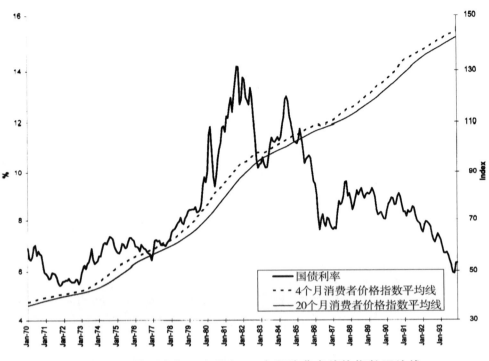

图 6.9　国债利率与 4 个月和 20 个月消费者价格指数平均线

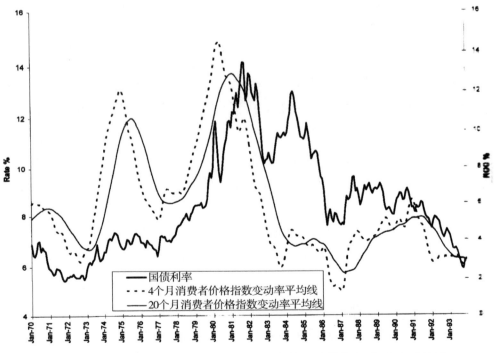

图 6.10　国债利率与 4 个月和 20 个月消费者价格指数变动率平均线

综合数据的滞后性

人们通常认为相关的变量连动性很强，但是，变量间的因果关系存在明显滞后。如果不考虑变量间的时间滞后有可能导致错误的结论。例如，新上任的总统在第一年就幸运地看到经济繁荣，相信人们都归功于新的经济政策。实际上，政府的政策与经济表现之间存在一定的滞后性，新总统任职第一年的经济繁荣应该是前任总统政策正确的结果。

另一个例子是吸烟与肺癌的关系。近几十年，美国人吸烟比率持续下降，但是，使人感到困惑的是在此期间肺癌的死亡率不断上升（参见图6.11）。吸烟与肺癌这种关系很简单，就是吸烟与引起肺癌有一段滞后时间，因此，几十年来，肺癌率的上升与前些年吸烟有直接关系。因此，尽管近些年吸烟人口比例下降了，但也要在未来数十年才会呈现显著的积极效果。

在处理吸烟和肺癌之间的关系时，因果时滞的重要性是显而易见的——在这种情况下，这种联系非常紧密，时滞也很长。在考察经济变量时，统计的滞后性没有这么明显，但同样重要。

在图6.12中，我们比较了国债利率与私人新屋指数的关系。应注意的是，两者转折点之间存在明显的关系。通常，新屋指数转折点领先于国债利率。在图6.13中，我们将房屋指数与移动平均线进行比较，尽管计算出的均线显示滞后，但房屋指数的移动均线仍领先于国债利率。因此，可以说移动平均线穿越可能预示着利率的趋势将发生转折。

图6.14说明了房屋指数的预测效果。从国债与4个月和20个月房屋指数移动平均线的比较看出，调整后的移动平均线穿越系统可更早地反映出利率趋势信号。

我们还可以用黄金价格预测利率走势，图6.15很明显地反映出这种关系。在图6.16中看到黄金价格3个月和12个月移动平均线与国债的趋势。应注意的是，虽然均线交叉点滞后黄金价格很多，但还是明显领先于利率预测的转折点。如果我们将移动平均线向后调整10个月，就可以改善交叉信号的时效性（见图6.17）。

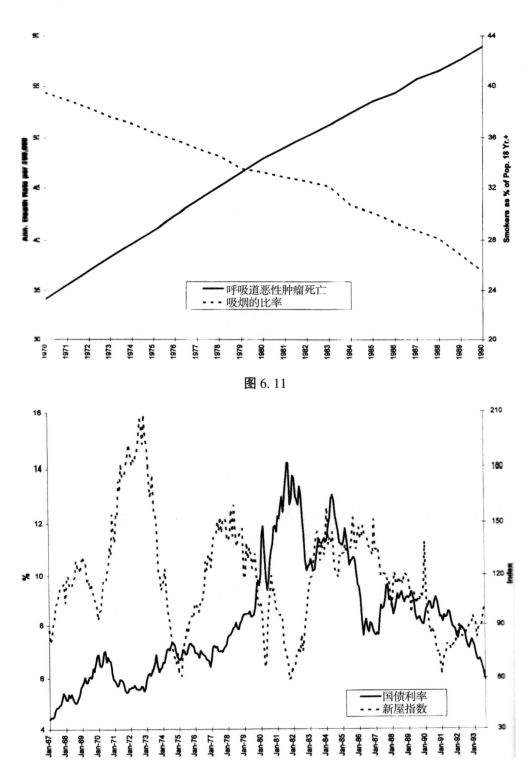

图 6.11

图 6.12　国债利率与新屋指数

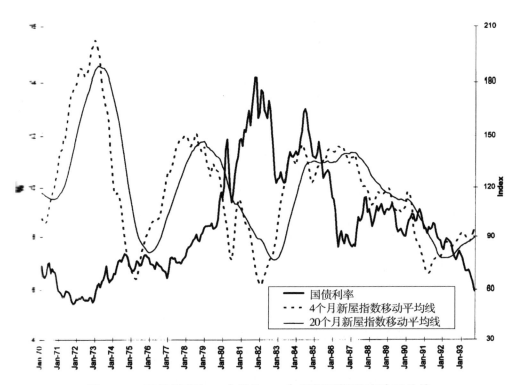

图 6.13　国债利率与 4 个月和 20 个月新屋指数移动平均线

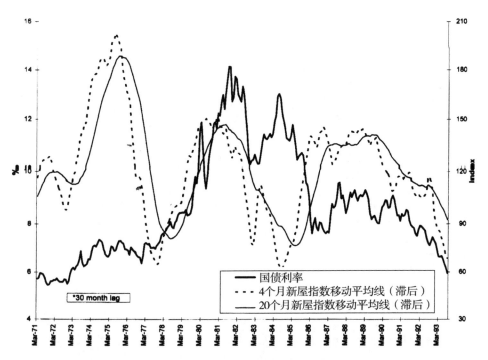

图 6.14　国债利率与 4 个月和 20 个月新屋指数移动平均线（滞后 30 个月）

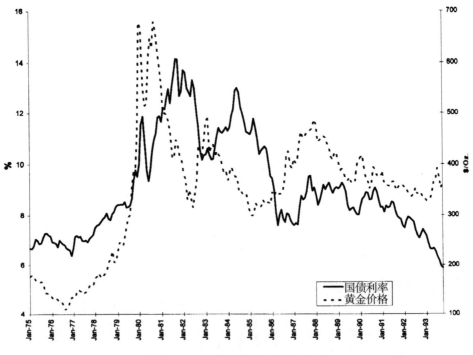

图 6.15　国债利率与黄金价格

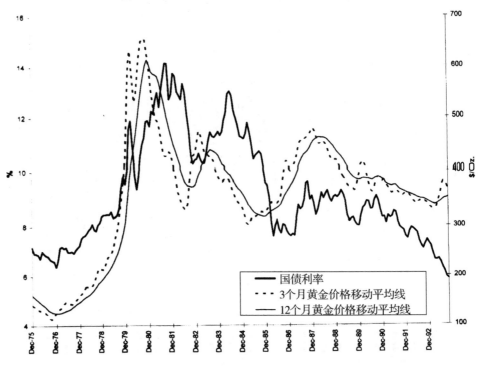

图 6.16　国债利率与 3 个月和 12 个月黄金价格移动平均线

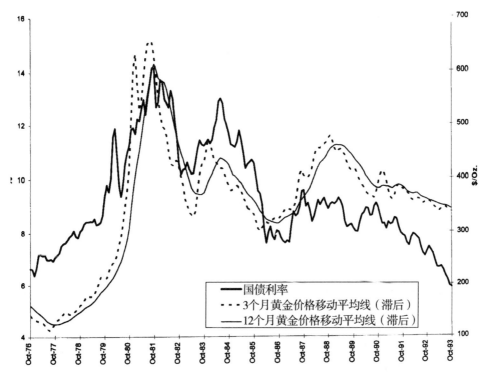

图 6.17 国债利率与调整后的 3 个月和 12 个月黄金价格移动平均线（滞后 10 个月）

衡量滞后时间

用一个指标预测另一个变量走势就能得出结果。也就是说，如果指标明显领先价格（或利率），两个变量在走势图中的形态差异很大。少量的滞后是两个变量经调整后的转折点在时间上出现一致，要记住趋势的确定法，如移动平均线将引起时间滞后的结果（相对于原始数据而言）。例如，4 个月和 20 个月的移动平均线交叉点要落后于原始数据转折点 6 个月。因此，领先指标要比预测变量滞后的时间短，将指标滞后时间与价格（或利率）滞后指标图并列，可以检验并确定滞后的时间。

下面解释不需要精确估算指标滞后时间的理由。不过，有些市场分析师和交易者对上述方法不太满意，希望采用更客观的方法。因此可考虑下面两种建议。

相关性

相关系数可衡量两个变量之间的线性关系，相关系数的范围-1.0到+1.0。相关系数越接近+1.0，两个变量的关系越密切。如果相关系数越接近-1.0，说明两个变量的逆相关性更强。例如，美国东北地区冬天的平均温度和燃料油的使用量存在逆相关的关系。如果两个变量的相关系数接近零，表明两者之间没有明显的线性关系。应注意的是，相关系数仅能衡量两个变量之间的线性关系，并不能反映因果关系。

通常相关系数是电子数据表和统计软件包提供的计算功能。下面的公式是计算相关系数时特别便利的形式①：

$$r = \frac{n \sum xy - \sum x \sum y}{\sqrt{\left[n \sum x^2 - (\sum x)^2 \right] \left[n \sum y^2 - (\sum y)^2 \right]}}$$

确定时间滞后程度的一个方法是衡量变量的相关系数，以及特定指标滞后的时间。采用变动量而不是原始数据衡量相关系数的原因是，长期趋势的价差可能引起不真实的结果。例如，一个变量长期以来震荡攀升，其他变量却沿着下降趋势震荡下行，即使短期内两个变量之间关系比较密切，如果采用原始数据计算相关系数，结果有可能出现明显的反向关系。

图6.18描述了1981年工业生产指数与国债利率。在此期间，工业生产指数与国债利率的相关系数为-80，显示出很强的逆相关性。这种结论显然不符合常理：较快的经济发展相对于利率上升，而不是下降。这是因为两个系列数据出现反向的长期趋势，较高的经济活动与利率上升有关，而不是与利率下降有关，就可以排除趋势的影响。图6.19为同期工业生产指数12个月的变动率与国债12个月变动率的比较。请注意，两个变量之间呈现明显的正相关。事实上，这两个序列变动率的相关系数为+48，结果符合我们的推断。

---

① 来源：保罗·G. 赫尔著的《基础统计学》。

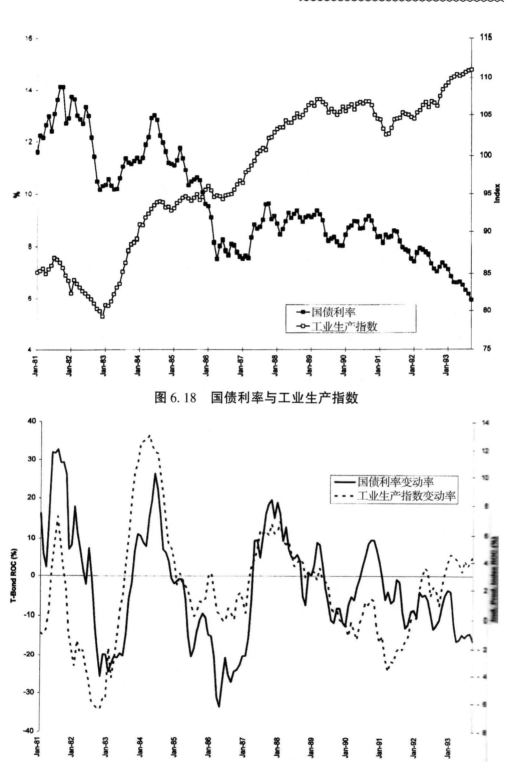

图 6.18　国债利率与工业生产指数

图 6.19　国债利率变动率与工业生产指数变动率

要记住的是，建立多元指标模型时，是利用每个指标预测价格（或利率）的趋势信号，而不是预测价格（或利率）。要考虑应用变量的变动率，而不是变数，要讨论衡量每个变量之间方向变动的相关性。

因此，确定指标滞后时间的适当方法是用每个变量 12 个月变动率衡量相关性。也就是说，衡量指标不同滞后时间的 12 个月变动率与预测变量（价格或利率）12 个月变动率的相关系数。然后将最高相关系数的滞后时间确定为合适的滞后时间，表 6.1 总结了国债利率 12 个月变化与黄金价格各种滞后的 12 个月变化的相关系数。

表 6.1　国债利率 12 个月变化率与黄金价格滞后时间的相关性

滞后（月）	相关系数
0	0.291
3	0.388
6	0.480
9	0.610
12	0.649
15	0.664
18	0.599
21	0.419
24	0.211

最佳信号

我们还可以用另一种方法来挑选最佳的时间落差测试滞后的范围。根据指标的历史资料，测试每个时间滞后的范围，然后挑选预测效果最好的滞后时间。例如，假设采用 3 个月和 12 个月黄金价格的移动平均线的交叉点作为国债的买卖信号。运用该方法计算黄金交易的净利润和亏损，以及滞后的时间。假设要滞后 11 个月才能出现获利，那么就假设国债的时效模型中黄金价格的最佳滞后时间为 11 个月。当然，除了计算总的盈亏外，还应该采用更好的方法。例如，最好的时间落差定义为交易系统生成最高夏普比率（收益—风险比衡量值）的时间落差。

最优程序的缺陷

虽然上面详细介绍了确定指标最佳滞后时间的方法，但不需要更精确的滞后时间。事实上，如果采用更好的方法，可能使分析师盲目相信滞后时间的作用，结果可能更坏。书中介绍的方法获得的时间落差不确切，过分地依靠历史数据。

例如，假设 11 个月是过去的最佳滞后时间，但并不意味着它是今后数据的最佳滞后时间。以往变量间的滞后时间表示这些变量长期以来的相关性，有部分变量或全部可以替代。如果我们测试一个指标滞后时间的长度，有些具体数值（有时可能是 0，即没有滞后时间）可能获得最佳的结果。即使确定最佳时间是基于以前的数据，特定市场的结构变化可能改变今后滞后时间的范围。

实际上，上述讨论已经涉及最佳程序，即用过去最佳参数值[1]确定将来的交易规则。这也是技术分析的课题之一。最佳程序的作用在技术分析中仍是一个争议较大的问题。这说明许多实验研究获得的结果稳定性很小。也就是说，没有理由相信过去表现很好的参数值，在将来也会获得理想的效果。

在技术分析中，可通过一组数据测试最佳程序的有效性，然后选择另一组数据进行验证。例如，我们用 1975—1985 年的价格数据可能获得一组最佳参数，然后用 1986 年最佳参数的交易结果与已经测试的那些参数进行比较。[2] 其次，还可以用 1975—1986 年的价格数据设定最佳参数值，利用 1987 年数据进行测试。在盲目测试期间，最佳参数组反映出更好的效果（相对于测试的参数），但并没有获得满意的结果。

在基本分析中，上述测试很难实现。其原因在于，本章讨论的基本分析信号是长期的。因此在测试期间不可能收集到大量数据。例如，在图 6.12 描述的 27 年中，仅有少量国债利率的数据。因此，在此期间没有足够的数据得出过去市场的特性，只能用有限的时间数据进行盲目测试。

要注意的是，本章列举的基本分析范例中采用的数据都是月度数据，而技术分

---

① 参数是可以自由分配以改变信号时序的值。例如，时滞中的月数和移动平均中的月数是参数。

② 参数集是参数的组合。例如，在交叉移动平均系统中，每个参数集将包含两个参数：短期移动平均线和长期移动平均线。

析中的数据是每天的数据。因此，在技术模型中采用 10 年的数据相当于基本模型中 220 年的数据（每月约 22 个交易日）。所以，在基本模型中没有办法测试最佳数据。也就是说，确定上述指标的滞后时间，不能用统计上的测试方法，判断过去数据的滞后时间是否适合将来数据的时间落差。

一般而言，技术分析的经验表明不应该依赖事后确定的最佳参数值。所以不应仅选择单一的最佳数值，最好采用该数值前后数据的时间落差，即应该采用一段时间的落差。例如，假设我们用黄金价格作为指标预测国债，如果 11 个月是黄金价格指标的最佳滞后时间，我们也可采用 7 个月和 15 个月的时间，三个数值的权重相等。

数据公布的滞后性

要注意，绝大多数的经济数据都滞后一两个月公布。因此，不论指标是否领先于预测的变量，一定要根据数据公布的时间调整滞后时间。例如，如果一个指标是调查期间次月公布的数据（如 11 月公布 10 月的 CPI），模型中采用的指标的滞后时间至少一个月，因为新公布的数据是上个月的数据。如果模型中的指标没有进行调整，可能要用下个月的数据预测当前的交易信号。

指标的权重

模型中多个指标如何综合为单一的指标？最合理的方法是平均分配指标的权重，但是，可能需要给个别的指标增加权重。主要理由如下：

- 某些指标可能与预测变量的关系比较密切，因此应该采用比较大的权重。
- 一个指标与模型中其他指标相关性一般，该指标的权重相对少些。

在确定每个指标不同权重时还要考虑，除了不确定的指标外，一般指标的权重为 10，指标加权范围在 0.5~1.5 之间，权重的具体分配取决于该指标的重要性以及与模型中类似指标的相关性。虽然理论上建立了权重分配规则，但这样的确定方式难免涉及主观判断。

指标权重分配的另一种方式是，我们也可以调整认为比较重要、变化较大指标的数量。也就是说，我们可以选择模型中包括的指标，使上述两点理由可以相互抵消。例如，我们可采用多组指标的平均移动交叉点（或采用不同的时间落差）。实际上，尽量尝试达到以下平衡：指标越重要就应采用较大的权数，同类型的指标数量越多权重就越小。

指数模型实例

选用任何单个指标都很难获得满意的信号，虽然本章范例中采用的指标都与利率有一定的相关性，但根据该指标预测的某个时期都出现明显的误差。因此预测模型要考虑采用多个指标。由于每个指标在不同时期都可能形成假信号，这样需由模型中其他指标的相反信号进行平衡或抵消。在一段时期内，如果绝大多数重要指标的方向相同意味着市场将转强，如果模型中指标的信号相互抵消，认为市场处于中性态势。

建立多个指标模型的第一步是确定预测变量中涉及的各种指标。实际上，基本模型都采用多个指标，本章的多个指标是指十几个甚至上百个指标。例如，假设我们建立国债利率预测模型，要考虑通胀指标（如 CPI、PPI 和黄金价格）、经济指标（如综合领先指标、就业率和工业生产指标）和货币指标（如联邦基金利率、收益率和收入比率）。上述指标仅作为例子，潜在的指标数量根据不同品种模型需要而定。

确定上述指标后，还要观察每个指标的走势图与国债利率的走势图差异，看两个变量间是否存在明显的领先、同向或滞后关系。如果指标与国债利率间呈现明显的领先或同向关系，就可以选入模型中。但如果指标的转折点落后于国债利率，应剔除这类指标，因时间滞后可能限制其在预测模型中的作用。

模型中每个领先指标都有一组时间差。例如，黄金价格明显领先于国债利率，我们就同时采用几条滞后的黄金价格时间差。此外，对于每个指标滞后组合，要采用几组确定趋势的参数值，而不是单组参数值。应该采用几组时间长度不同的移动平均线。

每个指标的滞后/参数组合都会提供不同的信号。例如，假设模型采用 20 个指标，每个指标有 3 个时间差和 2 个趋势参数组，总共有 120 个信号。如果某个信号显示国债利率走高，该值定为+1；而信号显示利率将走低，其值为-1（在这种情况下模型中的每个指标权重好像相等①，实际情况未必如此）。模型的读数通过添加独立的信号确定，乘以标准化因子（100 除以信号数②）。因此，如果有 80 个信号显示利率走高，40 个信号显示利率走低，该模型读数为 33.3：（+80-40）（100/120）。

图 6.20 说明了国债利率与利率模型指标的关系。要注意的几点是：

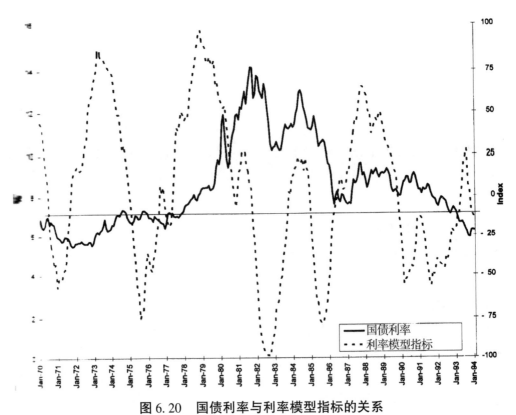

图 6.20　国债利率与利率模型指标的关系

- 模型中指数与利率的关系假设是正向关系，读数高代表利率将走高。
- 指数仅作为利率的变动方向，而不是利率价格（如 20 世纪 80 年代初期利率水平很低；而 20 世纪 90 年代初期利率较高期间，但指数的读数却相同）。

---

①　虽然每个指标的变化都是加权的，但模型确实考虑到了这一事实：通胀指标是与美国国债收益率高度相关的变量，因为它对后者的影响更大，所以占据的权重也更大。

②　如果对指标进行加权，除数将等于所有指标的总权重，而不是指标数（或者相当于指标总数）。

- 应注意的是，指数的顶部或底部经常发生在利率对应的转折点前。所以当指数处于正数区域，而趋势向下，仍认为利率将走高（如 1978 年到 1981 年后期）。
- 指数延续的时间很长，反映利率的主要趋势，而不是关注利率短期波动。

最后的忠告

由于无法进行长期测试（10 年），因此不能满意地评估多个指标基本模型的可靠性。其原因是，由于模型中选择的变量涉及预测变量（价格或利率）历史数据的基本模型相互关系，因此模型中很可能涉及事后的结论。由于相关的数据很少，基本模型是针对单一市场，基本采用月度数据，不可能盲目测试积累足够的数据。

相反，这种盲目测试在技术系统开发中很容易进行，主要有两种原因：第一，一般技术模型都采用每天数据；第二，可以根据市场的价格数据开发技术模型，然后在相关的市场进行测试。

多个指标的基本模型不可避免地采用事后数据，这使模型效果不理想。因此，模型开发时应谨慎采用市场的时效数据。即使事后的数据没有出现任何与以前不符的迹象，假设模型目前可以预测市场行情，但日后市场的结构变化可能导致模型的预测效果不理想。上述说明不是让分析师放弃使用多个指标的模型，而是提醒大家在实际评估和使用中要考虑这种因素。

第 7 章　预期的作用

我们的预期很少发生，而我们最意想不到的状况通常会发生。

——本杰明·迪斯雷利

采用以前的预估值而不用修正值

建立价格预测模型，通常采用以前的预估值作为价格解释变量构建模型，而不是实际数据。例如，如果要建立某种商品价格预测模型，用来解释和预测 9—11 月份的价格，我们发现以前公布的 9—11 月份的供应预估值要比实际值更能说明历史价格的变动。这并不奇怪，因为多数市场参与者无法确定实际值，他们不得不依靠前几年的预估值做出交易决策。假设我们要在第一季度预测玉米的价格，根据下列模型计算：

$$DP = f\ (S/U)$$

其中，DP = 9—11 月期间通胀调整后的 12 月玉米期货合约价格；

S = 玉米期末库存；

U = 玉米总消费量（国内消费加上出口）。

基本上，该模型说明了通胀调整后的玉米价格取决于其期末库存—消费比。市场预期的高库存对应较高的使用量可能导致通胀调整后的价格下降，而低库存对应较低的使用量可能导致通胀调整后的价格走高。

图 7.1 说明 9—11 月库存—消费比与通胀调整后的价格之间的关系，其中不包

括名义价格低于贷款的年份——当时的价格受政府扶持计划影响较大。① 应注意的是，库存—消费比与通胀调整后的价格之间关系并不明显，这两个变量的点位构成了较宽的散点图。根据常态，价格与解释变量之间有明显的反向关系，但实际的数据显示两者之间没有关系。究竟为什么呢？

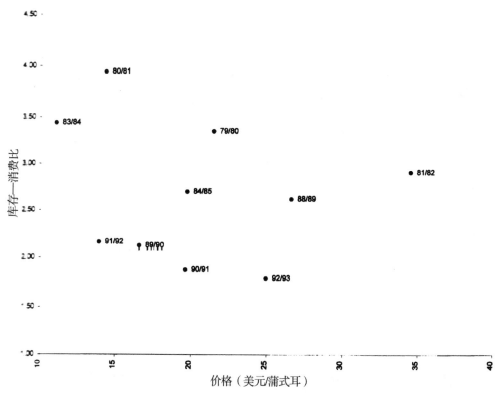

图 7.1　实际玉米库存—消费比与 9—11 月的 12 月期货合约价格的比较
（1979/1980—1992/1993）

一个可能的解释是，因为原始价格是采用实际统计数据进行解释。实际上，市场上基本面的展望与最终的实际值不符，因此，一定时期市场预期才是解释价格行为的主要因素。图 7.2 描述了 10 月预期的库存—消费比与 9—11 月价格间的关系。②

①　正如第 12 章所详细介绍的，过去贷款计划的存在是为了限制价格下降到低于贷款水平的程度。只有在那些存在高企的库存—消费比的年份才可能出现价格低于贷款水平的情况。因此应该对这些年份进行特别分析，避免在任何价格预测模型中出现失误。

②　10 月份的预测是基于美国农业部当月发布的期末库存—消费比这一数据。

虽然预期库存—消费比与价格间的相关性不大，但是，可以看出两个变量间还是有一定的关系。正如预期那样，较低的库存—消费比对应较高的价格，而较低的库存—消费比对应较低的价格。

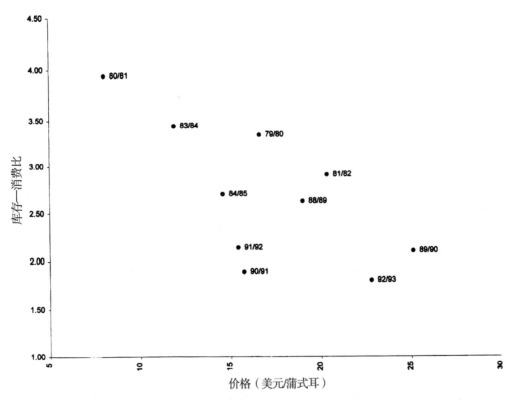

图 7.2　10 月玉米库存—消费比与 9—11 月的 12 月期货合约价格的比较
（1979/80—1992/1993）

从图 7.2 可以看出，预测价格的背离状态取决于所观察的数据点的偏离程度，即用一个变量（库存—消费比）不足以说明价格的特性。之所以会出现图 7.2 中的形态，主要是因为没有考虑重要变量。例如，好像最近几年（1990—1991 年、1991—1992 年和 1992—1993 年）9—11 月份的价格都很低（相当于 10 月份基本面预测的价格）。这种不切实际的价格特性通过近几年的实际价格来说明，因为这几年没有考虑库存—消费比等因素。具体而言，这些因素包括：

- 自从 20 世纪 80 年代以来，玉米库存不断降低。比如，在特定的价格减少库存并降低需求。很明显，这几年市场结构的调整对价格影响很大，比较完善的预测模型应包含趋势变量。事实上，回归分析显示时间趋势是玉米价格预测的重要变量，甚至比预期的库存—消费比更重要。

- 玉米价格不仅取决于美国玉米基本面，而且也要参考全球谷物统计平衡状况。[1] 全球谷物的库存—消费比在 1990—1991 年、1991—1992 年和 1992—1993 年期间数据最高，也就是说，这几年全球谷物的供求超过了美国玉米预测的结果。

- 图 7.2 的模型仅考虑总库存，没有区分个人与政府库存的数量。要指出的是，政府库存不会轻易地投放市场。因此，政府持有大量库存的年份供应一直比较紧张，1990—1991 年、1991—1992 年和 1992—1993 年政府的库存—消费比很低，导致库存预测的价格高估。

基于以上理由，1990—1991 年、1991—1992 年和 1992—1993 年的价格很低，因为图 7.2 中没有考虑这几个年份的数据，那么预期的库存—消费比与当时价格的关系就很明显。相反，如果图 7.1 中没有包括以上年份，实际库存—消费比与当期价格关系就不够理想。

总之，采用以前的数据建立价格预测模型，效果可能较好。当然，如果采用以前的数据建立模型，就需要收集大量的数据。这就是为什么大多数模型要采用修正后数据的原因。

价格预测模型中增加预期变量

前面讨论了如何用预期值和实际值来说明以前的价格变化，此外，还可以通过添加预期变量说明下一年的统计数据。为了区别起见，我们列出模型中要添加变量的 4 个方式：

- 价格是当年实际值的函数（不采用预期值）；
- 价格是估计值或同期数据（预期值或同期数据）的函数；

---

[1]　粗粮包括玉米和其他替代性谷物：高粱、大麦、燕麦、黑麦、小米和杂粮。

- 价格是当年实际值与下一年预期数据的函数（下一年资料采用预期数据）；
- 价格是当年预估值与下一年预期数据的函数（当年与下一年资料都采用预期数据）。

新一年作物的产量预期对价格影响要比基本面的影响更大，这一点在下半年特别明显——在此期间一年的基本面已经确定，且没有发生重大变化。事实上，老作物基本面与新作物预期之间经常出现分歧，后者对价格走势影响很大。如第 3 章中讨论的第 10 种谬误，1990 年小麦市场忽略了产量预期。

为什么新一年的产量预期对当年的价格影响很大？因为预期会影响交易者的买卖心理。例如，如果供应负担很重，供应的预期就趋紧，促使卖方持有商品，以不同的价格分批投放市场（供给曲线向上）①。与此同时，买方试图建立库存，在不同的价格上增加商品的购买量（需求曲线向上）。这两种因素相互影响，结果是推动当年商品价格不断上涨。

预期对实际统计数据的影响

具有讽刺意义的是，对新作物有利的预期很可能引起对基本面不利的情况。下面的因果图说明了这一点：

对新作物的有利预期→旧作物的价格↑→旧作物消费与出口↓→旧作物库存↑

上述情况的排列结果是，对新作物预期很可能无法解释根据旧作物基本面估价过高的情况——这就是新作物预期为什么要纳入价格预测模型中的原因。

确认新作物预期

在供给方面，可根据种植意向和面积预估来预测新作物产量，用这种预估值确定新作物预期时，人们通常假设平均产量（每个国家或地区 5 年的平均产量），除非天气状况要对假设进行调整。

在消费方面，应根据历史形态确定预期，例如，某种商品近几年的消费变化一

---

① 供给减少导致供给曲线向上移动。

直在-2%～+4%之间，对方向与大小的变化，在缺乏相关信息的情况下，人们可采用1%的消费增长作为预测新作物消费量的数据。

通过研究以前美国农业部报告、交易报告和工业品市场评论，统计出历史上的预期。遗憾的是，该方法存在一些不可避免的问题，因为预期的数据是根据选择的数据源和权重确定的。但是，这个问题并不严重，因为任何时期，各种关于新作物产量的预测都将趋向于同样的关键点上。

第8章　通货膨胀的具体反映

没有什么像持续的通货膨胀这样可以如此削弱政府。

——约翰·肯尼迪·加尔布雷斯

当设计价格预测模型时，有必要关注价格度量单位（美元）的变化。如果用名义价格比较以前多年的两期商品价格，相当于将一个季度的美元价格与另一个季度的德国马克价格进行比较。从安全角度讲，没有经过通胀调整的模型很可能存在问题。

图 8.1—8.4 反映了多种商品的名义价格与通货膨胀调节后价格的比较。这些图说明了通胀调整后的价格，很可能改变以往高价商品和低价商品的关系，也可能改变价格波动的幅度。举例说明如下：

- 从名义价格来看，1985 年黄金价格的底部远低于 1993 年的底部。但经过通胀调整后，1993 年黄金价格创出新低。

- 1989 年、1990 年和 1992 年的玉米名义价格低点基本上与 1982 年的低点相同（见图 8.1）。很明显，经过通胀调整后，后几年的玉米价格明显更低。

- 8.3 图中的大豆价格走势可以解释通胀调整后的几种情况。就名义价格而言，大豆的月平均价格在 1988 年创出新高，但经通胀调整后，1988 年的高点是20 世纪 90 年代三个价格高点的最低点。价格低点在 20 世纪 90 年代初形成，但高于 1985—987 年的低点。但在实际上，通胀调整后的情况却正好相反。

- 从活牛市场（图 8.4）的走势来看，20 世纪 90 年代初的活牛价格高于 20 世纪 80 年代初期，但用美元计价的情况正好相反。此外，牛市名义价格在

1987—1993 年期间呈上升态势，但对应的实际价格却出现横向走势。也就是说，该期间出现的价格上升反映了通胀的影响，而不是实际价值。

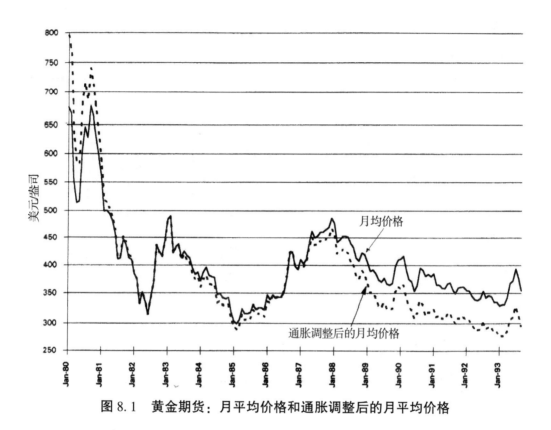

图 8.1 黄金期货：月平均价格和通胀调整后的月平均价格

我们可以采用几种方式在价格预测模型中加入通货膨胀因素，例如：

● 选择一种具有代表性的通货膨胀指数（例如，消费者价格指数（CPI），生产者物价指数（PPI）或国民生产总值（GNP）的平减指数），然后每个历史价格除以指数值①得到通胀调整后的价格序列。表 8.1 应用该方法列出白糖的价格数据，将预测的价格乘以预测期间估计的通胀指数。

---

① 实际报告公布的指数都除以 100，因为指数的报价是基数 100 的百分数。

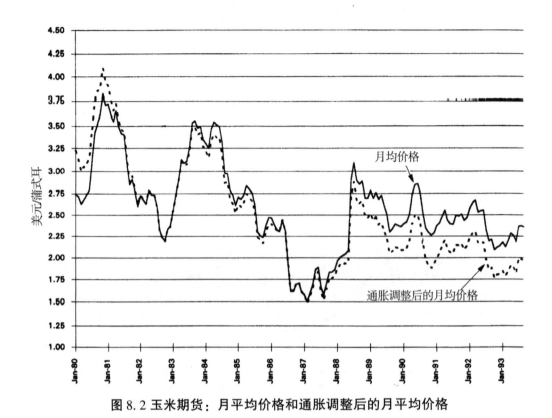

图8.2 玉米期货：月平均价格和通胀调整后的月平均价格

- 可选择的方法，将全部历史价格换算成预测期间计价单位的价格，就是说要将历史价格乘以预测期间的通胀预估指数，再除以价格发生期间的通胀指数。表8.2说明了该方法，假设1993年9—11月的PPI较1992年同期增加1.4%，如果该期间的通货膨胀率维持前3个月（6—8月）相同水平，实际通货膨胀率是0.9%。

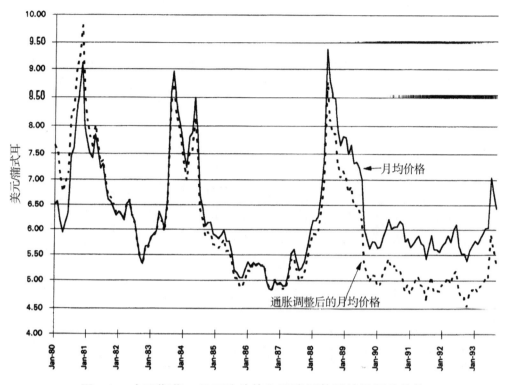

图8.3　大豆期货：月平均价格和通胀调整后的月平均价格

- 要注意的是，即使已证明生产者物价指数估算值与实际值有差异，对价格分析也影响不大，理由如下：（1）美国通胀的合理估算值与实际数据差异很小，通常差异在5%甚至更小。（2）所有过去价格有可能在同等程度上被高估或低估（就百分率而言），从而维持价格的相对关系，不影响模型的解释效果。总之，相对于名义价格带来的误差来看，通胀预估值不精确所造成的预测误差很有限。

- 模型中可加入通货膨胀对需求曲线的影响因素，即通胀使需求曲线向上移动。假设其他条件不变，每个特定价格的消费量在过去的时间都明显增加，由于每个名义价格都对应较低的实际价格。但是，由于前面讨论的需求曲线量化问题使得该方法仅代表了理论概念，实际并不可行。

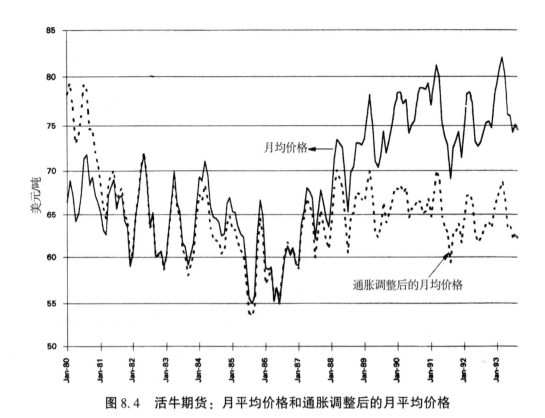

图8.4 活牛期货：月平均价格和通胀调整后的月平均价格

对任何价格预测模型来说，通货膨胀因素都是关键的输入变量。至于采用什么方法调整通货膨胀，不是特别重要。

具有讽刺意义的是，1979 年以来，忽略通胀影响因素的价格预测模型居然提供了比较精确的结果。这种戏剧性结果可以通过需求进行解释，1979—1980 年实际利率（名义利率减通胀调整后率）偏高，这也是诱发长期存货的心理原因。存货的高成本使很多行业减少存货需求。事实上，这种普遍减少库存的情况，导致需求曲线向下移动。譬如，1979—1980 年，高通胀与高利率的市场运行环境，以及先进技术发展和新存货理论，使库存需求持续下降，虽然通胀威胁明显减少，但趋势还没有改变。结果，通胀与需求同时下降，通胀的影响逐步减弱。

表 8.1　9—11 月的 12 月玉米期货：
名义价格和通胀调整后的价格（单位：美元/蒲式耳）

年份	12 月期货合约平均价格（9—11 月）	平均价格指数（9—11 月）	通胀调整后的 12 月期货合约平均价格（9—11 月）
1979	2.75	8.19	3.36
1980	3.65	92.6	3.95
1981	2.88	98.8	2.91
1982	2.26	100.2	2.25
1983	3.52	102.1	3.44
1984	2.79	103.5	2.70
1985	2.27	102.8	2.21
1986	1.69	99.6	1.69
1987	1.81	104.0	1.74
1988	2.84	108.2	2.62
1989	2.37	112.6	2.10
1990	2.28	119.8	1.91
1991	2,49	116.3	2.14
1992	2.13	117.9	1.81

　　注意 1987—1993 年通胀调整期间牛价的单边上涨趋势。也就是说，这一时期的物价明显上涨只是反映了通货膨胀的影响，并没有实际价值的任何增加。

　　当然，上面讨论的内容并不意味着通胀可以轻易地忽略。实际上，除通胀影响外，模型中还要考虑 20 世纪 80 年代和 90 年代初的发展趋势，商品的需求明显下降。因此，回归模型可以加入趋势变量，或采用虚拟变量来分段处理不同时期的数据（虚拟变量将在第 19 章介绍）。

　　我们相信未来通货膨胀不会受到反向趋势的影响。所以，忽略通胀的影响是错误的，尤其在高通胀的情况下。

表 8.2 9—11 月的 12 月玉米期货：

正常价格和估算价格（1993 年）（单位：美元/蒲式耳）

年份	12 月期货合约平均价格（9—11 月）	平均价格指数（9—11 月）	通胀调整后的 12 月期货合约平均价格（9—11 月）	将以前季节价格转换成 1993 年的价格	1993 年 12 月期货合约平均价格（9—11 月）
1979	2.75	81.9	119.5	1.459	4.01
1980	3.65	92.6	119.5	1.290	4.72
1981	2.88	98.8	119.5	1.210	3.48
1982	2.26	100.2	119.5	1.193	2.69
1983	3.52	102.1	119.5	1.170	4.12
1984	2.79	103.5	119.5	1.155	3.22
1985	2.27	102.8	119.5	1.162	2.64
1986	1.69	99.6	119.5	1.200	2.02
1987	1.81	104.0	119.5	1.149	2.07
1988	2.84	108.2	119.5	1.104	3.13
1989	2.37	112.6	119.5	1.061	2.51
1990	2.28	119.8	119.5	0.997	2.28
1991	2.49	116.3	119.5	1.028	2.55
1992	2.13	117.9	119.5	1.014	2.16

第9章　季节性分析法

寒冷出现在冬天，但季节性反弹在秋天就开始了。

——杰克·施瓦格

季节性交易的基本观念

不同的市场有不同的季节性交易方式。有时，这些季节性形态与基本面关系密切。譬如，有些农产品市场每逢丰收季节就出现抛压和潜在低谷期的购入现象。金融市场也有基本面显示出季节性特征，譬如，国债市场中的发新债还旧债、年终账面收支平衡等。但也有时候，季节性特征与基本面因素的关系不大。

我们可以根据季节性特征制定交易策略。当然，这个观点的前提是，季节性影响将对价格走势带来影响，但有时市场的价格运行方向与正常的季节趋势相反。关键问题是，期货价格运行趋势是否与以前季节性特征存在正相关关系。通过分析发现，即使随机数列反映季节性形态，也很难确定实际的季节性特征与可能出现的背离情况，因此在确定过去的季节性特征有多大权重时无法避免主观上的臆断。最理想的方式是在做交易决策时，将季节性分析当做基本分析和技术分析的补充，而不是唯一的分析方式。

现货与期货价格的季节性变化

了解期货与现货价格的季节性变化非常重要。譬如，某作物的现货价格在丰收季节都会下跌，即使现货价格很低，甚至接近于期货价格，也并不意味就是很好的交易机会。很可能出现在丰收季节期货市场比现货市场更早出现疲软的走势。由于我们关心的是期货交易而不是现货和金融资产，关键问题在于期货市场是否存在季节性形态。因此，所有的季节性计算都采用期货数据。例如，我们在下一章将介绍编制各种图表所采用的有关期货数据。

预期的作用

由于市场可能提前反映预期的情况，市场走势经常与预期的情况不一致。譬如，由于严寒天气的影响，冬季燃料油、冷冻浓缩橙汁和咖啡期货市场可能走强。这种情况在下一章的有关图表中会有所反映。这些商品在冬季就会显示出季节性强势，但冬季过后价格可能出现下降趋势。譬如，12月至来年2月，燃料油和冷冻浓缩橙汁出现下跌走势，同样，6—7月咖啡价格走势也会类似。

实际走势可能出现的季节性形态

即使市场显示明显的季节性特征，也不能确定出现真正的季节性走势。事实表明，有许多市场会出现这样的价格行为，即使所有验证的价格数列是随机的，分析中有很明显的季节性特征才能确定最终的季节性走势。也就是说，过去的季节性形态可能是正常的概率分配，并不意味着价格走势存在潜在的变化。

为了区别实际的价格走势和可能出现的价格走势，我们可以采用抛硬币（正面代表价格上涨的一周，反面代表价格下跌的一周）来表示价格上涨和下跌。假设我们抛硬币10次，代表过去10年某一市场每年的价格走势，然后将这样的试验重复10次，每次试验抛52次硬币（每次试验代表一年）。

尽管正面和反面出现的次数相同（也就是价格上涨和下跌年份的次数相同），这种情况是非常常见的，75%以上的抛硬币试验的正反面次数还是不同的。事实上，这些试验中正面和反面的次数经常不同。这种情况用概率论表示，即52次试验中超过75%的概率可能得到这样的结果。

如果上面52次抛10个硬币的试验反复进行25次（代表25个不同的市场），那么获得一个或多个抛10次试验的概率中，10个正面或反面中至少有9个最终是一样的（发生的概率是99.999999998%）。事实上，在15次抛硬币实验中，会有超过99%的概率至少有9次是同一面。为了解释这种情况，虽然市场上价格变化不定，但在25个不同的市场中，有99%的概率发现15种以上的情况。因此，在价格运行不确定的情况下，了解季节形态出现的次数是非常必要的。

计算季节性指数

计算季节性指数的方法很多，本章主要介绍两种基本的计算方法。

平均百分率法

该方法是计算季节性指数最简单的方法，步骤如下：

- 计算月平均价格在全年或一季的平均值。
- 每个数据（每周或每月）的平均价表示为该年平均值的百分率。（月数据和周数据都可以构建季节指数，周季节指数优于月指数，尤其是交易时优势更明显，但是周指数要处理更多数据，这里我们用月指数来说明。）
- 用每个数据（月、周或日）的平均百分率，计算第2步骤的平均数，结果即季节性指数。

为了说明该方法，用白糖合约的数据来计算季节性指数。表9.1列出了1974—1993年3月糖合约的每月平均价格。应指出的是，第一栏数据（2月）用于后面计算年平均数值。表9.1的最右一栏是12个月的3月合约平均值。表9.2是年度平均值的百分率。然后计算每月的平均值，获得季节性指数，列在表9.2的最后一行。

表9.1 3月白糖合约：每月平均价格

合约到期年份	2月[a]	3月	4月	5月	6月	7月	8月	9月	10月	11月	12月	1月	2月	3—2月的平均值
1974	7.5	7.6	7.9	8.6	8.6	8.9	8.5	8.5	9.3	10.1	11.5	14.8	21.0	10.4
1975	13.9	13.2	14.1	17.8	18.2	20.9	25.9	29.1	39.0	56.8	45.3	38.4	33.9	29.4
1976	25.7	21.6	19.1	15.8	12.6	15.7	17.4	14.8	14.2	13.7	13.3	13.9	13.5	15.5
1977	13.6	14.4	13.9	14.5	13.9	14.2	12.1	9.5	8.7	8.6	8.1	8.5	8.6	11.3
1978	9.1	9.4	10.2	9.7	9.1	8.6	8.7	8.6	8.5	8.8	9.3	9.4	8.8	9.1
1979	10.3	9.5	9.1	8.6	8.2	7.1	7.7	8.8	9.4	8.8	8.6	8.2	8.4	8.5
1980	10.0	9.9	9.5	9.5	9.7	10.2	10.4	11.0	13.2	15.5	16.3	18.0	23.3	13.0
1981	25.6	25.5	25.6	33.9	36.9	32.3	34.8	38.3	43.5	39.8	30.5	29.4	25.4	33.0
1982	23.5	20.5	18.4	16.4	17.2	16.9	15.2	12.8	12.5	12.4	13.3	13.3	13.3	15.2
1983	14.5	12.8	11.4	9.9	8.8	9.3	8.4	7.5	7.1	7.8	7.2	6.7	6.7	8.6
1984	8.8	8.5	9.3	11.5	12.5	12.1	12.5	11.2	10.8	9.6	8.7	7.7	6.9	10.1
1985	9.0	9.1	8.6	7.5	7.2	6.0	5.4	5.5	5.9	5.6	4.6	4.4	4.0	6.2
1986	6.0	5.5	5.0	4.2	3.8	4.0	5.0	5.8	5.6	6.1	6.1	5.6	5.8	5.2
1987	7.2	8.3	9.0	8.6	7.5	6.8	6.9	6.1	6.6	6.8	6.5	7.0	7.6	7.3
1988	8.4	8.3	7.6	7.7	7.4	7.0	6.7	6.9	7.4	7.7	8.6	9.8	8.5	7.8
1989	8.4	8.6	8.7	9.1	10.3	12.4	10.4	9.8	9.8	10.4	11.3	10.0	10.7	10.1
1990	10.5	11.3	11.7	11.6	12.0	13.0	12.9	13.5	14.0	14.8	13.5	14.5	14.7	13.1
1991	13.5	14.0	14.4	14.1	12.3	11.4	10.7	10.7	9.7	9.9	9.7	9.0	8.7	11.2
1992	8.7	8.5	8.3	7.8	8.3	8.7	8.4	8.8	8.8	8.6	8.9	8.4	8.1	8.5
1993	8.6	8.6	8.8	9.0	9.5	9.4	9.1	8.9	8.8	8.7	8.3	8.5	8.8	8.9

[a] 合约年前一年的2月，为了计算表7.3，所以需要这一栏

表9.2　3月白糖合约：每月平均价格与3月—次年2月平均价格百分比

合约到期年份	3月	4月	5月	6月	7月	8月	9月	10月	11月	12月	1月	2月
1974	72.8	75.7	82.4	82.4	85.2	81.4	81.4	89.1	96.7	110.1	141.7	201.1
1975	44.9	48.0	60.6	61.9	71.1	88.1	99.0	132.7	193.3	154.2	130.7	115.4
1976	139.7	123.5	102.2	81.5	101.5	112.5	95.7	91.8	88.6	86.0	89.9	87.3
1977	128.0	123.6	128.9	123.6	126.2	107.6	84.4	77.3	76.4	72.0	75.6	76.4
1978	103.4	112.2	106.7	100.1	94.6	95.7	94.6	93.5	96.8	102.3	103.4	96.8
1979	111.3	106.6	100.8	96.1	83.2	90.2	103.1	110.2	103.1	100.8	96.1	98.4
1980	75.9	72.8	72.8	74.4	78.2	79.7	84.3	101.2	118.8	125.0	138.0	178.7
1981	77.3	77.6	102.8	111.8	97.9	105.5	116.1	131.9	120.6	92.4	89.1	77.0
1982	135.0	121.2	108.0	113.3	111.3	100.1	84.3	82.3	81.7	87.6	87.6	87.6
1983	148.3	132.0	114.7	101.9	107.7	97.3	86.9	82.2	90.3	83.4	77.6	77.6
1984	84.1	92.0	113.8	123.7	119.7	123.7	110.8	106.8	95.0	86.1	76.2	68.3
1985	148.0	139.8	122.0	117.1	97.6	87.8	89.4	95.9	91.1	74.8	71.5	65.0
1986	105.6	96.0	80.6	73.0	76.8	96.0	111.4	107.5	117.1	117.1	107.5	111.4
1987	113.6	123.1	117.7	102.6	93.0	94.4	83.5	90.3	93.0	88.9	95.8	104.0
1988	106.4	97.4	98.7	94.9	89.7	85.9	88.5	94.9	98.7	110.3	125.6	109.0
1989	84.9	85.9	89.9	101.7	122.5	102.7	96.8	96.8	102.7	111.6	98.8	105.7
1990	86.1	89.1	88.4	91.4	99.0	98.3	102.9	106.7	112.8	102.9	110.5	112.0
1991	124.8	128.4	125.7	109.7	101.6	95.4	95.4	86.5	88.3	86.5	80.2	77.6
1992	100.4	98.0	92.1	98.0	102.8	99.2	103.9	103.9	101.6	105.1	99.2	95.7
1993	97.0	99.2	101.5	107.1	106.0	102.6	100.4	99.2	98.1	93.6	95.9	99.2
所有年份的平均值	104.4	102.1	100.5	98.3	98.3	97.2	95.6	99.0	103.2	99.5	99.5	102.2
除去1975年和1981年后的其他年份的平均值	109.2	106.5	102.6	99.6	99.8	97.3	94.3	95.3	97.3	96.9	98.4	102.9

在计算季节性指数的过程中，应检查历史数据中的异常年份。主观判断这些特殊年份，以表9.1中的数据为例，有几个年份的数据很极端，但其中有两年尤其突出：1975年和1981年。从表中可以看出，1975年和1981年3月白糖合约的价格波动范围很大。因此表7.2列出的1975年的平均价格百分比非常反常。通常在计算季节性指数时应剔除这样的年份，除非运用了某种调整方法修正其过度的影响，否则最好不包括这种异常年份。但是没有具体的方法，并且最终的决定取决于调查者的主观判断。

虽然可以通过表9.2最后一行的季节性指数了解季节性走势，但用图更能清楚地说明问题。图9.1为季节性指数，两条曲线为包括和不含1975年和1981年的季节性指数。从图形可以看出，价格的季节性走势在9月份达到相对的低点，在3月份达到相对高点。同时要指出的是，如果包括1975年和1981年的数据，对11月份的季节性指数影响较大。

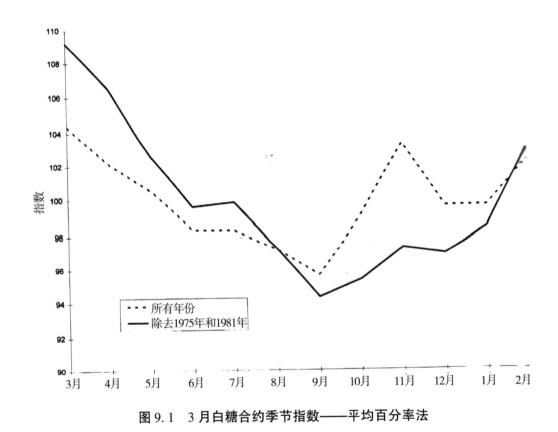

图9.1　3月白糖合约季节指数——平均百分率法

另外一点很重要，即平均百分率法没有改变数据的变化趋势。所以，显示的季节模式可能有一部分反映了数据中的长期趋势。事实上，对于表现出强烈趋势的数据，趋势发展经常完全混淆实际的季节性形态。（趋势之后的季节模式已经从数据中剔除了。）这并不糟糕。如果我们最初想要研究市场价格的可能方向，要考虑趋势和实际的季节影响，平均百分率法就很方便，因为这种方法反映了过去的结果，但是有时候我们想把季节影响从趋势中分离出来，这时候就需要另一种分析季节性指数的方法——关联相对法。

关联相对法

关联相对法计算步骤如下：

- 将每月的数据用前一月数据的百分率表示；
- 计算每个月百分率的平均值；
- 设第一个月数值为 100.0，然后将第 2 步骤的结果表示为第一个月相对百分率；
- 根据趋势调整第 3 步骤的最终数值；
- 用第 4 步骤的结果乘以同一因素，使平均的月度季节性指数等于 100.0。

用例子说明以上步骤更清楚，表 9.3 列出了用前一月价格百分比的每月的价格（数据从表 9.1 得出）。月平均值列在表的底部。

下一步参考表 9.4，将第一个月（3 月）数值设定为 100.0，计算出其他月份相对于第一个月的数值。从表 9.3 得到 4 月相对于 3 月的百分率是 98.88%，所以 4 月份数据是 98.88（即，100 的 98.49%）。同样，由于 5 月和 6 月价格的平均百分比是 100.49%，5 月份数据就是 98.88 或 99.36 的 100.49%。6 月份数据是 99.36 或 97.68 的 98.30%，以此类推。要注意的是，录入 3 月份的第 2 个数值应等于 2 月数值（98.54 等于表 9.3 中 3 月的平均值）的 98.54%。

表9.3 3月白糖合约：每月平均价格与前三个月价格的百分比

合约到期年份	3月	4月	5月	6月	7月	8月	9月	10月	11月	12月	1月	2月
1974	101.3	103.9	108.9	100.0	103.5	95.5	100.0	109.4	108.6	113.9	128.7	141.9
1975	95.0	106.8	126.2	102.2	114.8	123.9	112.4	134.0	145.6	79.8	84.8	88.3
1976	84.0	88.4	82.7	79.7	124.6	110.8	85.1	95.9	96.5	97.1	104.5	97.1
1977	105.9	96.5	104.3	95.9	102.2	85.2	78.5	91.6	98.9	94.2	104.9	101.2
1978	103.3	108.5	95.1	93.8	94.5	101.2	98.9	98.8	103.5	105.7	101.1	93.6
1979	92.2	95.8	94.5	95.3	86.6	108.5	114.3	106.8	93.6	97.7	95.3	102.4
1980	99.0	96.0	100.0	102.1	105.2	102.0	105.8	120.0	117.4	105.2	110.4	129.4
1981	99.6	100.4	132.4	108.8	87.5	107.7	110.1	113.6	91.5	76.6	96.4	86.4
1982	87.2	89.8	89.1	104.9	98.3	89.9	84.2	97.7	99.2	107.3	100.0	100.0
1983	88.3	89.1	86.8	88.9	105.7	90.3	89.3	94.7	109.9	92.3	93.1	100.0
1984	96.6	109.4	123.7	108.7	96.8	103.3	89.6	96.4	88.9	90.6	88.5	89.6
1985	101.1	94.5	87.2	96.0	83.3	90.0	101.9	107.3	94.9	82.1	95.7	90.9
1986	91.7	90.9	84.0	90,5	105.3	125.0	116.0	96.6	108.9	100.0	91.8	103.6
1987	115.3	108.4	95.6	87.2	90.7	101.5	88.4	108.2	103.0	95.6	107.7	108.6
1988	98.8	91.6	101.3	96.1	94.6	95.7	103.0	107,2	104.1	111.7	114.0	86.7
1989	102.4	101.2	104.6	113.2	120.4	83.9	94.2	100.0	106.1	108.7	88.5	107.0
1990	107.6	103.5	99.1	103.4	108.3	99.2	104.7	103.7	105.7	91.2	107.4	101.4
1991	103.7	102.9	97.9	87.2	92.7	93.9	100.0	90.7	102.1	98.0	92.8	96.7
1992	97.7	97.6	94.0	106.4	104.8	96.6	104.8	100.0	97.7	103.5	94.4	96.4
1993	100.0	102.3	102.3	105.6	98.9	96.8	97.8	98.9	98.9	95.4	102.4	103.5
平均全年	98.54	98.88	100.49	98.30	100.93	100.04	98.93	103.57	103.75	97.32	100.12	101.24
除去1975年和1981年	98.68	98.35	97.28	97.50	100.90	98.29	97.57	101.32	102.10	99.45	101.17	102.78

表 9.4　3 月白糖合约 1970—1993：

每月平均价格与之前 3 个月平均价格之比

	3 月	4 月	5 月	6 月	7 月	8 月	9 月
全年	100.00	98.88	99.36	97.68	98.59	98.63	97.58
除去 1975 年和 1981 年	100.00	98.35	95.68	93.29	94.13	92.52	90.27
	10 月	11 月	12 月	1 月	2 月	3 月	
全年	101.06	104.85	102.05	102.16	103.43	101.92	
除去 1975 年和 1981 年	91.46	93.39	92.87	93.96	96.58	95.30	

第 2 个 3 月份的数值更高，反映了数据的趋势。为去除这种趋势，我们必须找出第一个 3 月到第 2 个 3 月的不变月增长率，12 个月后增加到 101.92。也就是说我们要找出不变月增长率 X。用数学方式表示，相当于 $X^{12}=101.92$。通过对数函数，我们可以解开 X（若读者不熟悉对数函数，可按下面介绍的方法处理）：

$X^{12}=(101.92)$

$12logX=log(101.92)$

$logX=1/12log(101.92)$

$logX=0.000688$

$antilog of 0.000688=1.0016$

也就是说，$(1.0016)^{12}=1.0192$。

我们假设增长趋势是不变的，第一个月（3 月份）仍设定于 100.0；第二个月的数值除以 1.0016；第三个月的数值除以（1.0016^2）；第四个月除以（1.0016^3），后面以此类推。表 7.5A 说明了计算过程。最后一个月（第二个 3 月）除以（1.0016^{12}），用此方式将数值转化为 100.0。经过调整后，第一个与第二个 3 月份的数值相等，数据的趋势已经剔除。

下面是不包含 1975 年和 1981 年的数据：

$X^{12}=0.9530$

$12logX=log(0.9530)$

$logX=1/12log(0.9530)$

$logX=-0.00174$

$antilog of -0.00174=0.9960$

从表 9.5B 中获得调整后的数值。

表 9.5 经过调整的月度指数值

月份	表 9.4 的值	趋势调整因子	趋势调整数值	调整值
A. 全年				
3 月	100.00	—	—	100.00
4 月	98.90	(1.0016)1	1.0016	98.74
5 月	99.38	(1.0016)2	1.0032	99.06
6 月	97.70	(1.0016)3	1.0048	97.23
7 月	98.61	(1.0016)4	1.0064	97.98
8 月	98.65	(1.0016)5	1.0080	97.86
9 月	97.60	(1.0016)6	1.0096	96.67
10 月	101.08	(1.0016)7	1.0113	99.96
11 月	104.87	(1.0016)8	1.0129	103.54
12 月	102.07	(1.0016)9	1.0145	100.61
1 月	102.18	(1.0016)10	1.0161	100.56
2 月	103.45	(1.0016)11	1.0177	101.65
总计				1193.86
B. 除去 1975 年				
3 月	100.00	—	—	100.00
4 月	98.40	(0.9960)1	0.9960	98.80
5 月	95.73	(0.9960)2	0.9920	96.50
6 月	93.33	(0.9960)3	0.9880	94.46
7 月	94.18	(0.9960)4	0.9841	95.70
8 月	92.56	(0.9960)5	0.9802	94.43
9 月	90.32	(0.9960)6	0.9762	92.52
10 月	91.51	(0.9960)7	0.9723	94.11
11 月	93.44	(0.9960)8	0.9684	96.48
12 月	92.92	(0.9960)9	0.9646	96.33
1 月	94.0l	(0.9960)10	0.9607	97.85
2 月	96.63	(0.9960)11	0.9569	100.99
总计				1158.18

另一种方法若不采用对数函数，可用下列步骤获得表9.5最后一行的数据。

- 计算表9.4中两个3月数据之间的差额（1.92）；
- 用1/12乘以该差额，再从第二个月（4月）的数值中减去该乘积；
- 用2/12乘以第一步骤中获得的差额，再从第三个月的数值中减去该乘积，用第一步骤的差额乘以3/12，再从第四个月的数值中减去该乘积，用该方式计算剩余的月份，结果如下：

3月	4月	5月	6月	7月	8月	9月	10月	11月	12月	1月	2月
100.0	98.72	99.05	97.20	97.95	97.84	96.62	99.95	103.58	100.61	100.57	101.67

从该表中可以看出，这些数据与表9.5A中调整后的数据十分接近。也可以用类似的方法获得表9.5B最后一行的近似值。

同样的原理，要求每月季节指数平均值等于100.0或相近，由此月指数值总数等于1200.0。正如我们在表9.5A和9.5B中看到的，指数总数不到1200.0；因此必须用乘数调整这些数据：

$$所有年份：乘数 = \frac{1200.0}{1193.86} = 1.0051$$

$$除去1975年：乘数 = \frac{1200.0}{1158.18} = 1.0361$$

用1.0051乘以表9.5A中每个数值，用1.0361乘以表9.5B中的数值，获得的季节性指数列在表9.6中。这些季节性指数绘制成图7.2。要指出的是，数据中包括1975年和1981年的数据。由于这两年走势反常，11月的指数图向上倾斜。

表9.6 使用关联相对法计算的3月白糖合约的季节指数

时间段	3月	4月	5月	6月	7月	8月	9月	10月	11月	12月	1月	2月
全年	100.51	99.25	99.57	97.73	98.48	98.36	97.16	100.46	104.07	101.13	101.07	102.17
除去1975年和1981年	103.61	102.36	99.98	97.87	99.16	97.84	95.86	97.51	99.97	99.81	101.39	104.63

图9.3说明了平均百分比法和关联相对法的比较，可见二者十分相似。基本差

异在于，平均百分比法可反映市场运行的长期趋势，而关联相对法不能。

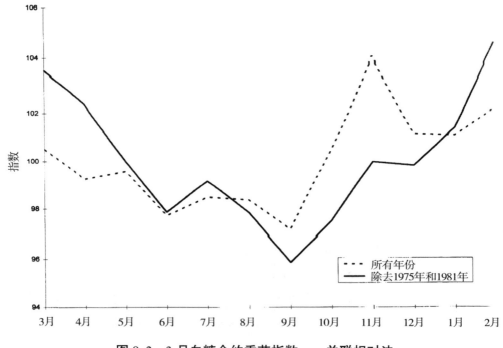

图 9.2　3 月白糖合约季节指数——关联相对法

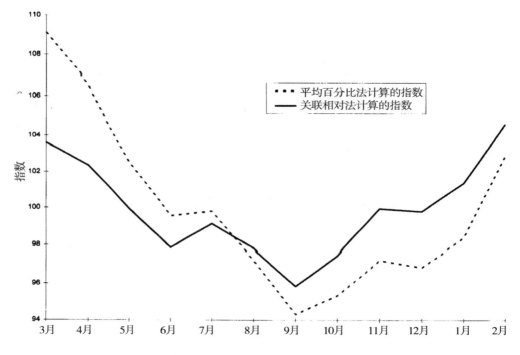

图 9.3　3 月白糖合约季节指数——平均百分比法和关联相对法

分段分析季节性形态

前面讨论了所有年份和除去异常年份的季节性指数。现在要考虑的是，不同的年份是否会有不同的季节走势？举例来说，我们将 1974—1993 年 3 月份糖合约分成两组——基本上是多头年份为一组，空头年份为另一组。

表 9.7 列出了白糖在每个划分时期的库存—消费比（全部数据来自 F. O. Licht 的统计数据）。划分多头与空头季节性区间的标准是，季度库存与消费比率相对前一季节比率的变化。如果预测的季度库存—消费比与前一季度的比率不高于 30%（无论哪个方向），然后运用该比率划分季度，比率高于 30% 的为熊市，低于 30% 的为牛市。下列数据为分组情况：

牛市年份：1974，1980，1981，1986，1987，1988，1989，1990，1993

熊市年份：1975，1976，1977，1978，1979，1982，1983，1984，1985，1991，1992

表 9.7　根据季度库存—消费比划分白糖的季度指数

季度[a]	当前季度库存与消费比率估计(%)	前一季度库存与消费比率(%)	当前季度占前一季度的百分比	库存比变化[b]	库存变化和当季库存比率估计[d]
1973—1974	20.7	21.5	96.3	+	
1974—1975	23.2	20.7	112.1	−	
1975—1976	26.2	23.2	112.9	−	
1976—1977	30.9	26.2	117.9	−	
1977—1978	36.0	30.9	116.5	−	
1978—1979	35.4	36.0	98.3	−	
1979—1980	28.9	35.4	81.6	+	
1980—1981	28.5	28.9	98.6	+	
1981—1982	36.9	28.5	129.5	−	

1982—1983	42.9	36.9	116.3	–
1983—1984	42.8	42.9	99.8	–
1984—1985	42.1	42.8	98.5	–
1985—1986	38.4	42.1	91.1	+
1986—1987	33.7	38.4	87.8	+
1987—1988	31.0	33.7	92.0	+
1988—1989	29.0	31.0	93.5	+
1989—1990	28.0	29.0	96.6	+
1990—1991	31.3	28.0	111.8	–
1991—1992	35.1	31.3	112.1	–
1992—1993	33.3	35.1	94.9	+

数据来源：F. O. Licht

ᵃ 第 2 年的季度划分对应于 3 月合约的年份。

ᵇ 超过 3% 的增长视为熊市年份（–）；超过 3% 的下跌视为牛市年份（+）；变化小于 3% 视为中性变化（–）。ᶜ 库存比率大于 30 视为熊市年份（–）；小于 30 视为牛市年份（+）。

　　图 9.4 说明了用平均百分比法分析牛、熊和所有年份的季节性指数（划分标准是根据前面介绍的基本面数据，而不是价格趋势）。分段分析更能说明问题。牛年的季节形态为稳步向上的趋势，而熊年的走势为逐步向下。无论牛年还是熊年都不具有前面介绍的全年指数的共同点。实际上，全年指数也可以解释为两组的综合指数，不代表任何一组。这样，如果人们偏向于将现在的季节确定为潜在的多或空头，采用分段处理季节性指数效果更好。

　　图 9.4 完美解释了趋势控制季节模式的季节指数，情况是我们已确定了调节市场的标准。用该标准将价格可能上升的年份分为一组，而价格可能下降的年份分为另一组。

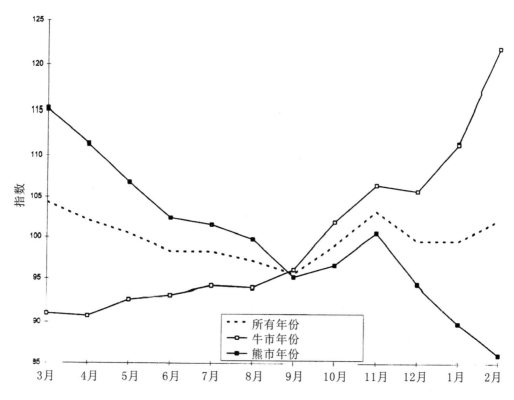

图9.4　用平均百分比法分析 3 月白糖合约的分段季节指数

　　图9.5 说明了采用关联相对法获得的相应季节指数，应记住的，该方法能剔除数据的长期趋势。图 9.4 与 9.5 的差异很显著，图 9.5 表明一旦剔除数据的趋势，基本上牛市年份和熊市年份的季节趋势之间的差异就会减小。

　　图9.4 与 9.5 的显著差异说明一个问题，用哪种方法比较好——平均百分率法还是关联相对法？答案取决于分析师运用季节性指数的意图。也就是说，如果单纯是想根据趋势和季节性影响获得基本价格方向，或假设历史趋势持续不变，那么应该采用平均百分率法。[①]

---

　　① 　读者如果对分段季节分析感兴趣，可以参考 David Handmaker 的文章，"*Low Frequency Filters in Seasonal Analysis.*" *The Journal of Futures Markets* I （3）：367-378 （1981）．

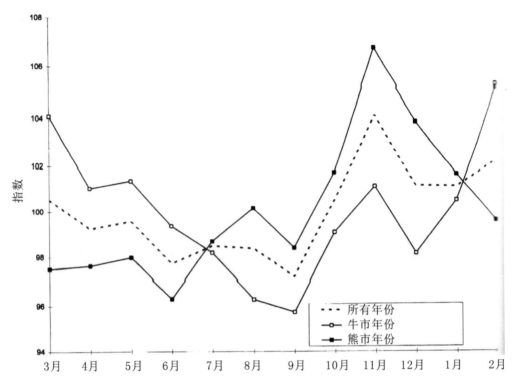

图 9.5　用关联相对法分析 3 月白糖合约的分段季节指数

剔除数据的季节性影响

在解决价格数据序列时，没有理由剔除数据中季节性形态。但作为基本因素，通常需要剔除季节性影响，例如，表 9.8 列出了棉纺厂每月的消费量数据。表中数据明显地反映季节形态：12 月与 7 月的消费量大幅减少，而 1 月与 8 月的消费量又明显增加。由于出现这种无法抗拒的季节性影响，当新的消费数据公布后，很难判断使用率的趋势是上升还是下降，因此有必要比较每月棉花消费数据，并要剔除季节性因素。

表9.8 棉花：棉纺厂每月的消费量数据[a]

季度	8月	9月	10月	11月	12月	1月	2月	3月	4月	5月	6月	7月	季节平均
1980—1981	22.1	22.8	23.9	22.9	19.0	21.8	22.3	21.5	21.7	22.1	21.3	19.3	21.7
1981—1982	21.4	20.7	22.4	20.1	16.0	18.9	19.9	19.7	20.5	19.6	18.4	16.0	19.5
1982—1983	19.3	19.0	20.8	19.5	17.0	20.2	21.5	22.0	21.5	22.0	21.7	18.4	20.2
1983—1984	22.6	22.4	22.9	22.3	18.7	23.5	22.4	21.9	21.5	22.1	20.1	17.7	21.5
1984—1985	21.4	20.4	21.4	19.5	16.9	20.0	20.9	20.8	21.0	21.9	21.0	18.5	20.3
1985—1986	22.9	22.5	24.6	23.9	19.5	23.8	24.9	24.6	24.8	25.2	24.4	20.9	23.5
1986—1987	26.7	26.2	27.3	26.5	23.1	27.3	28.1	29.4	28.7	29.3	28.3	27.0	27.3
1987—1988	30.3	30.1	31.0	30.3	24.4	28.4	29.5	29.5	27.8	27.6	26.5	21.7	28.1
1988—1989	28.8	27.7	27.6	26.1	22.9	28.3	29.2	30.0	31.2	32.2	31.9	27.9	28.7
1989—1990	34.1	42.7	34.3	31.9	33.9	31.2	32.6	40.8	32.2	33.1	41.0	27.8	34.6
1990—1991	33.8	41.4	33.2	30.2	29.7	37.8	30.0	34.8	35.8	41.3	33.0	33.1	34.5
1991—1992	41.8	35.2	43.5	35.4	30.0	43.2	38.2	44.6	35.9	37.6	35.4	34.1	37.9

[a] 净重包装480磅

表9.9 棉花：消费量的季节性指数

季度	8月	9月	10月	11月	12月	1月	2月	3月	4月	5月	6月	7月
1980—1981	101.7	104.9	110.0	105.4	87.5	100.3	102.6	99.0	99.9	101.7	98.0	88.8
1981—1982	109.9	106.3	115.1	103.3	82.2	97.1	102.2	101.2	105.3	100.7	94.5	82.2
1982—1983	95.3	93.9	102.8	96.3	84.0	99.8	106.2	108.7	106.2	108.7	107.2	90.9
1983—1984	105.1	104.1	106.5	103.7	86.9	109.3	104.1	101.8	110.0	102.8	93.5	82.3
1984—1985	105.4	100.5	105.4	96.0	83.2	98.5	102.9	102.4	103.4	107.8	103.4	91.1
1985—1986	97.4	95.7	104.7	101.7	83.0	101.3	106.0	104.7	105.5	107.2	103.8	88.9
1986—1987	97.7	95.9	99.9	97.0	84.5	99.9	102.8	107.6	105.0	107.2	103.6	98.8
1987—1988	107.9	107.1	110.4	107.9	86.9	101.1	105.0	105.0	99.0	98.2	94.3	77.2
1988—1989	100.5	96.7	96.3	91.1	79.9	98.8	101.9	104.7	108.9	112.4	111.3	97.4
1989—1990	98.5	123.3	99.0	92.1	97.9	90.1	94.1	117.8	93.0	95.6	118.4	80.3
1990—1991	97.9	120.0	96.2	87.5	86.1	109.5	86.9	100.8	103.7	119.7	95.6	95.9
1991—1992	110.3	92.9	114.8	93.4	79.1	114.0	100.8	117.7	94.7	99.2	93.4	90.0
平均季节指数	102.3	103.4	105.1	97.9	85.1	101.6	101.3	105.9	102.1	105.1	101.4	88.7

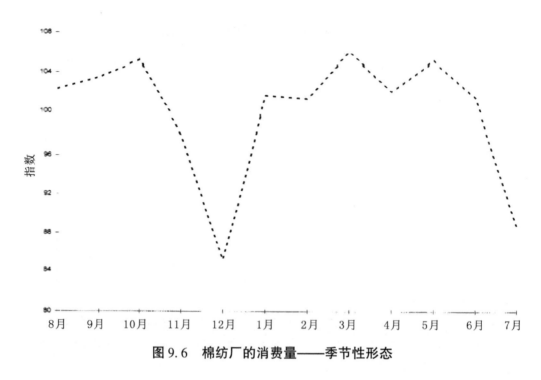

图 9.6　棉纺厂的消费量——季节性形态

　　表 9.9 为棉花消费量的季节性指数，计算方法是采用平均百分比法。[①] 图 9.6 中描述了季节性形态，为了剔除季节性影响，我们简单地用公布的数据除以对应的季节指数。我们以 1992—1993 年为例说明相关程序，季节性指数是采用表 9.9 中获得的数据。将 1992—1993 年的实际季节数据与剔除季节性影响的数据进行比较（见表 9.10）。

　　剔除季节性影响的数据更具体地反映了实际情况。例如，尽管考虑了 6 月价格水平呈下降态势，但 7 月的实际消费水平有所提高。

表 9.10　1992—1993 年实际季节数据与剔除季节性影响的比较数据

农事年	8 月	9 月	10 月	11 月	12 月	1 月	2 月	3 月	4 月	5 月	6 月	7 月
实际季节数据	37.2	36.4	38.3	36.1	30.0	37.6	38.0	37.3	37.2	39.6	38.0	34.7
剔除季节影响的数据	36.4	35.2	36.4	36.9	35.3	37.0	37.5	35.2	36.5	37.7	37.5	39.1

---

　　①　虽然关联相对法可以剔除数据的趋势，但是计算量太大，在连续的月份之间比较时，两种方法差别不大。

其他基本面数据也反映很强的季节趋势，如果要对比年份之间的数据，剔除了季节性影响才能得到有意义的结论。

收益最大化与损失最小化的季节性比较

有一种比较特定时期最大收益与最大损失的季节性分析法。第一步是调查市场多年（如 15~25 年）来的走势图，并分析这些图中的重复走势（后面将讨论"季节性图表检测法"）。例如，通过图表可以看出，12—来年 3 月份铜的季节性形态较强，为了说明这种季节性形态，我们汇总了一个比较最大收益和最大损失的表格。表 9.11 显示的是过去 26 年的数据，其中有 18 年 12—来年 3 月份最大上涨超过最大下跌，并且最大平均涨幅是最大平均跌幅的两倍。这种对比比较清楚地说明了该期间存在季节性上涨的趋势。

表 9.11　12—来年 3 月 7 月铜合约的最大收益和最大损失（美分/磅）[a]

合约年份	最大收益	最大损失	最大收益和最大损失绝对值的差
1968	10	3	7
1969	9	0	9
1970	4	5	−1
1971	8	4	4
1972	7	0	7
1973	19	1	18
1974	44	6	38
1975	1	10	−9
1976	10	1	9
1977	13	1	12
1978	4	3	1
1979	27	1	26
1980	48	14	34
1981	0	16	−16
1982	3	10	−7
1983	12	1	11
1984	3	7	−4

1985	4	4	0
1986	7	0	7
1987	2	1	1
1988	9	15	−6
1989	18	6	12
1990	9	11	−2
1991	9	2	7
1992	3	4	−1
1993	6	5	1
15 年平均	11.1	5.1	6.0

[a] 根据 11 月 30 日或者最近交易日的收盘价水平计算。

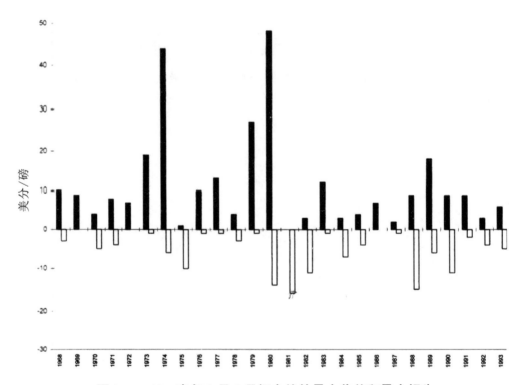

图 9.7　12—来年 3 月 7 月铜合约的最大收益和最大损失

反季节的价格运行形态

一般来说，季节性分析法可以用来协助制定交易策略，同时，季节性分析还有另一种作用，可验证市场"反常走势"。也就是正常的季节性形态显示价格应该上升，但实际情况是价格经常下跌，这种现象认为是市场处于弱势。例如，表 9.11 显示 26 年中仅有 8 年（年份加粗）7 月铜期货在 12—来年 3 月期间最大涨幅小于最大跌幅。在 8 年中 7 月铜期货最后两个月（4—5 月）的价格运行情况。要指出的是，8 年中有 7 年价格是下跌的。由此可见，这些年的铜价在 12—来年 3 月间的最大跌幅超过最大涨幅——这说明了市场本身弱势。

当然，也有几年的铜价继 12—来年 3 月的强势后在 4—5 月开始回落，但关联不大。反季节运行的点位可能是重要的市场反转信号。最好不要将正常季节的价格运行态势看作是今后市场方向的指南。

表 9.11　12—来年 3 月的 7 月铜合约最大涨幅和最大跌幅[a]

合约年份	最大涨幅	最大跌幅	最大涨幅减去最大跌幅
1968	10	3	7
1969	9	0	9
1970	4	5	−1
1971	8	4	4
1972	7	0	7
1973	19	1	18
1974	44	6	38
1975	1	10	−9
1976	10	1	9
1977	13	1	12
1978	4	3	1
1979	27	1	26
1980	48	14	34

1981	0	16	−16
1982	3	10	−7
1983	12	1	11
1984	3	7	−4
1985	4	4	0
1986	7	0	7
1987	2	1	1
1988	9	15	−6
1989	18	6	12
1990	9	11	−2
1991	9	2	7
1992	3	4	−1
1993	6	5	1
平均	11. 1	5. 1	6. 0

[a] 以 11 月 30 日收盘价水平，或前一个交易日收盘价来衡量——如果是周末的话。所有价格变动均调整为最接近的百分比。

表 9.12　4—5 月的 7 月铜合约的价格变化与 12—来年 3 月的最大涨幅和最大跌幅[a]

合约年份	12—3 月最大涨幅减去最大跌幅	4—5 月的价格变化
1968	7	−8
1969	9	4
1970	−1	−5
1971	4	−9
1972	7	−4
1973	18	6
1974	38	−16
1975	−9	−9
1976	9	6
1977	12	−11
1978	1	4

1979	26	−16
1980	34	3
1981	−16	−7
1982	−7	−5
1983	11	2
1984	−4	−9
1985	0	−3
1986	7	−4
1987	1	4
1988	−6	−8
1989	12	−12
1990	−2	−3
1991	7	−8
1992	−1	0
1993	1	−17

[a] 所有价格变动均调整为最接近的百分比。

从走势图判断季节性变化

历史上图表提供的数据相对比较简单，但却是有用的信息。例如，用该方法研究巴西咖啡在市场低迷期间（6—8 月）的季节性变化。图 9.8 提供了 12 月咖啡期货的价格 20 年间的变化。分析这些走势图，得出以下结论：

1. 除非发生霜冻，否则咖啡价格在 6—8 月的危险期会出现季节性跌势，尽管这种态势有些矛盾，但很容易解释。霜冻危险期是可以预期的，因此，在实际弱市开始前交易者提前做多，然后做空。之后霜冻的危害并没有造成损失，贴水也逐渐恢复。

2. 在霜冻前提早买入合约，导致了 4—5 月下旬季节性强势的出现。（注意和霜冻有关的 6—8 月的价格大幅上涨属于市场异常，而并不是季节性强势。通常，价格的季节变动是指假设其他条件不变在每一年的特定期间重复发生的价格形态。霜冻灾害造成的冲击抵消季节性天气影响。)

3. 当市场走势与以往的季节形态不同时，应认为是重要的交易信号。例如，在 1974 年、1977 年、1981 年、1982 年、1986 年、1988 年、1991 年和 1992 年，这 8 年中的 4 到 5 月期间市场处于季节性强市，但价格却下跌。其中有 6 年的后两个月价格下跌，市场呈下降态势。另外两年与 1981 年初价格走势相似，但在 7 月下旬霜冻期价格出现反弹，到了 1982 年出现小幅上涨。另外的例子是没有发生霜冻，只有 1976 年、1982 年、1983 年和 1993 年的 4 年中，5 月下旬到 6 月咖啡呈现上涨态势。1976 年市场出现一波罕见的强势，到 1982 年和 1983 年 7 月后期价格开始向上突破。只有 1993 年 6—8 月间市场反季节运行的特征不明显，随后几个月市场一直处于横盘状态。

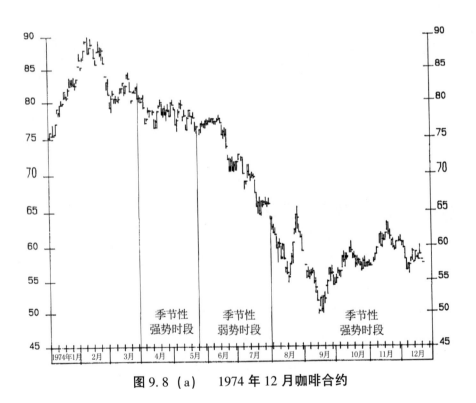

图 9.8（a）　　1974 年 12 月咖啡合约

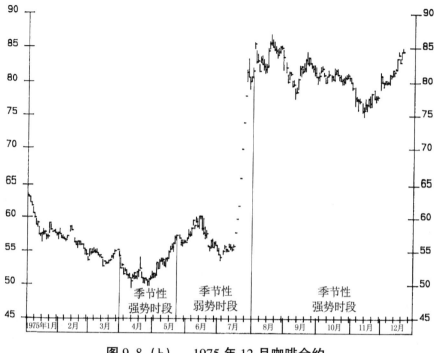

图 9.8（b）　1975 年 12 月咖啡合约

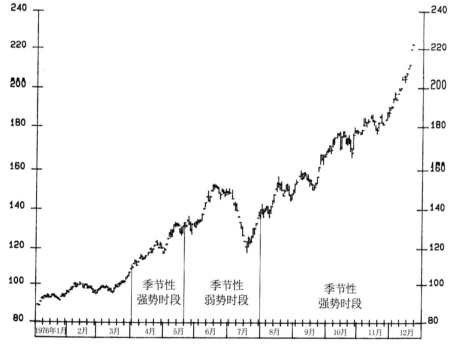

图 9.8（c）　1976 年 12 月咖啡合约

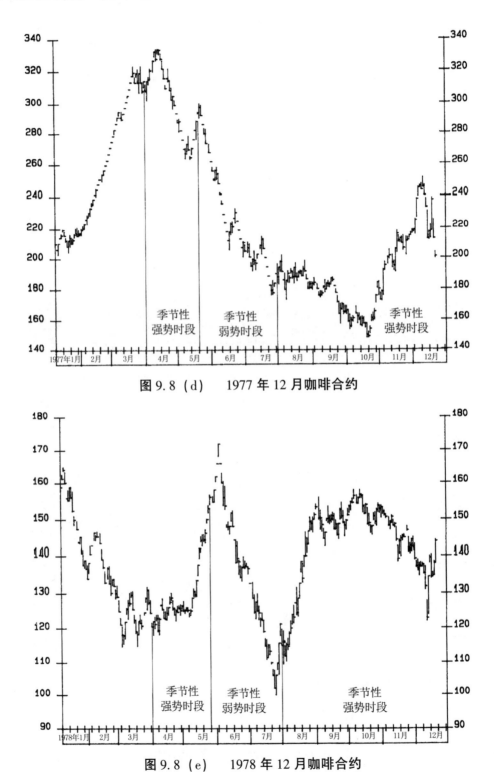

图 9.8（d）　1977 年 12 月咖啡合约

图 9.8（e）　1978 年 12 月咖啡合约

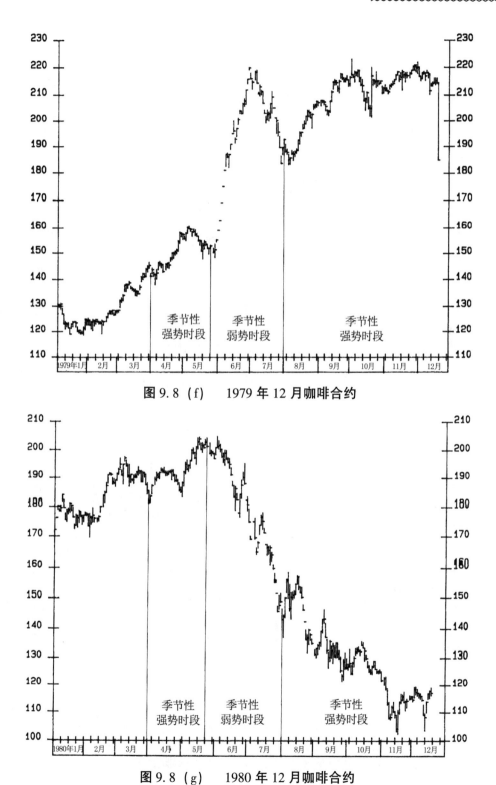

图 9.8（f）　1979 年 12 月咖啡合约

图 9.8（g）　1980 年 12 月咖啡合约

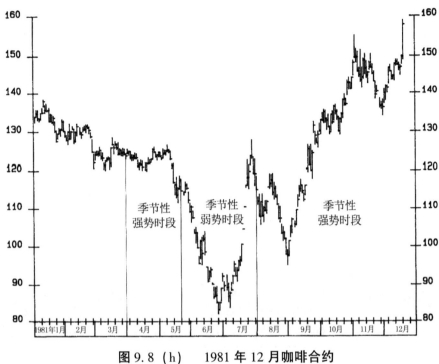

图 9.8（h）　1981 年 12 月咖啡合约

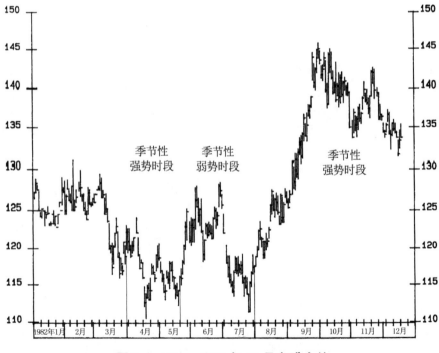

图 9.8（i）　1982 年 12 月咖啡合约

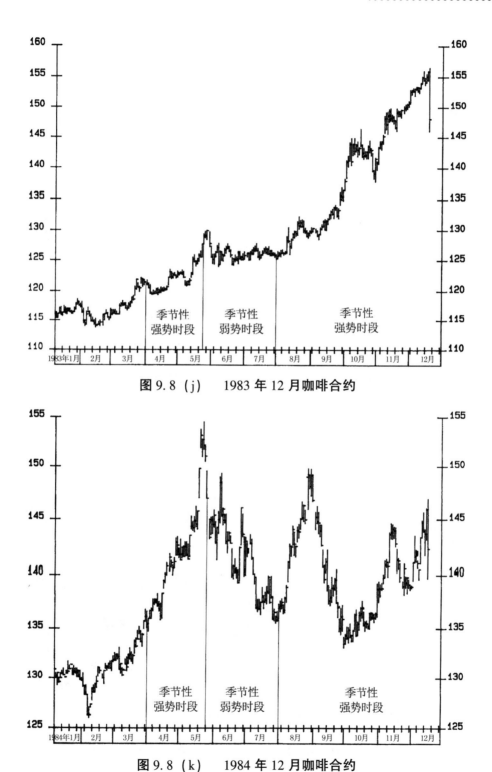

图 9.8（j）　1983 年 12 月咖啡合约

图 9.8（k）　1984 年 12 月咖啡合约

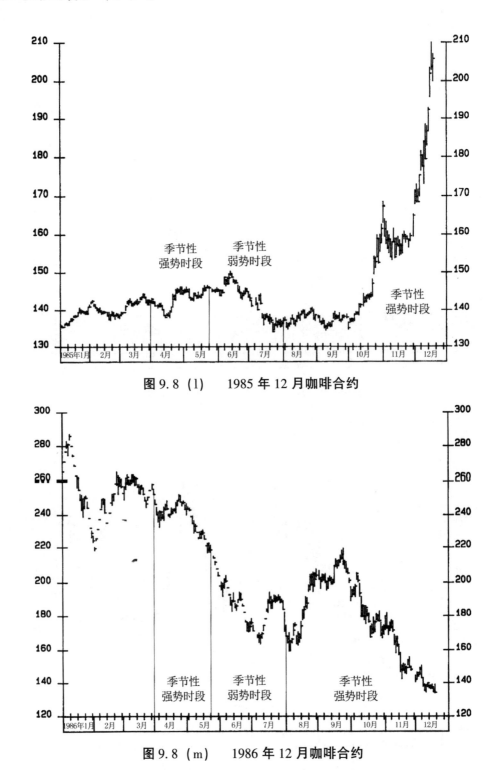

图 9.8 (1)　　1985 年 12 月咖啡合约

图 9.8 (m)　　1986 年 12 月咖啡合约

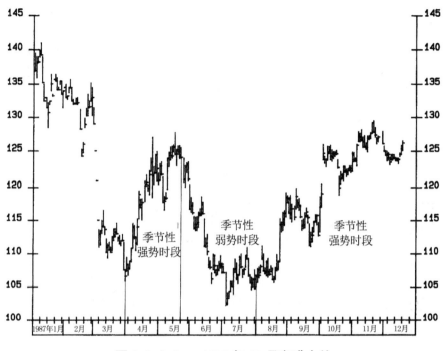

图 9.8（n）　　1987 年 12 月咖啡合约

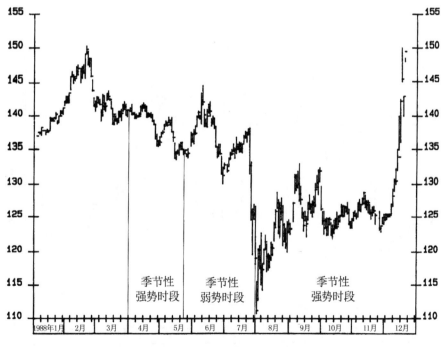

图 9.8（o）　　1988 年 12 月咖啡合约

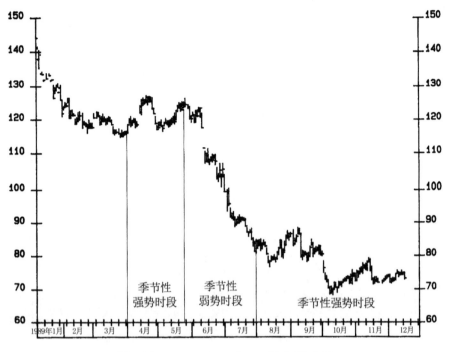

图 9.8（p）　　1989 年 12 月咖啡合约

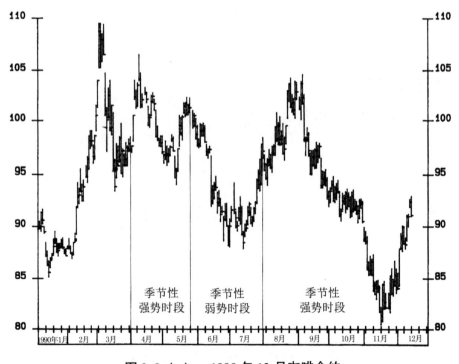

图 9.8（q）　　1990 年 12 月咖啡合约

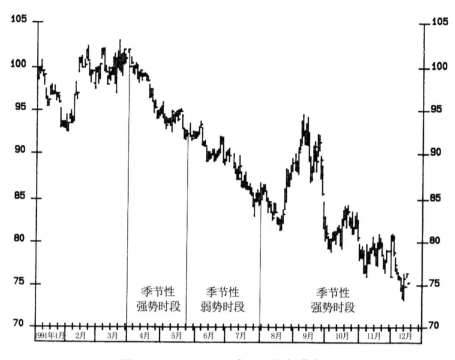

图 9.8（r）　1991 年 12 月咖啡合约

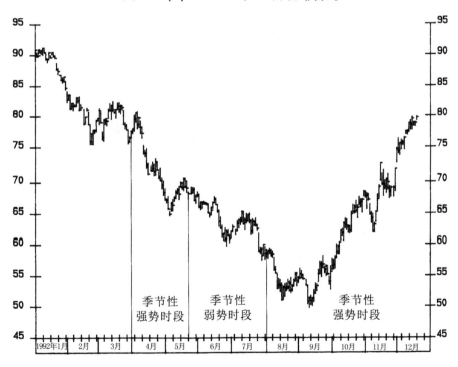

图 9.8（s）1992 年 12 月咖啡合约

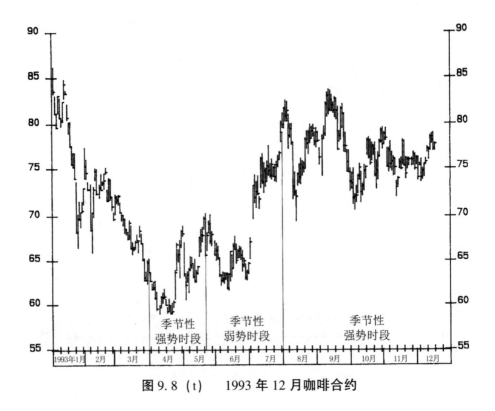

季节性
强势时段

季节性
弱势时段

季节性
强势时段

图 9.8 (t)　1993 年 12 月咖啡合约

结论

期货市场中有多种季节性走势，熟悉这些运行态势很重要，不仅可以预测市场是否与实际季节性变化相符，还能发现市场与季节性相反的迹象。该章讨论不同的分析方法，这些方法有互补作用，可以同时使用。

值得强调的是，虽然季节性分析可以提供重要的信息，但是在预测时必须和其他方法一起使用（如基本分析法和技术分析法）。由于季节性分析法很简便，交易者在做交易决定时只用这种方法，这是错误的。

下一章将介绍期货市场季节性走势的不同形式。

第10章　各类市场季节性研究

> 正确的做法是碰到趋势对自己有利时，交易者应该保持从容的态度，稳坐赚钱的仓位，不要轻易去动它。只要市场对你有利，不管多久都要继续持有仓位。

> ——斯坦利·克罗

表格说明

本章的表格说明季节性走势的三种基本验证方法：

- 上涨年份的百分比。某一时期上涨趋势年份的百分比可以最直接地验证季节性走势。但该方法的问题在于，这些年份价格上涨的幅度没有加权。譬如，如果80%的年份处于小幅上涨状态，但其平均净涨幅小于少数年份下降期间的跌幅，这种情况说明这段较强的多头趋势存在一定偏差。
- 平均最大涨幅与平均最小跌幅的比较。过去每年价格的最大涨幅（跌幅）与该年的最高价（最低价）与期初价格之间的差值。平均最大涨幅（跌幅）是统计所有年份数据的平均值。平均最大涨幅和跌幅的数据也可能由于某时期一两年价格异常走势而失真。譬如，1979年后期到1980年初期，白银期货市场价格激烈波动就与其他年份的价格数据混淆在一起。
- 平均百分比的变动。统计期间的每一年将最初的百分比确定为最初价格与同期最低价格之间的差额除以该年最高价格与最低价格之差（用百分比表示）。同样，期末价格的百分比方式与此类似，百分比的变动为期末价格与该年最低价

— 133 —

格的差额除以该年最高价格与最低价格之差。譬如，某年期初价格为 3.95 美元，最高价格为 4.00 美元，最低价格为 3.80 美元，期末价格为 3.85 美元，期初的百分比为 75%，期末的百分比为 25%。百分比的变动为-50%。简单而言，平均百分比的变动是统计期间百分比变动的均值。该方法的优点是相对价格变化较大获得的权重较大，同时又制约某一年份大幅上涨造成的统计影响。因此，平均百分比的变动也许是表格中效果最好的统计方式。

在某个市场的表格中，底部反黑表示较明显的季节性形态。反黑字显示较强的季节形态，应符合下列条件之一：

- 市场上涨年份的百分比等于或大于 70%，抑或等于或小于 30%。
- 平均百分比的变动等于或大于 15%，抑或等于或小于-15%。

底部反黑表示的季节性形态更明显，应符合下列两个条件之一：

- 市场上涨年份的百分比等于或大于 80%，抑或等于或小于 20%。
- 平均百分比的变动等于或大于 25%，抑或等于或小于-25%。

本章的最后为总结性表格，说明所有市场中上涨年份的百分比、另一张表格平均百分比的变化。其中底部反黑部分表示比较明显的季节性形态。

图形说明

图形中表示的未经调整的季节性指数，采用的是平均百分比法，计算步骤如下：

- 计算每年的平均价格。
- 每日收盘价用每年平均价格的百分比表示。
- 计算所有年份下，每天百分比的平均值，得出当日的季节性指数。

未经调整的季节性指数可能反映长期的趋势。因此，在计算季节性指数前，先剔除价格总趋势明显的数据，计算一组经过调整的季节性指数。未经调整的季节性指数的用途是直接反映某一天进场和出场的交易结果。鉴于长期趋势可能发生变化，剔除价格总趋势明显的数据或许更能反映季节性形态。

采用关联相对法计算剔除趋势明显的季节性指数，步骤如下：

- 每天的价格表示为前一天价格的百分比。
- 这些百分比数字（每年一个）平均为一年中的每一天。
- 用第二步的结果将第一天的数值设定为 100，其余天数的平均值表示为第一天数值的相对百分比。
- 剔除相对百分比数据的趋势因素。
- 用第四步的每天数据乘以同一常数，使每天的平均季节性均值等于 100。

计算季节性指数的数据

计算季节性指数采用连续期货数据，而不是近期价格合约的数据。如果采用近期价格数据，每当合约到期，就需转换下一月份的合约。虽然近期期货价格数据可能更精确地反映以前的实际价格，但没有反映以往价格的波动幅度。这种近期期货价格的扭曲源于到期月份和后续合约转换时的价差。这些价差可能代表价格的潜在变动。例如，如果 4 月活牛合约到期价格是 72 美元，而 6 月合约是 76 美元，近月合约价格序列将出现一天跳动 4 美分（不包括新合约第一天转换时出现的价格变化）。明显的是，这种价格波动可能影响季节性指数的准确性，如上述例子，合约的转换日使季节性指数出现上升趋势。

为了避免使用近月合约价格导致的失真，我们选用了连续期货合约价格。连续期货合约价格根据一系列相关期货合约形成一种连续的价格系列。当到期合约在转换日出现价格跳动时，连续合约价格会调整价差。因此，在上述例子中，从新合约到到期合约之间有 400 点的溢价，不会导致连续期货价格的变化。

谨慎运用季节性分析方式

采用图表分析时要注意以下几点：（1）正如第九章中所讨论的，了解季节性形态很重要，过去的季节性走势仅反映以前的随机走势，并不代表市场实际行为；（2）季节性形态仅是影响市场走势的一种因素。即使季节性形态确实存在，其影响也可能被基本因素和技术因素所抵消。

因此，本章的图表仅作为分析的一种方式，而不能作为交易决策的唯一参考。

季节性图表

下列图表是根据 1994 年第二周之前的数据编制的，但各图表开始的日期不同，数据取决于每个市场的情况，通过上涨和下跌的年份计算季节数据的年数。

表 10.1 　国债：季节性汇总

日期	合约月份	年份		上涨年份	平均最大			平均百分比		
		上涨	下跌		涨幅	跌幅	差额	期初	期末	变化
1 月 1—15 日	3 月	7	10	41%	1.17	1.70	-0.53	60	41	-19
1 月 16—31 日	3 月	9	7	56%	1.53	1.53	0.00	47	54	7
2 月 1—14 日	3 月	6	10	38%	0.96	2.02	-1.06	64	41	-23
2 月 15—28 日	3 月	8	8	50%	2.05	1.58	0.47	50	52	2
3 月 1—15 日	6 月	8	8	50%	1.47	1.45	0.02	48	48	0
3 月 16—31 日	6 月	7	9	44%	1.47	1.67	-0.20	52	50	-2
4 月 1—15 日	6 月	11	5	69%	1.74	1.46	0.28	41	62	21
4 月 16—30 日	6 月	3	13	19%	1.04	1.99	-0.95	66	36	-30
5 月 1—15 日	6 月	8	8	50%	1.74	1.51	0.23	48	49	1
5 月 16—31 日	6 月	9	7	56%	1.62	1.40	0.22	48	51	2
6 月 1—15 日	9 月	13	3	81%	2.54	0.96	1.58	29	72	43
6 月 16—30 日	9 月	9	7	56%	1.11	1.93	-0.82	61	58	-3
7 月 1—15 日	9 月	7	9	44%	1.28	1.35	-0.07	53	52	-1
7 月 16—31 日	9 月	8	8	50%	1.29	1.99	-0.70	56	54	-2
8 月 1—15 日	9 月	13	3	81%	1.96	1.43	0.53	36	58	22
8 月 16—31 日	9 月	8	8	50%	1.53	1.70	-0.17	48	46	-2
9 月 1—15 日	12 月	11	5	69%	1.85	1.51	0.34	39	49	10
9 月 16—30 日	12 月	7	10	41%	1.27	1.55	-0.28	55	54	-1
10 月 1—15 日	12 月	8	9	47%	1.96	1.56	0.40	47	54	7
10 月 16—31 日	12 月	8	9	47%	1.97	2.13	-0.16	56	54	-2
11 月 1—15 日	12 月	11	6	65%	1.77	1.28	0.49	42	64	22
11 月 16—30 日	12 月	9	8	53%	1.46	1.07	0.39	41	49	8
12 月 1—15 日	3 月	8	9	47%	1.58	1.46	0.11	47	45	-2
12 月 16—31 日	3 月	10	7	59%	1.90	0.87	1.03	35	50	15

数据来源：保诚证券有限公司

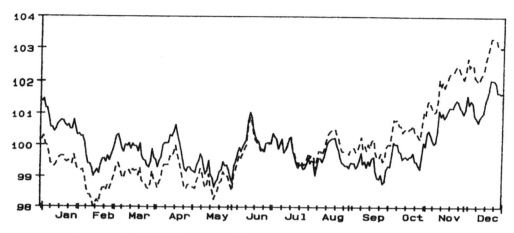

图 10.1 季节性指数：未经调整（虚线）对比剔除趋势（实线）

表 10.2　短期债券（欧洲美元）：季节性汇总

日期	合约月份	年份		上涨年份	平均最大			平均百分比		
		上涨	下跌		涨幅	跌幅	差额	期初	期末	变化
1月1—15日	3月	13	6	68%	0.24	0.33	−0.09	54	53	−1
1月16—31日	3月	10	8	56%	0.22	0.34	−0.12	53	54	1
2月1—14日	3月	8	10	44%	0.12	0.41	−0.29	67	39	−28
2月15—28日	3月	6	12	33%	0.29	0.27	0.02	61	42	−19
3月1—15日	6月	8	10	44%	0.30	0.34	−0.04	57	46	−11
3月16—31日	6月	11	7	61%	0.27	0.30	−0.03	51	62	11
4月1—15日	6月	15	3	83%	0.46	0.27	0.19	28	68	40
4月16—30日	6月	6	12	33%	0.35	0.24	0.11	53	38	−15
5月1—15日	6月	11	7	61%	0.32	0.30	0.02	50	51	1
5月16—31日	6月	8	10	44%	0.34	0.27	0.07	55	44	−11
6月1—15日	9月	14	4	78%	0.46	0.23	0.23	29	70	41
6月16—30日	9月	10	8	56%	0.16	0.39	−0.23	60	60	0
7月1—15日	9月	11	7	61%	0.28	0.25	0.03	48	53	5
7月16—31日	9月	7	11	39%	0.23	0.32	−0.09	56	47	−9
8月1—15日	9月	13	5	72%	0.29	0.21	0.08	39	58	19
8月16—31日	9月	9	9	50%	0.26	0.31	−0.05	51	47	−4
9月1—15日	12月	11	7	61%	0.39	0.26	0.13	43	58	15
9月16—30日	12月	8	10	44%	0.35	0.30	0.05	46	50	4
10月1—15日	12月	11	7	61%	0.47	0.33	0.14	41	56	15
10月16—31日	12月	7	11	39%	0.43	0.39	0.04	52	49	−3
11月1—15日	12月	8	10	44%	0.35	0.26	0.09	47	53	6
11月16—30日	12月	12	6	67%	0.27	0.21	0.06	43	52	9
12月1—15日	3月	9	9	50%	0.24	0.45	−0.21	51	51	0
12月16—31日	3月	11	7	61%	0.35	0.21	0.14	40	60	20

特别提示：虽然欧洲美元的交易比短期债券更活跃，但这个表格是基于短期债券的，其实可提供的数据明显更长（短期债券从 1976 年开始，而欧洲美元从 1982 年开始）。由于这两个市场高度相关，这个表格也可以用来解释欧洲美元。

数据来源：培基证券公司。

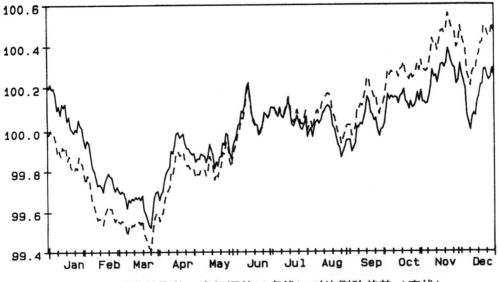

图 10.2 季节性指数：未经调整（虚线）对比剔除趋势（实线）

表 10.3 标准普尔 500 指数：季节性汇总

日期	合约月份	年份		上涨年份	平均最大			平均百分比		
		上涨	下跌		涨幅	跌幅	差额	期初	期末	变化
1 月 1—15 日	3 月	8	4	67%	7.65	7.18	0.47	50	59	9
1 月 16—31 日	3 月	7	4	64%	8.76	6.55	2.21	47	63	16
2 月 1—14 日	3 月	9	2	82%	8.37	4.01	4.36	35	62	27
2 月 15—28 日	3 月	5	6	45%	4.65	5.60	−0.95	53	56	3
3 月 1—15 日	6 月	6	5	55%	7.62	3.60	4.02	33	58	25
3 月 16—31 日	6 月	6	5	55%	5.46	5.68	−0.22	51	48	−3
4 月 1—15 日	6 月	7	4	64%	6.91	6.89	0.02	51	70	19
4 月 16—30 日	6 月	6		50%	5.31	6.88	−1.57	49	49	0
5 月 1—15 日	6 月	5	7	42%	7.54	3.81	3.73	37	43	6
5 月 16—31 日	6 月	9	3	75%	8.02	4.47	3.55	40	61	21
6 月 1—15 日	9 月	4	8	33%	5.85	5.28	0.57	49	50	1
6 月 16—30 日	9 月	7	5	58%	4.19	6.38	−2.19	55	55	0
7 月 1—15 日	9 月	7	5	58%	6.00	5.30	0.97	47	64	17
7 月 16—31 日	9 月	7	5	58%	4.97	6.33	−1.36	56	59	3
8 月 1—15 日	9 月	7	5	58%	6.18	6.80	−0.62	52	53	1
8 月 16—31 日	9 月	9	3	75%	5.95	7.84	−1.89	46	65	19
9 月 1—15 日	12 月	5	7	42%	4.53	9.27	−4.74	58	41	−17
9 月 16—30 日	12 月	4	8	33%	4.74	6.10	−1.36	48	48	0
10 月 1—15 日	12 月	8	4	67%	8.18	10.05	−1.87	46	63	17
10 月 16—31 日	12 月	6	6	50%	7.23	14.07	−6.84	46	55	9
11 月 1—15 日	12 月	4	8	33%	5.73	7.24	−1.51	50	53	3
11 月 16—30 日	12 月	7	5	58%	4.60	6.98	−2.38	54	61	7
12 月 1—15 日	3 月	7	5	58%	7.46	3.50	3.96	33	48	15
12 月 16—31 日	3 月	9	3	75%	8.47	3.24	5.23	28	54	26

数据来源：保诚证券有限公司

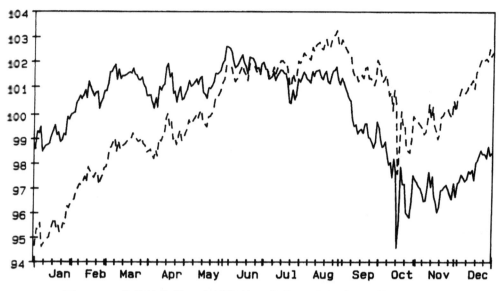

图 10.3　季节性指数：未经调整（虚线）对比剔除趋势（实线）

表 10.4　英镑：季节性汇总

日期	合约月份	年份		上涨年份	平均最大			平均百分比		
		上涨	下跌		涨幅	跌幅	差额	期初	期末	变化
1 月 1—15 日	3 月	7	12	37%	2.66	4.06	-1.40	52	36	-16
1 月 16—31 日	3 月	8	10	44%	2.77	2.22	0.55	43	46	3
2 月 1—14 日	3 月	9	9	50%	2.10	2.53	-0.43	50	48	-2
2 月 15—28 日	3 月	9	9	50%	2.57	2.57	0.00	43	48	5
3 月 1—15 日	6 月	10	8	56%	2.28	3.25	-0.97	53	45	-8
3 月 16—31 日	6 月	10	8	56%	3.49	2.70	0.79	50	56	6
4 月 1—15 日	6 月	12	6	67%	2.73	2.70	0.03	49	61	12
4 月 16—30 日	6 月	9	9	50%	2.94	2.87	0.07	47	57	10
5 月 1—15 日	6 月	11	7	61%	2.38	2.66	-0.28	49	58	9
5 月 16—31 日	6 月	7	11	39%	2.00	3.42	-1.42	64	45	-19
6 月 1—15 日	9 月	9	10	47%	1.95	4.34	-2.39	61	51	-10
6 月 16—30 日	9 月	11	8	58%	2.44	3.09	-0.65	49	60	11
7 月 1—15 日	9 月	9	10	47%	3.36	2.09	1.27	41	50	9
7 月 16—31 日	9 月	8	11	42%	3.92	1.75	2.17	34	46	12
8 月 1—15 日	9 月	10	9	53%	2.00	3.30	-1.30	58	57	-1
8 月 16—31 日	9 月	11	8	58%	3.58	1.80	1.78	37	52	15
9 月 1—15 日	12 月	9	10	47%	2.47	3.72	-1.25	56	43	-13
9 月 16—30 日	12 月	10	9	53%	2.38	4.05	-1.67	58	47	-11
10 月 1—15 日	12 月	11	8	58%	3.44	2.42	1.02	40	52	12
10 月 16—31 日	12 月	11	8	58%	3.26	3.03	0.23	47	55	8
11 月 1—15 日	12 月	13	6	68%	3.10	2.44	0.66	46	57	11
11 月 16—30 日	12 月	10	9	53%	2.44	2.63	-0.19	56	55	-1
12 月 1—15 日	3 月	11	8	58%	2.57	2.71	-0.14	47	50	3
12 月 16—31 日	3 月	15	4	79%	3.79	1.92	1.87	33	73	40

数据来源：保诚证券有限公司

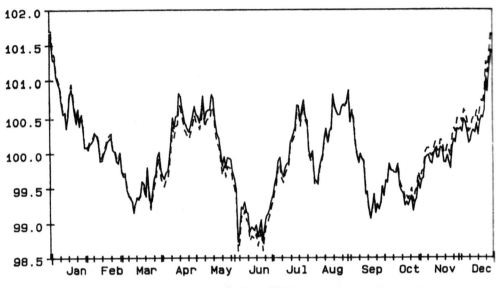

图 10.4 季节性指数：未经调整（虚线）对比剔除趋势（实线）

表 10.5　德国马克：季节性汇总

日期	合约月份	年份		上涨年份	平均最大			平均百分比		
		上涨	下跌		涨幅	跌幅	差额	期初	期末	变化
1 月 1—15 日	3	6	13	32%	0.57	1.42	-0.85	65	25	-40
1 月 16—31 日	3	9	9	50%	0.96	0.75	0.21	47	43	-4
2 月 1—14 日	3	11	7	61%	0.83	0.76	0.07	46	51	5
2 月 15—28 日	3	10	8	56%	0.86	0.65	0.21	49	49	0
3 月 1—15 日	6	7	11	39%	0.47	0.95	-0.48	67	42	-25
3 月 16—31 日	6	9	9	50%	0.78	0.98	-0.20	52	51	-1
4 月 1—15 日	6	8	10	44%	0.70	0.72	-0.02	52	50	-2
4 月 16—30 日	6	9	9	50%	0.76	0.79	-0.03	58	51	-7
5 月 1—15 日	6	7	11	39%	0.61	0.82	-0.21	59	44	-15
5 月 16—31 日	6	5	13	28%	0.35	1.20	-0.85	73	36	-37
6 月 1—15 日	9	9	10	47%	0.62	0.75	-0.13	53	48	-5
6 月 16—30 日	9	11	8	58%	0.58	0.73	-0.15	55	53	-2
7 月 1—15 日	9	9	10	47%	0.77	0.70	0.07	52	50	-2
7 月 16—31 日	9	8	11	42%	0.98	0.67	0.31	43	44	1
8 月 1—15 日	9	10	9	53%	0.67	0.85	-0.18	58	55	-3
8 月 16—31 日	9	11	8	58%	0.93	0.62	0.31	43	48	5
9 月 1—15 日	12	8	11	42%	0.88	0.74	0.14	43	45	2
9 月 16—30 日	12	12	7	63%	1.24	0.65	0.59	39	59	20
10 月 1—15 日	12	12	7	63%	1.17	0.65	0.52	32	54	22
10 月 16—31 日	12	12	7	63%	0.95	0.99	-0.04	49	55	6
11 月 1—15 日	12	12	7	63%	0.78	0.81	-0.03	52	51	-1
11 月 16—30 日	12	10	9	53%	0.83	0.69	0.14	49	54	5
12 月 1—15 日	3	10	9	53%	0.83	0.77	0.06	49	51	2
12 月 16—31 日	3	14	5	74%	1.22	0.60	0.61	32	68	36

数据来源：保诚证券有限公司

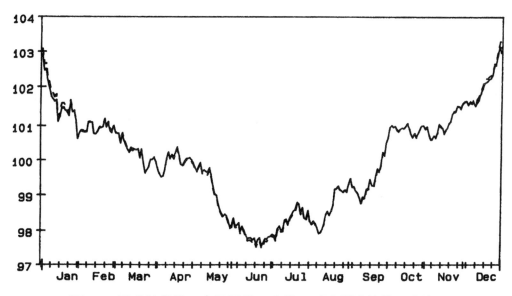

图 10.5 季节性指数：未经调整（虚线）对比剔除趋势（实线）

表 10.6　　瑞士法郎：季节性汇总

日期	合约月份	年份		上涨年份	平均最大			平均百分比		
		上涨	下跌		涨幅	跌幅	差额	期初	期末	变化
1 月 1—15 日	3	5	14	26%	0.83	1.97	-1.14	65	30	-35
1 月 16—31 日	3	4	14	22%	1.13	0.91	0.22	46	33	-13
2 月 1—14 日	3	9	9	50%	1.06	1.05	0.01	46	48	2
2 月 15—28 日	3	9	9	50%	1.13	0.99	0.14	51	38	-13
3 月 1—15 日	6	7	11	39%	0.62	1.33	-0.71	66	40	-26
3 月 16—31 日	6	10	8	56%	0.96	1.16	-0.20	55	53	-2
4 月 1—15 日	6	9	9	50%	1.03	1.00	0.03	50	52	2
4 月 16—30 日	6	9	9	50%	1.05	1.01	0.04	54	48	-6
5 月 1—15 日	6	6	12	33%	0.90	1.01	-0.11	55	43	-12
5 月 16—31 日	6	8	10	44%	0.69	1.36	-0.67	61	47	-14
6 月 1—15 日	9	9	10	47%	0.92	1.13	-0.21	54	48	-6
6 月 16—30 日	9	10	9	53%	0.90	0.86	0.04	52	53	1
7 月 1—15 日	9	8	11	42%	0.95	0.86	0.09	52	49	-3
7 月 16—31 日	9	8	11	42%	1.40	0.85	0.55	42	45	3
8 月 1—15 日	9	8	11	42%	1.06	1.00	0.06	52	50	-2
8 月 16—31 日	9	11	8	58%	1.44	0.79	0.65	42	46	4
9 月 1—15 日	12	9	10	47%	1.25	0.93	0.32	44	48	4
9 月 16—30 日	12	11	8	58%	1.80	0.72	1.08	39	56	17
10 月 1—15 日	12	9	10	47%	1.33	1.04	0.29	38	46	8
10 月 16—31 日	12	11	8	58%	1.07	1.30	-0.23	47	52	5
11 月 1—15 日	12	7	12	37%	1.09	1.05	0.04	48	53	5
11 月 16—30 日	12	12	7	63%	0.99	1.00	-0.01	50	53	3
12 月 1—15 日	3	10	9	53%	1.12	1.07	0.05	47	48	1
12 月 16—31 日	3	14	5	74%	1.55	0.69	0.86	30	6.5	35

数据来源：保诚证券有限公司

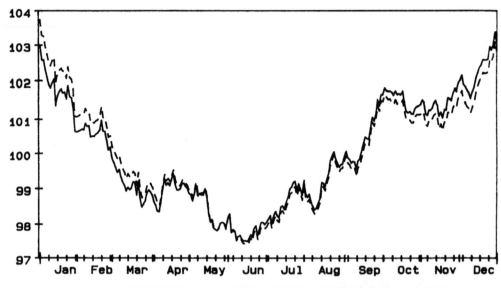

图 10.6　季节性指数：未经调整（虚线）对比剔除趋势（实线）

表 10.7　日元：季节性汇总

日期	合约月份	年份		上涨年份	平均最大			平均百分比		
		上涨	下跌		涨幅	跌幅	差额	期初	期末	变化
1 月 1—15 日	3	5	14	26%	0.74	1.22	-0.48	54	27	-27
1 月 16—31 日	3	8	10	44%	1.11	0.66	0.45	41	43	2
2 月 1—14 日	3	11	7	61%	1.04	0.68	0.36	43	55	12
2 月 15—28 日	3	6	12	33%	0.64	0.81	-0.17	62	34	-28
3 月 1—15 日	6	9	8	53%	0.69	0.93	-0.24	50	45	-5
3 月 16—31 日	6	8	9	47%	1.00	0.93	0.07	52	52	0
4 月 1—15 日	6	11	6	65%	0.86	0.78	0.08	51	52	1
4 月 16—30 日	6	8	9	47%	1.03	0.78	0.25	54	41	-13
5 月 1—15 日	6	13	4	76%	1.16	0.69	0.47	41	54	13
5 月 16—31 日	6	6	11	35%	0.61	1.34	-0.73	68	40	-28
6 月 1—15 日	9	9	9	50%	0.93	0.88	0.05	48	48	0
6 月 16—30 日	9	10	8	56%	1.00	1.11	-0.11	47	48	1
7 月 1—15 日	9	10	8	56%	0.95	0.65	0.30	39	48	9
7 月 16—31 日	9	9	9	50%	1.11	0.89	0.22	52	59	-3
8 月 1—15 日	9	10	8	56%	0.72	0.80	-0.08	50	59	9
8 月 16—31 日	9	8	10	44%	1.05	0.96	0.09	45	44	-1
9 月 1—15 日	12	9	9	50%	0.89	0.75	0.14	50	53	3
9 月 16—30 日	12	11	7	61%	1.33	0.72	0.61	44	53	9
10 月 1—15 日	12	9	9	50%	1.47	0.60	0.87	33	50	17
10 月 16—31 日	12	6	12	33%	0.81	1.13	-0.32	59	40	-19
11 月 1—15 日	12	12	6	67%	1.17	0.63	0.54	32	50	18
11 月 16—30 日	12	10	8	56%	0.91	0.85	0.06	52	46	-6
12 月 1—15 日	3	11	8	58%	0.95	0.63	0.32	50	46	-4
12 月 16—31 日	3	10	9	53%	1.06	0.62	0.44	38	62	24

数据来源：保诚证券有限公司

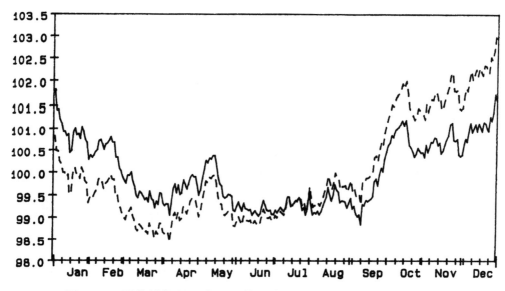

图 10.7　季节性指数：未经调整（虚线）对比剔除趋势（实线）

表 10.8　加拿大元：季节性汇总

日期	合约月份	年份		上涨年份	平均最大			平均百分比		
		上涨	下跌		涨幅	跌幅	差额	期初	期末	变化
1 月 1—15 日	3	10	9	53%	0.60	0.35	0.25	41	47	6
1 月 16—31 日	3	7	11	39%	0.50	0.69	-0.19	53	45	-8
2 月 1—14 日	3	9	9	50%	0.50	0.55	-0.05	52	50	-2
2 月 15—28 日	3	9	9	50%	0.51	0.83	-0.32	56	55	-1
3 月 1—15 日	6	12	6	67%	0.67	0.71	-0.04	49	61	12
3 月 16—31 日	6	9	9	50%	0.65	0.44	0.21	40	55	15
4 月 1—15 日	6	13	5	72%	0.59	0.46	0.13	41	59	18
4 月 16—30 日	6	9	9	50%	0.61	0.53	0.08	47	58	11
5 月 1—15 日	6	6	12	33%	0.35	0.64	-0.29	64	50	-14
5 月 16—31 日	6	8	10	44%	0.52	0.48	0.04	48	50	2
6 月 1—15 日	9	10	8	56%	0.39	0.57	-0.18	57	63	6
6 月 16—30 日	9	11	7	61%	0.49	0.45	0.04	49	59	10
7 月 1—15 日	9	11	7	61%	0.57	0.33	0.24	40	57	17
7 月 16—31 日	9	6	12	33%	0.47	0.64	-0.17	54	50	-4
8 月 1—15 日	9	5	13	28%	0.38	0.61	-0.23	57	48	-9
8 月 16—31 日	9	11	7	61%	0.68	0.37	0.31	35	53	18
9 月 1—15 日	12	10	8	56%	0.47	0.53	-0.06	47	53	6
9 月 16—30 日	12	12	6	67%	0.50	0.60	-0.10	47	49	2
10 月 1—15 日	12	10	8	56%	0.57	0.44	0.13	35	48	13
10 月 16—31 日	12	11	7	61%	0.55	0.61	-0.06	45	52	9
11 月 1—15 日	12	5	13	28%	0.46	0.62	-0.16	57	45	-12
11 月 16—30 日	12	9	9	50%	0.62	0.68	-0.06	49	48	-1
12 月 1—15 日	3	10	9	53%	0.55	0.61	-0.06	49	46	-3
12 月 16—31 日	3	13	6	68%	0.62	0.38	0.24	37	61	24

数据来源：保诚证券有限公司

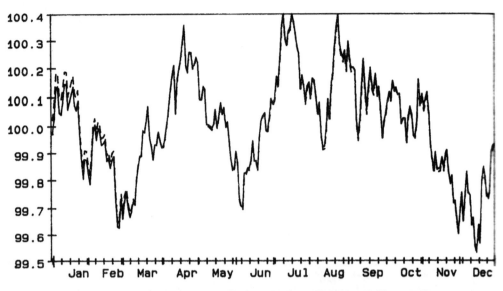

图 10.8 季节性指数：未经调整（虚线）对比剔除趋势（实线）

表 10.9　黄金：季节性汇总

日期	合约月份	年份		上涨年份	平均最大			平均百分比		
		上涨	下跌		涨幅	跌幅	差额	期初	期末	变化
1月 1—15 日	2	10	10	50%	14.86	12.13	2.73	62	50	−12
1月 16—31 日	4	9	10	47%	18.99	17.22	1.77	48	44	−4
2月 1—14 日	4	8	11	42%	7.88	9.73	−1.85	54	46	−8
2月 15—28 日	4	8	11	42%	7.19	16.19	−9.00	53	41	−12
3月 1—15 日	4	9	10	47%	7.63	16.08	−8.45	54	44	−10
3月 16—31 日	6	8	11	42%	12.93	12.68	0.25	57	44	−13
4月 1—15 日	6	10	9	53%	12.14	10.46	1.68	54	48	−6
4月 16—30 日	6	6	13	32%	9.63	10.43	−0.80	53	38	−15
5月 1—15 日	6	10	9	53%	8.08	6.65	1.43	48	60	13
5月 16—31 日	8	9	10	47%	8.33	10.20	−1.87	55	46	−9
6月 1—15 日	8	10	9	53%	11.23	9.58	1.65	53	44	−9
6月 16—30 日	8	11	8	58%	7.94	10.08	−2.14	54	55	1
7月 1—15 日	8	13	6	68%	10.57	9.77	0.80	47	57	10
7月 16—31 日	10	8	11	42%	11.56	8.45	3.11	42	49	7
8月 1—15 日	10	9	10	47%	11.08	11.93	−0.85	57	53	−4
8月 16—31 日	10	8	11	42%	13.88	8.47	5.41	49	53	4
9月 1—15 日	10	12	6	67%	16.89	8.34	8.55	45	50	5
9月 16—30 日	12	11	8	58%	15.45	10.17	5.28	34	48	14
10月 1—15 日	12	11	8	58%	13.31	9.24	4.07	42	53	11
10月 16—31 日	12	5	14	26%	7.67	13.15	−5.48	52	37	−15
11月 1—15 日	12	8	11	42%	9.97	12.07	−2.10	46	46	0
11月 16—30 日	2	12	7	63%	12.02	8.27	3.75	51	53	2
12月 1—15 日	2	9	10	47%	10.10	12.84	−2.74	53	44	−9
12月 16—31 日	2	13	7	65%	12.28	8.00	4.28	42	59	17

数据来源：保诚证券有限公司

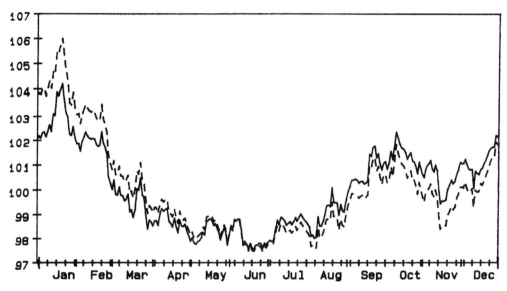

图 10.9　季节性指数：未经调整（虚线）对比剔除趋势（实线）

表 10.10　白金：季节性汇总

日期	合约月份	年份		上涨年份	平均最大			平均百分比		
		上涨	下跌		涨幅	跌幅	差额	期初	期末	变化
1 月 1—15 日	4	13	9	59%	20.85	12.00	8.85	46	56	10
1 月 16—31 日	4	13	8	62%	22.64	18.02	4.62	40	52	12
2 月 1—14 日	4	16	5	76%	21.35	9.51	11.84	39	63	24
2 月 15—28 日	4	9	12	43%	15.20	20.16	−4.96	53	44	−9
3 月 1—15 日	4	7	14	33%	17.21	24.58	−7.37	55	42	−13
3 月 16—31 日	7	11	19	52%	17.56	23.77	−6.24	50	53	3
4 月 1—15 日	7	13	8	62%	19.76	15.39	4.37	47	60	13
4 月 16—30 日	7	8	13	38%	13.19	17.86	−4.67	59	42	−17
5 月 1—15 日	7	13	8	62%	14.50	10.88	3.62	43	64	21
5 月 16—31 日	7	12	9	57%	13.80	18.18	−4.38	53	57	4
6 月 1—15 日	7	6	15	29%	13.40	19.29	−5.89	61	39	−22
6 月 16—30 日	10	11	10	52%	14.22	15.38	−1.16	47	50	3
7 月 1—15 日	10	10	11	48%	14.27	14.26	0.01	48	53	5
7 月 16—31 日	10	11	10	52%	17.55	15.21	2.34	45	53	8
8 月 1—15 日	10	8	13	38%	16.18	19.42	−3.24	62	47	−15
8 月 16—31 日	10	10	11	48%	22.87	11.17	11.68	43	47	4
9 月 1—15 日	10	10	11	48%	17.82	17.11	0.71	54	42	−12
9 月 16—30 日	1	11	11	50%	20.34	18.54	1.80	46	47	1
10 月 1—15 日	1	13	9	59%	22.11	13.38	8.73	44	53	9
10 月 16—31 日	1	9	13	41%	16.18	17.87	−1.69	52	43	−9
11 月 1—15 日	1	10	12	45%	14.75	19.60	−4.85	46	42	−4
11 月 16—30 日	1	16	6	73%	18.47	10.86	7.61	41	59	18
12 月 1—15 日	1	7	15	32%	10.86	18.11	−7.25	56	36	−20
12 月 16—31 日	4	12	10	55%	16.50	13.94	2.57	47	51	4

数据来源：保诚证券有限公司

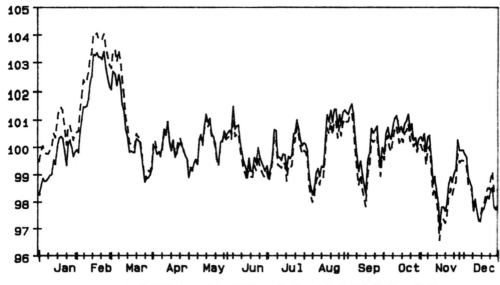

图 10.10　季节性指数：未经调整（虚线）对比剔除趋势（实线）

表 10.11　　白银：季节性汇总

日期	合约月份	年份		上涨年份	平均最大			平均百分比		
		上涨	下跌		涨幅	跌幅	差额	期初	期末	变化
1 月 1—15 日	3	13	9	59%	65.04	25.13	39.91	47	53	6
1 月 16—31 日	3	8	13	38%	50.31	36.70	13.61	42	47	5
2 月 1—14 日	3	12	9	57%	49.13	26.27	22.86	39	57	18
2 月 15—28 日	5	8	13	38%	24.74	54.99	-30.25	55	38	-17
3 月 1—15 日	5	11	10	52%	25.03	62.63	-37.60	52	50	-2
3 月 16—31 日	5	9	12	43%	29.04	78.37	-49.33	55	44	-11
4 月 1—15 日	5	8	13	38%	27.72	51.45	-23.73	51	47	-4
4 月 16—30 日	7	7	14	33%	39.91	34.68	5.23	57	40	-17
5 月 1—15 日	7	14	7	67%	38.43	13.85	18.58	37	58	21
5 月 16—31 日	7	11	10	52%	26.25	46.86	-20.61	54	47	-7
6 月 1—15 日	7	11	10	52%	38.10	38.51	-0.41	55	44	-11
6 月 16—30 日	9	10	11	48%	22.47	38.55	-16.08	56	47	-9
7 月 1—15 日	9	11	10	52%	32.49	30.99	1.50	48	52	4
7 月 16—31 日	9	9	12	43%	42.15	23.75	18.40	42	44	2
8 月 1—15 日	9	9	12	43%	31.20	34.10	-2.90	59	43	-16
8 月 16—31 日	12	8	14	36%	36.70	24.20	12.50	52	40	-12
9 月 1—15 日	12	13	9	59%	67.14	22.13	45.01	49	53	4
9 月 16—30 日	12	11	11	50%	51.63	34.55	17.08	41	45	4
10 月 1—15 日	12	13	9	59%	42.63	26.20	16.43	38	49	11
10 月 16—31 日	12	9	13	41%	23.58	45.87	-22.29	48	38	-10
11 月 1—15 日	12	7	15	32%	29.81	31.31	-1.50	46	39	-7
11 月 16—30 日	3	11	11	50%	34.14	28.82	5.32	52	49	-3
12 月 1—15 日	3	7	15	32%	36.27	42.50	-6.23	57	40	-17
12 月 16—31 日	3	13	9	59%	55.28	19.73	35.55	44	56	12

数据来源：保诚证券有限公司

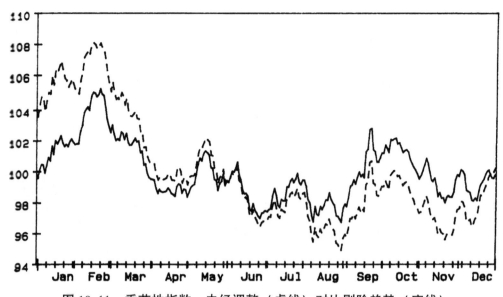

图 10.11　季节性指数：未经调整（虚线）对比剔除趋势（实线）

表 10.12　铜：季节性汇总

日期	合约月份	年份		上涨年份	平均最大			平均百分比		
		上涨	下跌		涨幅	跌幅	差额	期初	期末	变化
1 月 1—15 日	3	13	9	59%	3.04	3.40	-0.36	46	46	0
1 月 16—31 日	3	12	9	57%	4.25	2.94	1.31	48	54	6
2 月 1—14 日	3	14	7	67%	3.59	2.87	0.72	43	59	16
2 月 15—28 日	5	12	9	57%	5.21	2.81	2.40	33	53	20
3 月 1—15 日	5	12	9	57%	3.53	3.87	-0.34	49	59	10
3 月 16—31 日	5	14	7	67%	3.91	2.21	1.70	36	56	20
4 月 1—15 日	5	10	11	48%	3.05	3.98	-0.93	54	46	-8
4 月 16—30 日	7	5	16	24%	2.24	3.75	-1.51	64	39	-25
5 月 1—15 日	7	11	10	52%	2.50	3.86	-1.36	50	49	-1
5 月 16—31 日	7	7	14	33%	1.91	4.39	-2.48	63	39	-24
6 月 1—15 日	7	11	10	52%	3.57	3.25	0.32	52	44	-8
6 月 16—30 日	9	12	9	57%	3.84	2.41	1.43	41	56	15
7 月 1—15 日	9	11	10	52%	3.34	2.69	0.62	46	53	7
7 月 16—31 日	9	13	8	62%	4.43	2.17	2.20	36	45	9
8 月 1—15 日	12	11	10	52%	3.30	2.94	0.36	52	48	-4
8 月 16—31 日	12	11	11	50%	2.61	3.03	-0.12	51	54	3
9 月 1—15 日	12	11	11	50%	2.65	3.80	-1.15	57	42	-15
9 月 16—30 日	12	8	14	36%	3.23	3.81	-0.58	61	41	-20
10 月 1—15 日	12	10	12	45%	4.24	2.90	1.34	45	46	1
10 月 16—31 日	12	12	10	55%	2.86	3.74	-0.88	55	51	-4
11 月 1—15 日	12	10	12	45%	3.60	2.75	0.85	52	45	-7
11 月 16—30 日	3	13	9	59%	3.53	2.99	0.54	56	57	1
12 月 1—15 日	3	11	11	50%	2.68	3.48	-0.80	52	49	-3
12 月 16—31 日	3	18	4	82%	4.39	1.37	3.02	27	71	44

数据来源：保诚证券有限公司

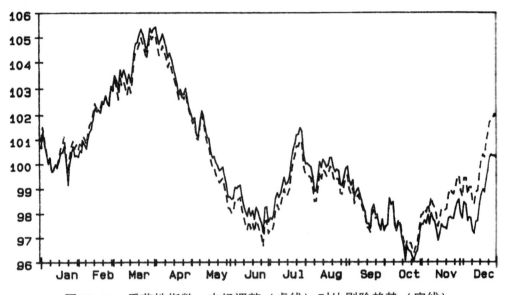

图 10.12　季节性指数：未经调整（虚线）对比剔除趋势（实线）

表 10.13　原油：季节性汇总

日期	合约月份	年份		上涨年份	平均最大			平均百分比		
		上涨	下跌		涨幅	跌幅	差额	期初	期末	变化
1 月 1—15 日	3	6	5	55%	0.88	1.18	−0.30	51	63	12
1 月 16—31 日	3	4	6	40%	0.87	1.98	−1.11	50	51	1
2 月 1—14 日	4	5	5	50%	0.60	0.71	0.11	48	37	−11
2 月 15—28 日	4	5	5	50%	0.51	1.31	−0.80	66	44	−22
3 月 1—15 日	5	6	4	60%	0.98	0.57	0.41	36	59	23
3 月 16—31 日	5	8	2	80%	0.94	0.58	0.36	38	65	27
4 月 1—15 日	6	7	4	64%	1.07	0.66	0.41	42	61	19
4 月 16—30 日	6	5	6	45%	0.70	0.52	0.18	44	50	6
5 月 1—15 日	7	7	4	64%	0.63	0.56	0.07	52	59	7
5 月 16—31 日	7	7	4	64%	0.75	0.62	0.13	42	57	15
6 月 1—15 日	8	5	6	45%	0.38	0.93	−0.55	66	45	−21
6 月 16—30 日	8	6	5	55%	0.55	0.66	−0.11	55	49	−6
7 月 1—15 日	9	5	6	45%	0.78	0.74	0.04	47	51	4
7 月 16—31 日	9	7	4	64%	0.77	0.63	0.14	42	57	15
8 月 1—15 日	10	7	4	64%	1.49	0.46	1.03	42	65	23
8 月 16—31 日	10	7	4	64%	0.99	0.60	0.39	48	48	0
9 月 1—15 日	11	5	6	45%	0.70	0.83	−0.13	66	62	−4
9 月 16—30 日	11	8	3	73%	1.41	0.49	0.92	44	65	21
10 月 1—15 日	12	7	4	64%	0.77	0.90	−0.13	48	63	15
10 月 16—31 日	12	2	9	18%	0.51	1.74	−1.23	71	51	−20
11 月 1—15 日	1	3	8	27%	0.50	0.91	−0.41	57	34	−23
11 月 16—30 日	1	2	9	18%	0.84	1.06	−0.22	62	33	−29
12 月 1—15 日	2	3	8	27%	0.47	1.64	−1.17	66	40	−26
12 月 16—31 日	2	7	4	64%	1.11	0.71	0.40	42	66	24

数据来源：保诚证券有限公司

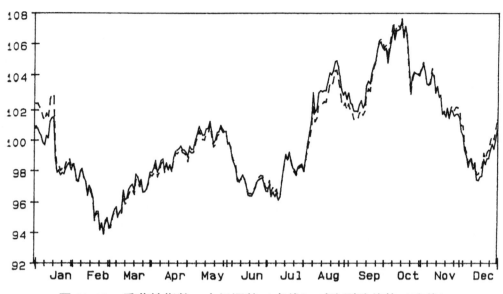

图 10.13　季节性指数：未经调整（虚线）对比剔除趋势（实线）

表 10.14　燃料油：季节性汇总

日期	合约月份	年份		上涨年份	平均最大			平均百分比		
		上涨	下跌		涨幅	跌幅	差额	期初	期末	变化
1 月 1—15 日	3	9	6	60%	2.64	4.03	-1.39	53	53	0
1 月 16—31 日	3	4	10	29%	2.98	5.32	-2.34	61	38	-23
2 月 1—14 日	4	6	8	43%	1.78	3.39	-1.61	59	35	-24
2 月 15—28 日	4	6	8	43%	1.58	2.92	-1.34	66	43	-23
3 月 1—15 日	5	7	7	50%	2.35	2.31	0.04	49	53	4
3 月 16—31 日	5	8	6	57%	3.34	1.31	2.03	30	57	27
4 月 1—15 日	6	10	4	71%	3.58	1.42	2.16	31	60	29
4 月 16—30 日	6	7	7	50%	2.27	1.90	0.37	46	47	1
5 月 1—15 日	7	9	5	64%	2.18	1.54	0.64	49	56	7
5 月 16—31 日	7	4	10	29%	1.99	1.48	0.51	44	45	1
6 月 1—15 日	8	5	9	36%	1.48	2.84	-1.36	65	42	-23
6 月 16—30 日	8	7	7	50%	1.42	1.84	-0.42	57	46	-11
7 月 1—15 日	9	9	5	64%	2.05	1.94	0.11	48	60	12
7 月 16—31 日	9	8	6	57%	2.12	1.82	0.30	48	46	-2
8 月 1—15 日	10	10	4	71%	3.46	1.41	2.05	47	71	24
8 月 16—31 日	10	9	5	64%	3.45	1.62	1.83	49	52	3
9 月 1—15 日	11	8	6	57%	2.09	2.05	0.04	53	54	1
9 月 16—30 日	11	11	3	79%	4.42	1.36	3.06	32	64	32
10 月 1—15 日	12	11	4	73%	2.24	2.65	-0.41	47	70	23
10 月 16—31 日	12	6	9	40%	2.01	4.47	-2.46	63	53	-10
11 月 1—15 日	1	5	10	33%	2.29	2.39	-0.10	52	43	-9
11 月 16—30 日	1	4	11	27%	2.20	3.56	-1.36	65	38	-27
12 月 1—15 日	2	4	11	27%	1.95	4.92	-2.97	64	37	-27
12 月 16—31 日	2	9	6	60%	3.49	3.13	0.36	49	55	6

数据来源：保诚证券有限公司

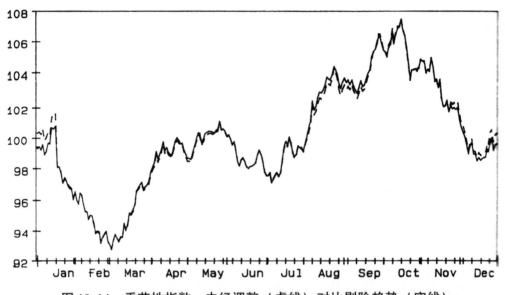

图 10.14　季节性指数：未经调整（虚线）对比剔除趋势（实线）

表 10.15　玉米：季节性汇总

日期	合约月份	年份		上涨年份	平均最大			平均百分比		
		上涨	下跌		涨幅	跌幅	差额	期初	期末	变化
1月1—15日	3	22	4	85%	5.74	4.04	1.70	42	64	22
1月16—31日	3	11	14	44%	4.26	7.39	-3.13	57	47	-10
2月1—14日	3	11	14	44%	4.28	4.73	-0.45	52	42	-10
2月15—28日	3	12	13	48%	4.71	5.54	-0.83	52	36	-16
3月1—15日	5	12	13	48%	6.71	4.97	1.74	41	46	5
3月16—31日	5	16	9	64%	7.43	4.32	3.11	40	54	14
4月1—15日	5	16	9	64%	6.14	4.80	1.34	34	49	15
4月16—30日	7	11	14	44%	6.68	5.57	1.11	47	48	1
5月1—15日	7	12	13	48%	6.64	6.51	0.13	50	44	-6
5月16—31日	7	13	12	52%	6.81	5.86	0.95	50	51	1
6月1—15日	7	14	11	56%	9.56	6.64	2.92	48	50	2
6月16—30日	9	13	12	52%	12.32	6.81	5.51	44	39	-5
7月1—15日	9	10	15	40%	13.10	7.97	5.13	45	46	1
7月16—31日	9	7	18	28%	10.45	16.16	-5.71	68	34	-34
8月1—15日	9	12	13	48%	11.07	9.84	1.23	54	56	2
8月16—31日	12	9	16	36%	6.41	11.83	-5.42	61	41	-20
9月1—15日	12	14	11	56%	6.49	7.66	-1.17	52	44	-8
9月16—30日	12	10	15	40%	8.27	6.80	1.48	50	46	-4
10月1—15日	12	13	12	52%	7.68	5.55	2.13	39	42	3
10月16—31日	12	10	15	40%	6.18	8.25	-2.07	53	45	-8
11月1—15日	12	14	11	56%	8.07	5.87	2.20	41	46	5
11月16—30日	3	14	12	54%	5.46	5.65	-0.19	50	46	-4
12月1—15日	3	13	13	50%	4.74	8.92	-4.18	59	45	-14
12月16—31日	3	13	13	50%	4.62	4.44	0.18	49	47	-2

数据来源：保诚证券有限公司

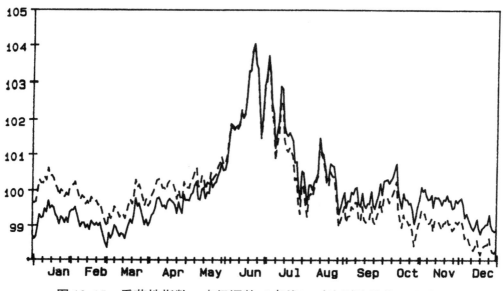

图 10.15 季节性指数：未经调整（虚线）对比剔除趋势（实线）

表 10.16 小麦：季节性汇总

日期	合约月份	年份		上涨年份	平均最大			平均百分比		
		上涨	下跌		涨幅	跌幅	差额	期初	期末	变化
1 月 1—15 日	3	19	7	73	10.32	10.92	-0.60	55	63	8
1 月 16—31 日	3	8	17	32	7.32	16.16	-8.84	66	44	-22
2 月 1—14 日	3	13	12	52	12.05	10.39	1.66	49	47	-2
2 月 15—28 日	5	8	17	32	9.13	11.28	-2.15	54	39	-15
3 月 1—15 日	5	10	15	40	10.73	12.81	-2.08	44	43	-1
3 月 16—31 日	5	12	13	48	11.95	12.50	-0.55	47	45	-2
4 月 1—15 日	5	19	6	76	11.25	9.69	1.56	40	60	20
4 月 16—30 日	7	9	16	36	9.12	11.02	-1.90	57	41	-16
5 月 1—15 日	7	12	13	48	10.48	10.89	-0.41	56	48	-8
5 月 16—31 日	7	7	18	28	9.94	12.02	-2.08	62	34	-28
6 月 1—15 日	7	13	12	52	14.15	7.03	7.12	45	46	1
6 月 16—30 日	7	12	13	48	14.45	10.33	4.12	44	32	-12
7 月 1—15 日	9	9	16	36	17.32	8.52	8.80	43	39	-4
7 月 16—31 日	9	11	14	44	14.36	12.99	1.37	53	45	-8
8 月 1—15 日	9	15	10	60	17.01	9.56	7.45	48	64	16
8 月 16—31 日	12	13	12	52	11.91	12.21	-0.30	51	53	2
9 月 1—15 日	12	14	11	56	12.10	10.51	1.59	40	49	9
9 月 16—30 日	12	12	13	48	12.04	10.78	1.26	46	55	9
10 月 1—15 日	12	17	8	68	13.19	9.69	3.50	39	58	19
10 月 16—31 日	12	16	9	64	12.00	11.14	0.86	49	55	6
11 月 1—15 日	12	12	13	48	11.67	11.26	0.41	44	51	7
11 月 16—30 日	3	11	15	42	10.51	9.52	0.99	51	55	4
12 月 1—15 日	3	11	15	42	10.00	15.89	-5.89	59	44	-15
12 月 16—31 日	3	16	10	62	9.65	7.28	2.37	43	63	21

数据来源：保诚证券有限公司

图 10.16 季节性指数：未经调整（虚线）对比剔除趋势（实线）

表 10.17 大豆：季节性汇总

日期	合约月份	年份		上涨年份	平均最大			平均百分比		
		上涨	下跌		涨幅	跌幅	差额	期初	期末	变化
1月1—15日	3	19	7	73%	14.83	15.36	-0.53	49	62	13
1月16—31日	3	10	15	40%	11.69	22.73	-11.04	57	45	-12
2月1—14日	3	11	14	44%	15.81	13.30	2.51	50	46	-4
2月15—28日	5	13	12	52%	17.19	13.84	3.35	46	44	-2
3月1—15日	5	14	11	56%	23.22	10.13	13.09	37	54	17
3月16—31日	5	15	10	60%	21.42	15.02	6.40	44	50	6
4月1—15日	5	12	13	48%	23.89	16.32	7.57	43	47	4
4月16—30日	7	12	13	48%	22.49	15.34	7.15	40	43	3
5月1—15日	7	15	10	60%	26.21	15.82	10.39	43	57	14
5月16—31日	7	10	15	40%	25.59	18.14	7.45	50	48	-2
6月1—15日	7	13	12	52%	31.01	29.00	2.01	53	47	-6
6月16—30日	11	15	10	60%	32.33	19.75	12.58	41	50	9
7月1—15日	11	15	10	60%	39.21	25.38	13.83	39	58	19
7月16—31日	11	7	18	28%	32.37	37.71	-5.34	66	34	-32
8月1—15日	11	12	13	48%	32.03	30.10	1.93	55	52	-3
8月16—31日	11	12	13	48%	20.22	29.31	-9.09	49	45	-4
9月1—15日	11	15	10	60%	21.43	18.44	2.99	45	49	4
9月16—30日	11	8	17	32%	24.88	21.66	3.22	50	36	-14
10月1—15日	11	11	14	44%	20.90	20.65	0.25	50	44	-6
10月16—31日	1	15	11	58%	17.13	23.93	-6.80	48	56	8
11月1—15日	1	13	13	50%	21.70	18.89	2.81	45	46	1
11月16—30日	1	15	11	58%	17.03	17.42	-0.39	53	52	-1
12月1—15日	1	12	14	46%	15.10	25.78	-10.68	56	48	-8
12月16—31日	3	12	14	46%	14.89	13.49	1.40	48	47	-1

数据来源：保诚证券有限公司

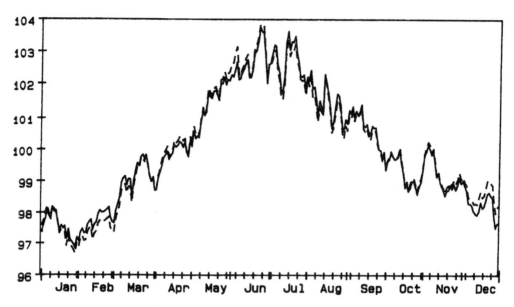

图 10.17　季节性指数：未经调整（虚线）对比剔除趋势（实线）

表 10.18　豆粕：季节性汇总

日期	合约月份	年份		上涨年份	平均最大			平均百分比		
		上涨	下跌		涨幅	跌幅	差额	期初	期末	变化
1 月 1—15 日	3	16	10	62%	4.72	5.38	-0.66	55	53	-2
1 月 16—31 日	3	3	22	12%	3.22	7.66	-4.44	67	37	-30
2 月 1—14 日	3	9	6	60%	4.41	4.81	-0.40	53	42	-11
2 月 15—28 日	5	12	13	48%	4.76	4.51	0.25	50	42	-8
3 月 1—15 日	5	14	11	56%	6.39	3.58	2.81	42	49	7
3 月 16—31 日	5	15	10	60%	6.79	4.95	1.84	40	51	11
4 月 1—15 日	5	13	12	52%	7.35	4.45	2.90	44	47	3
4 月 16—30 日	7	11	14	44%	6.15	5.72	0.43	44	46	2
5 月 1—15 日	7	12	13	48%	8.91	4.91	4.00	42	51	9
5 月 16—31 日	7	10	15	40%	8.47	6.10	2.37	51	46	-5
6 月 1—15 日	7	12	13	48%	10.60	8.41	2.19	52	49	-3
6 月 16—30 日	8	12	13	48%	9.01	7.84	1.17	45	43	-2
7 月 1—15 日	8	14	11	56%	10.52	11.06	-0.54	39	51	12
7 月 16—31 日	12	8	17	32%	9.39	10.47	-1.08	68	35	-33
8 月 1—15 日	12	12	13	48%	9.32	9.48	-0.16	53	55	2
8 月 16—31 日	12	14	11	56%	6.33	8.52	-2.19	45	46	1
9 月 1—15 日	12	14	11	56%	6.70	6.43	0.27	48	50	2
9 月 16—30 日	12	9	16	36%	6.90	6.31	0.59	52	42	-10
10 月 1—15 日	12	15	10	60%	6.82	5.83	0.99	46	49	3
10 月 16—31 日	12	14	11	56%	6.34	6.37	-0.03	46	55	9
11 月 1—15 日	12	11	14	44%	8.11	5.93	2.18	49	45	-4
11 月 16—30 日	3	15	11	58%	6.08	5.01	1.07	48	54	6
12 月 1—15 日	3	12	14	46%	5.16	8.14	-2.98	59	45	-14
12 月 16—31 日	3	14	12	54%	4.71	5.48	-0.77	51	55	4

数据来源：保诚证券有限公司

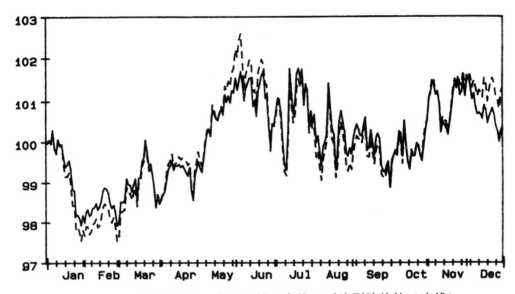

图 10.18 季节性指数：未经调整（虚线）对比剔除趋势（实线）

表 10.19　豆油：季节性汇总

日期	合约月份	年份		上涨年份	平均最大			平均百分比		
		上涨	下跌		涨幅	跌幅	差额	期初	期末	变化
1 月 1—15 日	3	19	7	73%	0.84	0.64	0.20	42	59	17
1 月 16—31 日	3	12	13	48%	0.88	0.90	−0.02	51	50	−1
2 月 1—14 日	3	9	16	36%	1.00	0.66	0.34	49	51	2
2 月 15—28 日	5	12	13	48%	0.86	0.64	0.22	42	52	10
3 月 1—15 日	5	15	10	60%	1.13	0.64	0.49	40	54	14
3 月 16—31 日	5	16	9	64%	1.03	0.60	0.43	43	50	7
4 月 1—15 日	5	14	11	56%	0.94	0.84	0.10	44	46	2
4 月 16—30 日	7	12	13	48%	1.16	0.73	0.43	44	48	4
5 月 1—15 日	7	14	11	56%	0.97	0.75	0.22	45	48	3
5 月 16—31 日	7	13	12	52%	1.06	0.66	0.40	43	44	1
6 月 1—15 日	7	15	10	60%	0.75	1.32	−0.57	61	46	−15
6 月 16—30 日	8	14	11	56%	1.43	0.69	0.74	42	47	5
7 月 1—15 日	8	13	12	52%	1.51	1.03	0.48	42	47	5
7 月 16—31 日	12	11	14	44%	1.53	1.25	0.28	54	41	−13
8 月 1—15 日	12	11	14	44%	0.26	0.96	0.30	52	44	−8
8 月 16—31 日	12	11	14	44%	0.97	1.38	−0.41	49	40	−9
9 月 1—15 日	12	16	9	64%	1.08	0.75	0.34	43	49	6
9 月 16—30 日	12	12	13	48%	1.32	0.94	0.38	45	43	−2
10 月 1—15 日	12	12	13	48%	0.87	1.09	−0.22	54	42	−12
10 月 16—31 日	12	13	12	52%	0.76	1.05	−0.29	48	54	6
11 月 1—15 日	12	15	10	60%	1.24	0.74	0.50	42	45	3
11 月 16—30 日	3	9	17	35%	0.69	0.83	−0.14	53	43	−10
12 月 1—15 日	3	11	15	42%	0.87	0.86	0.01	45	45	0
12 月 16—31 日	3	8	18	31%	0.85	0.51	0.34	50	33	−17

数据来源：保诚证券有限公司

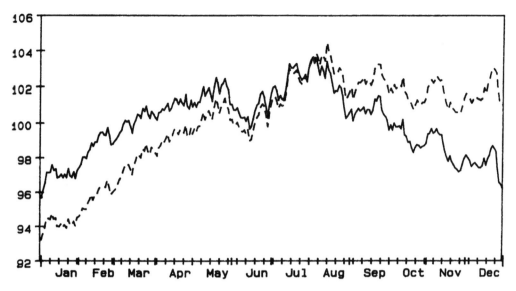

图 10.19　季节性指数：未经调整（虚线）对比剔除趋势（实线）

表 10.20　活牛：季节性汇总

日期	合约月份	年份		上涨年份	平均最大			平均百分比		
		上涨	下跌		涨幅	跌幅	差额	期初	期末	变化
1 月 1—15 日	2	10	8	56	2.15	1.53	0.62	47	58	11
1 月 16—31 日	4	11	6	65	1.76	1.62	0.14	45	60	15
2 月 1—14 日	4	11	6	65	2.00	1.01	0.99	34	58	24
2 月 15—28 日	4	12	6	67	1.94	1.15	0.79	40	53	13
3 月 1—15 日	4	13	5	72	1.96	1.05	0.91	35	59	24
3 月 16—31 日	6	11	7	61	1.69	1.48	0.21	44	54	10
4 月 1—15 日	6	10	8	56	1.85	1.57	0.28	48	51	3
4 月 16—30 日	6	9	9	50	1.44	1.34	0.10	49	56	7
5 月 1—15 日	6	9	9	50	1.75	1.74	0.01	44	37	−7
5 月 16—31 日	8	9	9	50	1.48	1.46	0.02	52	48	−4
6 月 1—15 日	8	10	8	56	1.31	2.21	−0.90	51	53	2
6 月 16—30 日	8	8	10	44	1.54	1.95	−0.41	56	50	−6
7 月 1—15 日	8	8	10	44	1.69	1.45	0.24	47	50	3
7 月 16—31 日	10	10	8	56	1.82	1.86	−0.04	48	59	11
8 月 1—15 日	10	13	5	72	1.71	1.53	0.18	44	55	11
8 月 16—31 日	10	10	8	56	1.65	1.78	−0.13	56	52	−4
9 月 1—15 日	10	10	8	56	1.76	1.24	0.52	44	60	16
9 月 16—30 日	12	8	10	44	1.30	1.77	−0.47	57	52	−5
10 月 1—15 日	12	12	6	67	2.19	1.44	0.75	40	58	18
10 月 16—31 日	12	5	13	28	1.19	2.08	−0.89	62	36	−26
11 月 1—15 日	12	14	4	78	1.83	1.11	0.72	41	70	29
11 月 16—30 日	2	8	10	44	1.64	1.17	0.47	38	48	10
12 月 1—15 日	2	9	9	50	1.16	2.15	−0.99	56	59	3
12 月 16—31 日	2	10	8	56	1.52	1.09	0.43	39	56	17

数据来源：保诚证券有限公司

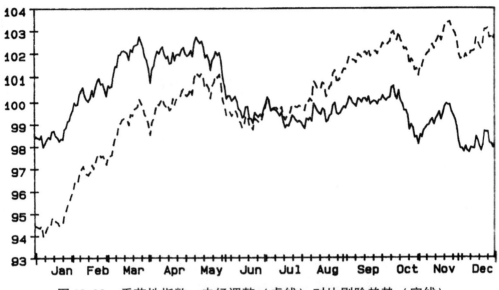

图 10.20　季节性指数：未经调整（虚线）对比剔除趋势（实线）

表 10.21　生猪：季节性汇总

日期	合约月份	年份		上涨年份	平均最大			平均百分比		
		上涨	下跌		涨幅	跌幅	差额	期初	期末	变化
1 月 1—15 日	2	17	8	68%	2.14	0.87	1.27	35	59	24
1 月 16—31 日	4	14	10	58%	1.61	1.43	0.18	45	53	8
2 月 1—14 日	4	12	12	50%	1.47	1.44	0.03	48	50	2
2 月 15—28 日	4	8	16	33%	1.23	1.68	-0.45	57	38	-19
3 月 1—15 日	4	16	8	67%	2.05	1.13	0.92	38	61	23
3 月 16—31 日	6	13	11	54%	1.64	1.82	-0.18	48	45	-3
4 月 1—15 日	6	16	8	67%	1.89	1.26	0.63	41	58	17
4 月 16—30 日	6	13	11	54%	1.50	1.35	0.15	51	53	2
5 月 1—15 日	6	13	11	54%	1.79	1.15	0.64	37	56	19
5 月 16—31 日	8	11	13	46%	1.42	1.46	-0.04	53	47	-6
6 月 1—15 日	8	10	14	42%	1.43	2.20	-0.77	53	48	-5
6 月 16—30 日	8	13	11	54%	2.48	1.64	0.84	42	51	9
7 月 1—15 日	8	12	12	50%	1.81	1.45	0.36	51	43	-8
7 月 16—31 日	10	13	11	54%	2.11	1.48	0.63	44	55	11
8 月 1—15 日	10	14	10	58%	1.73	1.74	-0.01	46	55	9
8 月 16—31 日	10	11	13	46%	1.72	1.57	0.15	46	41	-5
9 月 1—15 日	10	16	8	67%	1.99	1.36	0.63	41	62	21
9 月 16—30 日	12	10	14	42%	1.82	1.87	-0.05	50	51	1
10 月 1—15 日	12	15	9	63%	1.87	1.57	0.30	42	51	9
10 月 16—31 日	12	8	16	33%	1.16	2.15	-0.99	60	35	-25
11 月 1—15 日	12	17	7	71%	1.98	1.10	0.88	35	64	29
11 月 16—30 日	2	13	12	52%	1.66	1.38	0.28	41	49	8
12 月 1—15 日	2	12	13	48%	4.37	1.88	-0.51	52	56	4
12 月 16—31 日	2	11	14	44%	1.42	1.66	-0.24	53	44	-9

数据来源：保诚证券有限公司

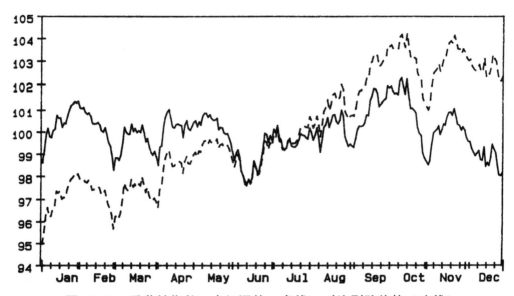

图 10.21   季节性指数：未经调整（虚线）对比剔除趋势（实线）

表 10.22   白糖：季节性汇总

日期	合约月份	年份		上涨年份	平均最大			平均百分比		
		上涨	下跌		涨幅	跌幅	差额	期初	期末	变化
1 月 1—15 日	3	12	10	55%	0.63	1.16	−0.53	62	55	−7
1 月 16—31 日	3	12	9	57%	0.97	0.70	0.27	47	46	−1
2 月 1—14 日	3	11	10	52%	0.90	0.76	0.14	58	47	−11
2 月 15—28 日	5	10	11	48%	0.64	1.07	−0.43	53	41	−12
3 月 1—15 日	5	11	10	52%	0.87	0.94	−0.07	40	49	9
3 月 16—31 日	5	10	11	48%	0.85	0.81	0.04	42	50	8
4 月 1—15 日	5	10	11	48%	0.60	0.95	−0.35	64	42	−22
4 月 16—30 日	7	9	12	43%	0.75	0.79	−0.04	50	50	0
5 月 1—15 日	7	9	12	43%	1.05	0.78	0.27	57	45	−12
5 月 16—31 日	7	10	11	48%	0.90	0.86	0.04	57	47	−10
6 月 1—15 日	7	7	14	33%	0.64	1.26	−0.62	62	44	−18
6 月 16—30 日	10	11	10	52%	0.67	0.65	0.02	53	58	5
7 月 1—15 日	10	9	12	43%	0.96	1.13	−0.17	56	41	−15
7 月 16—31 日	10	11	10	52%	0.99	0.90	0.09	51	49	−2
8 月 1—15 日	10	7	14	33%	1.00	0.73	0.27	54	35	−19
8 月 16—31 日	10	8	13	38%	0.72	1.02	−0.30	57	44	−13
9 月 1—15 日	10	12	9	57%	0.83	0.75	0.08	47	57	10
9 月 16—30 日	3	13	9	59%	0.76	0.57	0.19	47	55	8
10 月 1—15 日	3	13	9	59%	0.99	0.35	0.64	37	54	17
10 月 16—31 日	3	15	7	68%	0.89	0.51	0.38	49	62	13
11 月 1—15 日	3	7	15	32%	1.20	0.59	0.61	45	41	−4
11 月 16—30 日	3	13	9	59%	0.84	0.81	0.03	47	52	5
12 月 1—15 日	3	7	15	32%	0.47	1.45	−0.98	54	39	−15
12 月 16—31 日	3	12	10	55%	0.72	0.65	0.07	49	56	7

数据来源：保诚证券有限公司

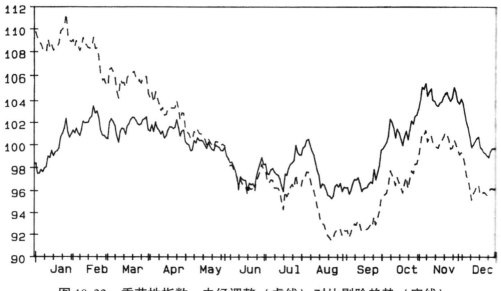

图 10.22 季节性指数：未经调整（虚线）对比剔除趋势（实线）

表 10.23 可可：季节性汇总

日期	合约月份	年份		上涨年份	平均最大			平均百分比		
		上涨	下跌		涨幅	跌幅	差额	期初	期末	变化
1月1—15日	3	11	11	50%	0.92	0.86	0.06	46	52	6
1月16—31日	3	11	10	52%	0.95	0.95	0.00	50	44	-6
2月1—14日	3	12	9	57%	0.95	0.61	0.34	45	50	5
2月15—28日	5	10	11	48%	0.76	0.89	-0.13	53	44	-9
3月1—15日	5	13	8	62%	1.16	0.62	0.48	46	53	7
3月16—31日	5	10	11	48%	1.12	1.13	-0.01	52	48	-4
4月1—15日	5	9	12	43%	0.70	0.98	-0.28	62	50	-12
4月16—30日	7	9	12	43%	0.91	0.89	0.02	51	45	-6
5月1—15日	7	5	16	24%	0.73	1.00	-0.27	58	40	-18
5月16—31日	7	9	12	43%	1.28	0.73	0.55	47	37	-10
6月1—15日	7	9	12	43%	0.91	1.03	-0.12	59	38	-21
6月16—30日	9	15	6	71%	0.92	0.78	0.14	44	60	16
7月1—15日	9	13	8	62%	1.48	0.82	0.66	34	57	23
7月16—31日	9	10	11	48%	1.19	1.01	0.18	46	46	0
8月1—15日	9	6	15	29%	0.88	1.15	-0.27	57	39	-18
8月16—31日	3	15	7	68%	0.96	0.75	0.21	41	58	17
9月1—15日	3	13	9	59%	1.02	0.61	0.41	44	58	14
9月16—30日	3	8	14	36%	0.63	0.91	-0.28	59	46	-13
10月1—15日	3	6	16	27%	0.63	0.92	-0.29	59	31	-28
10月16—31日	3	11	11	50%	0.83	0.68	0.15	47	46	-1
11月1—15日	3	14	8	64%	1.04	0.53	0.51	39	56	17
11月16—30日	3	8	14	36%	0.57	1.04	-0.47	60	41	-19
12月1—15日	3	11	11	50%	0.87	0.60	0.28	45	48	3
12月16—31日	3	13	9	59%	0.87	0.63	0.24	44	55	11

数据来源：保诚证券有限公司

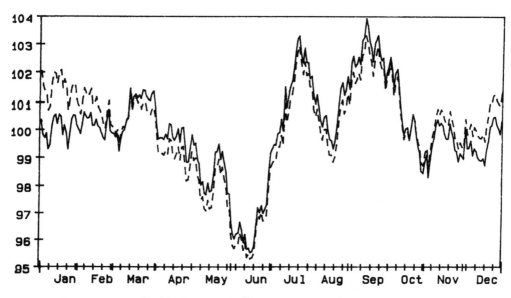

图 10.23　季节性指数：未经调整（虚线）对比剔除趋势（实线）

表 10.24　咖啡：季节性汇总

日期	合约月份	年份		上涨年份	平均最大			平均百分比		
		上涨	下跌		涨幅	跌幅	差额	期初	期末	变化
1 月 1—15 日	3	8	13	38%	5.54	5.83	-0.29	43	40	-3
1 月 16—31 日	3	10	10	50%	3.75	7.44	-3.69	57	43	-14
2 月 1—14 日	3	14	6	70%	7.64	3.13	4.51	33	57	24
2 月 15—28 日	5	9	11	45%	5.92	4.22	1.70	57	46	-11
3 月 1—15 日	5	12	8	60%	5398	4.34	1.64	42	51	9
3 月 16—31 日	5	13	7	65%	5.29	5.19	0.10	52	55	3
4 月 1—15 日	7	11	9	55%	6.25	5.51	0.74	54	56	2
4 月 16—30 日	7	12	8	60%	5.09	5.18	-0.09	45	43	-2
5 月 1—15 日	7	11	9	55%	4.47	5.82	-1.35	49	53	4
5 月 16—31 日	7	10	10	50%	6.35	5.12	1.23	44	47	3
6 月 1—15 日	9	9	11	45%	6.89	7.70	-0.81	55	43	-12
6 月 16—30 日	9	4	16	20%	4.30	8.16	-3.86	68	31	-37
7 月 1—15 日	9	8	12	40%	4.17	8.49	-4.32	59	43	-16
7 月 16—31 日	9	7	13	35%	6.80	10.74	-3.94	55	47	-8
8 月 1—15 日	12	14	6	70%	5.10	7.79	-2.69	50	56	6
8 月 16—31 日	12	14	7	67%	8.55	3.75	4.80	29	58	29
9 月 1—15 日	12	10	11	48%	5.00	4.83	0.17	55	49	-6
9 月 16—30 日	12	10	11	48%	6.06	4.31	1.75	40	47	7
10 月 1—15 日	12	12	9	57%	5.00	4.79	0.21	46	57	11
10 月 16—31 日	12	10	11	48%	5.37	4.73	0.64	47	56	9
11 月 1—15 日	12	12	9	57%	4.94	5.53	-0.59	53	52	-1
11 月 16—30 日	3	13	8	62%	3.70	3.64	0.06	47	53	6
12 月 1—15 日	3	13	8	62%	6.52	3.99	2.53	41	57	16
12 月 16—31 日	3	12	9	57%	8.10	3.39	4.71	42	52	10

数据来源：保诚证券有限公司

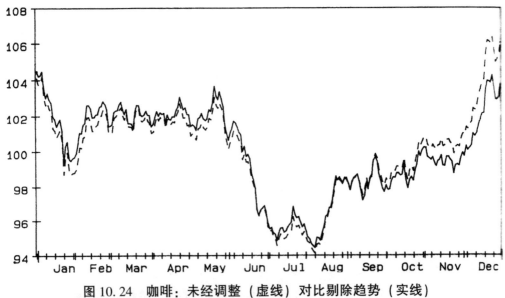

图 10.24 咖啡：未经调整（虚线）对比剔除趋势（实线）

表 10.25 棉花：季节性汇总

日期	合约月份	年份		上涨年份	平均最大			平均百分比		
		上涨	下跌		涨幅	跌幅	差额	期初	期末	变化
1 月 1—15 日	3	11	11	50%	1.45	2.16	−0.71	52	45	−7
1 月 16—31 日	3	10	11	48%	2.18	2.80	−0.62	56	49	−7
2 月 1—14 日	3	11	10	52%	2.40	1.42	0.98	41	50	9
2 月 15—28 日	5	11	10	52%	1.87	1.75	0.12	47	59	12
3 月 1—15 日	5	13	8	62%	1.68	2.26	−0.58	50	62	12
3 月 16—31 日	5	14	7	67%	2.35	1.66	0.69	44	54	10
4 月 1—15 日	5	14	7	67%	2.32	1.83	0.49	44	60	16
4 月 16—30 日	7	15	6	71%	2.36	1.49	0.87	40	65	25
5 月 1—15 日	7	12	9	57%	2.35	1.86	0.49	43	48	5
5 月 16—31 日	7	10	11	48%	2.05	2.52	−0.47	53	51	−2
6 月 1—15 日	7	11	10	52%	2.81	2.44	0.37	49	51	2
6 月 16—30 日	12	10	11	48%	2.42	1.74	0.68	47	51	4
7 月 1—15 日	12	10	11	48%	2.32	1.68	0.66	49	42	−7
7 月 16—31 日	12	11	10	52%	2.57	1.88	0.69	44	44	0
8 月 1—15 日	12	8	13	38%	1.81	2.90	−1.09	64	44	−19
8 月 16—31 日	12	13	9	59%	2.57	1.56	1.01	41	53	12
9 月 1—15 日	12	8	14	36%	1.74	2.19	−0.45	59	37	−22
9 月 16—30 日	12	12	10	55%	2.38	1.81	0.57	40	50	10
10 月 1—15 日	12	9	13	41%	2.08	1.57	0.51	40	46	6
10 月 16—31 日	12	11	11	50%	1.83	2.33	−0.50	50	53	3
11 月 1—15 日	12	10	12	45%	1.88	2.20	−0.32	57	50	−7
11 月 16—30 日	3	12	10	55%	1.74	1.63	0.11	50	52	2
12 月 1—15 日	3	14	8	64%	2.04	1.92	0.12	50	57	7
12 月 16—31 日	3	16	6	73%	2.52	0.92	1.60	35	58	23

数据来源：保诚证券有限公司

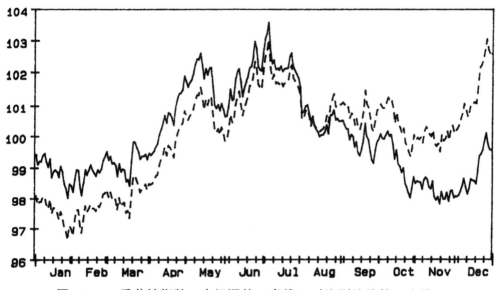

图10.25 季节性指数：未经调整（虚线）对比剔除趋势（实线）

表10.26 木材：季节性汇总

日期	合约月份	年份		上涨年份	平均最大			平均百分比		
		上涨	下跌		涨幅	跌幅	差额	期初	期末	变化
1月1—15日	3	11	10	52%	6.50	6.16	0.34	54	46	−8
1月16—31日	3	13	7	65%	9.40	6.16	3.24	45	58	13
2月1—14日	3	13	7	65%	12.38	5.20	7.18	42	58	16
2月15—28日	5	7	13	35%	8.77	6.45	2.32	51	30	−21
3月1—15日	5	8	12	40%	10.88	6.06	4.82	49	47	−2
3月16—31日	5	3	17	15%	6.92	8.93	−2.01	46	30	−16
4月1—15日	5	7	13	35%	5.91	8.59	−2.68	49	43	−6
4月16—30日	7	9	11	45%	6.38	9.43	−3.05	59	44	−15
5月1—15日	7	13	7	65%	6.74	9.22	−2.48	49	58	9
5月16—31日	7	9	11	45%	7.93	7.52	0.41	59	52	−7
6月1—15日	7	13	7	65%	7.43	6.57	0.86	45	54	9
6月16—30日	7	9	12	43%	5.58	9.43	−3.85	58	46	−12
7月1—15日	9	9	12	43%	4.74	7.99	−3.25	60	37	−23
7月16—31日	9	11	10	52%	8.60	6.76	1.84	50	49	−1
8月1—15日	9	8	13	38%	7.83	7.62	0.21	50	43	−7
8月16—31日	11	12	9	57%	9.09	613	2.96	49	60	11
9月1—15日	11	9	12	43%	7.38	6.48	0.90	54	40	−14
9月16—30日	11	7	14	33%	6.06	9.11	−3.05	65	37	−28
10月1—15日	11	14	7	67%	7.85	5.76	2.09	43	58	15
10月16—31日	1	11	10	52%	8.61	6.52	2.09	49	52	5
11月1—15日	1	14	7	67%	8.21	5.00	3.21	40	48	8
11月16—30日	1	15	6	71%	11.21	4.74	6.47	33	62	29
12月1—15日	1	12	9	57%	7.59	7.71	−0.12	48	55	7
12月16—31日	3	11	10	52%	8.68	3.57	5.11	36	56	20

数据来源：保诚证券有限公司

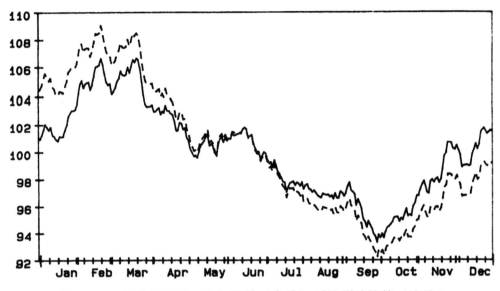

图 10.26　季节性指数：未经调整（虚线）对比剔除趋势（实线）

表 10.27　橙汁：季节性汇总

日期	合约月份	年份		上涨年份	平均最大			平均百分比		
		上涨	下跌		涨幅	跌幅	差额	期初	期末	变化
1月1—15日	3	8	14	36	7.55	4.81	2.74	52	51	−1
1月16—31日	3	7	14	33	6.31	5.99	0.32	58	43	−15
2月1—14日	3	12	9	57	4.70	4.13	0.57	45	44	−1
2月15—28日	5	11	10	52	3.28	3.89	−0.61	52	39	−13
3月1—15日	5	12	9	57	5.01	2.69	2.32	38	51	13
3月16—31日	5	12	9	57	5.73	3.77	1.96	43	59	16
4月1—15日	5	11	10	52	3.54	3.31	0.23	49	55	6
4月16—30日	7	10	11	45	2.53	3.40	−0.87	57	49	−8
5月1—15日	7	13	8	62	5.06	1.92	3.14	33	57	24
5月16—31日	7	11	10	52	2.68	4.41	−1.73	58	57	−1
6月1—15日	7	10	11	48	2.65	6.25	−3.60	63	50	−13
6月16—30日	9	8	13	38	3.85	3.95	−0.10	53	45	−8
7月1—15日	9	15	6	71	4.53	2.03	2.50	31	61	30
7月16—31日	9	9	12	43	3.04	4.27	−1.23	51	54	3
8月1—15日	9	13	8	62	4.25	2.59	1.66	38	57	19
8月16—31日	11	11	10	52	2.17	3.90	−1.73	54	52	−2
9月1—15日	11	11	10	52	3.04	3.54	−0.50	46	45	−1
9月16—30日	11	15	6	71	5.66	2.05	3.61	33	58	25
10月1—15日	11	7	14	33	5.64	7.38	−1.74	59	44	−15
10月16—31日	1	13	9	59	4.45	3.31	1.14	53	63	10
11月1—15日	1	9	13	41	3.31	2.83	0.48	44	45	1
11月16—30日	1	9	13	41	3.67	3.51	1.16	50	46	−4
12月1—15日	1	7	15	32	3.15	4.47	−1.32	54	36	−18
12月16—31日	3	6	16	27	6.35	4.65	1.70	55	31	−24

数据来源：保诚证券有限公司

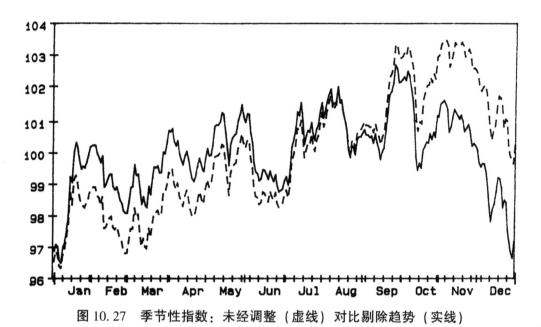

图 10.27 季节性指数：未经调整（虚线）对比剔除趋势（实线）

表 10.28 所有市场数据汇总：上升年度总的百分比

市场	1月 1—15	1月 16—31	2月 1—15	2月 16—28	3月 1—15	3月 16—30	4月 1—15	4月 1—16	5月 1—15	5月 16—31	6月 1—15	6月 16—30
国债	41	56	38	50	50	44	69	19	50	56	81	56
短期债券	68	56	44	33	44	61	83	33	61	44	78	56
标普500	67	64	82	45	55	55	64	50	42	75	33	58
英镑	37	44	50	50	56	56	67	50	61	39	47	58
德国马克	32	50	61	56	39	50	44	50	39	28	47	58
瑞士法郎	26	22	50	50	39	56	50	50	35	44	47	53
日元	26	44	61	33	53	47	65	47	76	35	50	56
加拿大元	53	39	50	50	67	50	72	50	33	44	56	61
黄金	50	47	42	42	47	42	53	32	53	47	53	58
白金	59	62	76	43	33	52	62	38	62	57	29	52
白银	59	38	57	38	52	43	38	33	67	52	52	48
铜	59	57	67	57	57	67	48	24	52	33	52	57
原油	55	40	50	50	60	80	64	45	64	64	45	55
燃料油	60	29	43	43	50	57	71	50	64	29	36	50
玉米	85	44	44	48	48	64	64	44	48	52	56	52
小麦	73	32	52	32	40	48	76	36	48	28	52	48
大豆	73	40	44	52	56	60	48	48	60	40	52	60
豆粕	62	12	60	48	56	60	52	44	48	40	48	48
豆油	73	48	36	48	60	64	56	48	56	52	60	56
生猪	68	58	50	33	67	54	67	54	54	46	42	54

活牛	56	65	65	67	72	61	56	50	50	50	56	44
白糖	55	57	52	48	52	48	48	43	43	48	33	52
可可	50	52	57	48	62	48	43	43	24	43	43	71
咖啡	38	50	70	45	60	65	55	60	55	50	45	20
棉花	50	48	52	52	62	67	67	71	57	48	52	48
木材	52	65	65	35	40	15	35	45	65	45	65	43
橙汁	36	33	57	52	57	57	52	48	62	52	48	38

数据来源：保诚证券有限公司

表 10.28（续）

市场	7月 1—15	7月 16—31	8月 1—15	8月 16—28	9月 1—15	9月 16—30	10月 1—15	10月 1—16	11月 1—15	11月 16—31	12月 1—15	12月 16—30
国债	44	50	81	50	69	41	47	47	65	53	47	59
短期债券	61	39	72	50	61	44	61	39	44	67	50	61
标普500	58	58	58	75	42	33	67	50	33	58	58	75
英镑	47	42	53	58	47	53	58	58	68	53	58	79
德国马克	47	42	53	58	42	63	63	63	63	53	53	74
瑞士法郎	42	42	42	58	47	58	47	58	37	63	53	74
日元	56	50	56	44	50	61	50	33	67	56	58	63
加拿大元	61	33	28	61	56	67	56	61	28	50	53	68
黄金	68	42	47	42	67	58	58	26	42	63	47	58
白金	48	52	38	48	48	50	59	41	45	73	32	55
白银	52	43	43	36	59	50	59	41	32	50	32	59
铜	52	62	52	50	50	36	45	55	45	59	50	82
原油	45	64	64	64	45	73	64	10	27	18	27	64
燃料油	64	57	71	64	57	79	73	40	33	27	27	60
玉米	40	28	48	36	56	40	52	40	56	54	50	50
小麦	36	44	60	52	56	48	68	64	48	42	42	62
大豆	60	28	48	48	60	32	44	58	50	58	46	46
豆粕	56	32	48	56	56	36	60	56	44	58	46	54
豆油	52	44	44	44	64	48	48	52	60	35	42	31
生猪	50	54	58	46	67	42	63	33	71	52	48	44
活牛	44	56	72	56	56	44	67	28	78	44	50	56
白糖	43	52	33	38	57	59	59	68	32	59	32	55
可可	62	48	29	68	59	36	27	50	64	36	50	59
咖啡	40	35	70	67	48	48	57	48	57	62	62	57
棉花	48	52	38	59	36	55	41	50	45	55	64	73
木材	43	52	38	57	43	33	67	52	67	71	57	52
橙汁	71	43	62	52	52	71	33	59	41	41	32	27

数据来源：保诚证券有限公司

表 10.29　所有市场数据汇总：变化百分点

市场	1月 1—15	1月 16—31	2月 1—15	2月 16—28	3月 1—15	3月 16—31	4月 1—15	4月 16—30	5月 1—15	5月 16—31	6月 1—15	6月 16—30
国债	−19	7	−23	2	0	−2	21	−30	1	2	43	−3
短期债券	−1	1	−28	−19	−11	11	40	−15	1	−11	41	0
标普500	9	16	27	3	25	−3	19	0	6	21	1	0
英镑	−16	3	−2	5	−8	6	12	10	9	−19	−10	11
德国马克	−40	−4	5	0	−25	−1	−2	−7	−15	−37	−5	−2
瑞士法郎	−35	−13	2	−13	−26	−2	2	−6	−12	−14	−6	1
日元	−27	2	12	−28	−5	0	1	−13	13	−28	0	1
加拿大元	6	−8	−2	−1	12	15	18	11	−14	2	6	10
黄金	−12	−4	−8	−12	−10	−13	−6	−15	13	−9	−9	1
白金	10	12	24	−9	−13	3	13	−17	21	4	−22	3
白银	6	5	18	−17	−2	−11	−4	−17	21	−7	−11	−9
铜	0	6	16	20	10	20	−8	−25	−1	−24	−8	15
原油	12	1	−11	−22	23	27	19	6	7	15	−21	−6
燃料油	0	−23	−24	−23	4	27	29	1	7	1	−23	−11
玉米	22	−10	−10	−16	5	14	15	1	−6	1	2	−5
小麦	8	−22	−2	−15	−1	−2	20	−16	−8	−28	1	−12
大豆	13	−12	−4	−2	17	6	4	3	14	−2	−6	9
豆粕	−2	−30	−11	−8	7	11	3	2	9	−5	−3	−2
豆油	17	−1	2	10	14	7	2	4	3	1	−15	5
生猪	24	8	2	−19	23	−3	17	2	19	−6	−5	9
活牛	11	15	24	13	24	10	3	7	−7	−4	2	−6
白糖	−7	−4	−11	−12	9	8	−22	0	−12	−10	−18	5
可可	6	−6	5	−9	7	−4	−12	−6	−18	−10	−21	16
咖啡	−3	−14	24	−11	9	3	2	−2	4	3	−12	−37
棉花	−7	−7	9	12	12	10	16	25	5	−2	2	4
木材	−8	13	16	−21	−2	−16	−6	−15	9	−7	9	−12
橙汁	−1	−15	−1	−13	13	16	2	−8	24	−1	−13	−8

数据来源：保诚证券有限公司

表 10.29（续）

市场	7月 1—15	7月 16—31	8月 1—15	8月 16—28	9月 1—15	9月 16—31	10月 1—15	10月 16—30	11月 1—15	11月 16—31	12月 1—15	12月 16—30
国债	-1	-2	22	-2	10	-1	7	-2	22	8	-2	0
短期债券	5	-9	19	-4	15	4	15	-3	6	9	0	20
标普 500	17	3	1	19	-17	0	17	9	3	7	15	26
英镑	9	12	-1	15	-13	-11	12	8	11	-1	3	40
德国马克	-2	1	-3	5	2	20	22	6	-1	5	2	36
瑞士法郎	-3	3	-2	4	4	17	8	5	5	3	1	35
日元	9	-3	9	-1	3	9	17	-19	18	-6	-4	24
加拿大元	17	-4	-9	18	6	2	13	9	-12	-1	-3	24
黄金	10	7	-4	-6	-4	14	11	-15	0	2	-9	17
白金	5	8	-15	4	-12	1	9	-9	-4	18	-20	4
白银	4	2	-16	-12	4	4	11	-10	-7	-3	-17	12
铜	7	9	-4	3	-15	-20	1	-4	-7	1	-3	44
原油	4	15	23	0	4	21	15	-20	23	-29	-26	24
燃料油	12	-2	24	3	1	32	23	-10	-9	-27	-27	6
玉米	1	-34	2	-20	-8	-4	3	-8	5	-4	-14	-2
小麦	-4	-8	16	2	9	9	19	6	7	4	-15	21
大豆	19	-32	-3	-4	4	-14	-6	8	1	-1	8	-1
豆粕	12	-33	2	1	2	-10	3	9	-4	6	-14	4
豆油	5	-13	-8	-9	6	-2	-12	6	3	-10	0	-17
生猪	-8	11	9	-5	21	1	9	-25	29	8	4	-9
活牛	3	11	11	-4	16	-5	18	-26	29	10	3	17
白糖	-15	-2	-19	-13	10	8	17	13	-4	5	-15	7
可可	23	0	-18	17	14	-13	-28	-1	17	-19	3	11
咖啡	-16	-8	6	29	-6	7	11	9	-1	6	16	10
棉花	-7	0	-19	12	-22	10	6	3	-7	2	7	23
木材	23	-1	-7	11	-14	-28	15	5	8	29	7	20
橙汁	30	3	19	-2	-1	25	-15	10	1	-4	-18	-24

数据来源：保诚证券有限公司

第11章　市场反应分析

市场从不会出错，但人的观点会错。

——杰西·利弗莫尔

评估重复事件的市场反应

通常市场反应能提供期货价格运行方向的重要线索。如果发现基本情况重复出现（譬如美国农业部重要报告公布），可以建立一套系统的分析方法来分析市场的复杂反应。这种分析的步骤如下：

- 确定要分析的事件（如土豆市场对10月农作物生产报告的反应）；
- 编制该类报告公布后对市场价格的影响和运行趋势的比较表；
- 找出运行一致的市场形态。

迄今为止，还没有一种公认的可以正确分析市场反应的方法。下面三个例子是比较常用的。读者也可应用相似的方法分析市场对各种事件的反应。

范例一：美国农业部生猪报告

美国农业部生猪和猪肉季度报告通常提供四个生猪市场重要的基本面信息，并提供了大量预测未来6个月生猪屠宰量的数据，以及预测其后6个月市场的发展方向。

表11.1是判断市场对生猪和猪肉季度报告公布后的最初反应，观察期货价格运

行方向是否发生变化。市场反应可分为 3 种类型：多头（↑），空头（↓）和中性（—）。由于市场对生猪的季节性报告特别敏感，对报告公布后的交易日没有引起价格大幅波动认为是中性。[①] 对报告的反应是一个或多个受限波动，呈现周期特征。表中列出了生猪和猪肉季节性报告公布后生猪期货市场的最初反应、波动方向和其后三个不同时间段（2 周、3 个月和 6 个月）的价格变化趋势。

表 11.1 列出的是 1970—1993 年间生猪和猪肉季节性报告发布后生猪期货市场最初反应和其后三个月的价格变化趋势，不包括中性反应（即报告发布后没有引起明显的价格变化）和报告发布后维持中性走势（其后 3 个月内价格变化小于 100点）。在 66 个报告中有 41 个报告发布后市场的价格变化与预期的反应相吻合。通过对上述情况分析可以发现一些有趣的运行形态：

- 如果根据价格跳空缺口将报告发布后引发的市场分为多头和空头，就能发现最初反应与随后市场发展方向之间的关系，基本上是上升趋势，即在 36 个多头报告中有 26 个报告（占 72%）发布后市场的最初反应为持续上涨，而30 个空头报告中有 15 个报告（占 50%）发布后价格下跌。

- 利用市场最初反应来预测期货价格大幅波动的方向，随着发布月份的不同可靠程度也会有差异，尤其是 12 月的报告有 73% 出现这种态势，3 月报告有65%，6 月报告有 78%，但 9 月份的报告仅 31% 才会出现类似情况。

---

① 价格的大幅波动定义为一天的最低价高于前一天的最高价或者这天的最高价低于前一天的最低价。

表 11.1 生猪期货对生猪和猪肉报告的最初反应的价格趋势[a,b]

年度	12月报告[c]				3月报告				6月报告				9月报告			
	波动方向	后2周	后3个月	后6个月	波动方向	后2周	后3个月	后6个月	波动方向	后2周	后3个月	后6个月	波动方向	后2周	后3个月	后6个月
1970	+		+		−		−		0		n. a.		0		n. a.	
1971	−		0		0		n. a.		−		−		+		+	
1972	0		n. a.		+		+	+	+		+		−		+	
1973	0		n. a.		−		+		+		+		−		+	
1974	−		−		0		n. a.		+		+		0		n. a.	
1975	0		n. a.		+		+		+		+		+		−	
1976	0		n. a.		0		n. a.		0		n. a.		0		n. a.	
1977	+		0		−		+		+		0		0		n. a.	
1978	+		+		+		−		+		+		+		+	
1979	−		+		−		−		0		n. a.		−		+	
1980	−		−		−		−		+		+		−		−	
1981	−		−		+		+		0		n. a.		−		−	
1982	+		+		+		+		+		+		+		−	
1983	+		−		−		−		−		+		−			+
1984	0		n. a.		+		0		−		−		−			+
1985	+		−		0		n. a.		−		−		−		−	
1986	+		−		0		n. a.		+		+		+			
1987	+		+		0		n. a.		+		+		+			
1988	+		+		+		−		−		−		0			
1989	0		n. a.		−		+		−		−		−		−	
1990	+		+		+		+		+		+		+			
1991	+		+		−		−		−		−		+			
1992	+		+		−		+		−		−		+			
1993	0		n. a.		−		−		+		+		+			

所有波动	向上的波动	向下的波动
62	72	50

[a] 周期性表示受限波动。

[b] 基于3—6月到期的期货合约。趋势指的是对报告反应的最初波动后的变化情况。

[c] 前一年。

[d] 不包括横向趋势。

我们如何解释市场的这些不同的变化形态呢？通过调查历史的运行情况（如市场反应和季节性趋势），通常无法判断市场是否真实地反映运行趋势，甚至这种形态可能纯属巧合。比如，一个人每次掷 20 个硬币，只要多掷几次，总会出现 75% 的头像朝上的机会，这种结果并不意味着投掷这些硬币预测的可能性大于 50%。当评估历史的市场形态是否更具实际意义时，应考虑两个因素：

- 观察的样本数量。样本数量越大，可能越有价值。
- 理论解释。如果历史形态有重现的足够理由，所观察的趋势就越重要。

根据第一个因素进行预测，如果获得的结果是源于所有历史报告，其重要意义远远大于半数的报告。如果只是观察一个季度获得的结果，参考价值就非常有限了。

至于第二个因素，几乎可凭直觉感知市场的最初反应（随着生猪和猪肉报告发布后出现的跳空缺口）是一个重要转变。这种状况显然不能完全反映期货市场基本面的变化，可能需要更长时间观察基本面的变化。多头与空头报告之间的可靠性存在很大差异。例如，价格向下探底的空间有限，而向上运行的点位无限。因此，如果一个报告引起价格急剧下跌，下跌的空间不会很大。但是，并没有足够的理由说明为什么 9 月报告发布后与 3 月、6 月和 12 月的报告不同。

生猪和猪肉报告发布后市场的最初反应可总结如下：

- 其他条件不变的情况下，生猪和猪肉报告发布后，价格运行方向与市场最初反应基本相同；
- 上述形态在多头报告发布后的反应可信度更大一些，但很难说明巧合的成分有多大。
- 3 月、6 月和 12 月报告发布后市场形态保持稳定，但 9 月报告发布后的市场形态就不确定了。由于季节性报告较少，无法对这些差别进行充分解释和检验。

范例二：10 月份橙汁产量和收成估算

与其他农产品不同，橙汁没有种植计划或面积的预估报告。因此，美国农业部

10 月份农产品产量报告首次提供冷冻浓缩橙汁的资料，（10 月报告包括橙汁的产量和冷冻浓缩橙汁的每箱收成）。信息的从无到有很突然，报告中相关产量估算使市场出现大幅震荡，市场价格的变化也属正常。自从橙汁开始交易（1967 年）以来，27 个 10 月份的报告中有 21 个报告造成价格停板走势。

这说明 10 月份农产品估算的重要性，要客观地预测市场对该类报告的反应。表 11.2 将市场的这种反应划分为 3 种形态：多、空和中性。

表 11.2　冷冻浓缩橙汁：对 10 月产量报告的最初反应和随后的价格趋势：1967—1993 年

最初反应	时间段的个数	时间段的百分比	随后的价格形态[a]	时间段的个数	时间段的百分比[b]
多	8	29.6	多	4	50.0
			空	3	37.5
			中性	1	12.5
空	15	55.6	多	2	13.3
			空	12	80.0
			中性	1	6.7
中性	4	14.8	多	3	75.0
			空	1	25.0
			中性	0	0.0

[a] 随后的 4~6 周时间内的主要趋势。

[b] 给定最初反应的时间段百分比。

表 11.2 的情况说明了市场开始自由交易（打开停板后）的价格变化总趋势，直到 12 月份报告公布为止。同时也反映出 10 月份农作物产量报告经常引起很强的反应，但其后的价格运行方向与最初反应一致。譬如，在 23 年的报告中有 16 年报告（占 70%）的市场形态符合最初反应，12 月份报告公布后市场最初反应的价格变化与市场对报告预期的方向相符。23 年中仅有 5 年（占 22%）是相反的价格变化，还有两年是中心走势。尤其要指出的是空头报告公布后的市场心态，15 个报告中有 12 个（占 80%）显示价格下降走势，仅有两年出现上涨，其余年份则为中性。

总体来看，表 11.2 中 10 月中旬到 12 月的市场形态表明，在其他条件不变的情况下，尤其是在空头报告公布时，交易者应该相信市场对 10 月份农作物产量报告的反应与最初方向一致。

前面例子描述的形态是否保持不变？所有分析（基本分析或技术分析）的假设，都是运用以往形态说明未来期货市场的可能走势。也许报告公布后生猪和橙汁市场的价格没有变化，但是，过去的形态可以作为预测未来走势的一个指标。应强调，市场反应的分析仅是综合分析方法中的一种。一般情况下，在进行交易决策前，要考虑将基本分析和技术分析综合起来。

预测与市场走势相反的反应

重复性事件

报告中的数据与预期之间的关系可以解释市场的反应。例如，如果公布的实际数据优于预期报告的数据，价格只在报告公布时回升，这种形态说明了市场很疲弱，即使随后的价格趋势延续了最初的市场反应。但是因为数据不可得，纳入预期的系统分析几乎不可能，对预期感兴趣的调查者可以从旧报纸和新闻评论里找到相关数据。

表 11.3 是类似市场的范例。该表列出 1990—1993 年期间的失业率报告，在此期间短期债券市场以较高的价格收盘，可能是对未公布的数据预期较低，或者是对已公布的数据预期较高。该表调查的是这类违反常态的市场反应，用来预测市场的短期走势。

该分析的基本结论是，在基本面利好的情况下，大盘下跌意味着市场处于弱势状态，而在基本面利空的情况下，大盘稳步攀升意味着市场处于强势状态。表 11.3 详细描述了与预测相反的市场反应，在报告发布当天建立相应的短期债券头寸，然后观察在此期间的盈亏状况，借以判断上述假设是否合理。

表 11.3 短期债券：对于失业率报告相反预期反应的汇总（1990—1993）

报告日期[a]	预测中间值[b]	实际值[c]	差值	报告日当天的价格变化	报告日后两周的价格变化	报告日后四周的价格变化	利润或亏损后两周	后四周
1990.8.3	5.3	5.5	0.2	−24	−132	−141	132	141
1990.11.2	5.8	5.7	−0.1	1	73	96	73	96
1991.3.8	6.3	6.5	0.2	−28	0	55	0	−55
1991.6.7	6.8	6.9	0.1	−20	−13	−7	13	7
1991.8.2	7.0	6.8	−0.2	44	50	68	50	68
1991.9.6	6.9	6.9	−0.1	27	41	82	41	82
1991.10.4	6.9	6.7	−0.2	21	−40	−17	−40	−17
1991.12.6	6.9	6.8	−0.1	19	71	110	71	110
1992.1.10	6.9	7.1	0.2	−20	−81	−94	81	94
1992.5.8	7.3	7.2	−0.1	36	26	24	26	24
1992.12.4	7.4	7.2	−0.2	27	36	76	36	76
1993.1.8	7.2	7.3	0.1	−6	70	142	−70	−142
1993.2.5	7.3	7.1	−0.2	17	37	145	39	145
1993.9.3	6.9	6.7	−0.2	33	−29	−18	−29	−18
1993.11.5	6.7	6.8	0.1	−14	−16	24	16	−24
总体利润/损失					439		587	
平均利润/损失					29		39	

[a] 报告发布日价格变化与预测情况相反。

[b] 货币市场服务机构调查发布的预测中间值。

[c] 城市失业率。

遗憾的是，我们并没有足够的类似货币市场服务机构预期数据提供参考。有时会将有关市场的价格变化作为预期的数据。譬如，在其他条件不变的情况下，生猪报告的发布可能引起活牛市场类似的反应（因为猪肉和牛肉是替代品，生猪市场的基本面信息也会影响活牛市场）。也就是说，在相同的情况下，我们对活牛市场具有初步的预期。表 11.4 就是生猪和猪肉报告发布后活牛期货市场的价格反应。

表 11.4　活牛期货市场对生猪与猪肉报告的价格反应（1980—1993）

生猪和猪肉报告[a]	生猪市场运行方向	活牛合约	活牛期货价格变动	报告发布两周后
1984.6	下降	1984 年 10 月	25	62
1984.9	下降	1984 年 12 月	15	122
1987.6	上升	1987 年 10 月	−7	−178
1988.6	下降	1988 年 10 月	118	48
1989.6	下降	1989 年 10 月	62	180
1991.1	上升	1991 年 4 月	−68	−10
1991.6	下降	1991 年 10 月	67	28
1992.3	下降	1992 年 6 月	27	−125

[a]生猪和猪肉的报告日期可能出现两种情况：（1）报告发布当天限制生猪期货价格波动；（2）在报告发布两天内活牛期货价格出现相反的价格波动。

多数情况下，利多的生猪和猪肉报告公布后，活牛市场的价格也出现上涨；利空报告公布后可能出现下跌。在 14 年中共发布了 56 个生猪和猪肉报告，其中 8 个报告发布后，仅有两天时间活牛市场与生猪市场价格的运行方向相反，表 11.4 就可以反映。要注意的是，活牛市场在报告发布两周后的价格仍然延续最初的运行方向，只有 1992 年 3 月除外。因此，与市场预测相反的反映可以看作是近期价格变化的迹象。这种态势可解释为：在利多（空）生猪和猪肉报告公布后，活牛市场没有上涨（下跌）表示市场确实很强（很弱）。

突发事件的反应

正如前面列举的短期债券和活牛的例子，预期也是评价市场突发事件的关键因素。也就是说，市场没有对基本面信息立即作出反应可能提供了市场强弱的重要信号。

1978 年黄金市场就是典型的例子。1978 年 3 月黄金市场创出历史新高后，受美国财政部拍卖黄金传言的影响金价开始下跌，美国政府 4 月 19 日正式公布了这个黄金拍卖计划，此后几个交易日，大盘不断创出新低也在预料之中。然而，这种下跌走势持续时间并不长，几个星期后价格又逐渐回升，不久又回到黄金拍卖计划公布前的价格。黄金市场这种很快摆脱拍卖计划影响的走势充分显示出其处于强势。参看图 11.1，黄金价格于 7 月再创新高，并不断攀升。

　　与预测反应相反的例子还有 1991 年海湾战争期间黄金市场的情况。当时美国政府宣布，如果伊拉克不撤军的话，1 月 17 日将发动空袭。由于伊拉克没有撤军的迹象，当空战在夜间发动时，夜市黄金价格暴涨，曾上冲到 3 个月来的最高点，达到410 美元/盎司。但是，这种强势很快衰竭，第二天早上美国市场开盘时黄金价格就跌去 28 美元/盎司，低于前一晚的收盘价。这种极端的价格走势是对价格回升预期的反应，由此可见金价很容易受到突发事件的影响。从图 11.2 中可以看出，后面几个月黄金价格持续下降，跌至该合约的新低。

　　总体而言，如果市场价格对重要事件反应完全背离了市场的正确预期，可以预示近期价格将发生变化。市场对突发事件的反应将在第 14 章中详细分析。

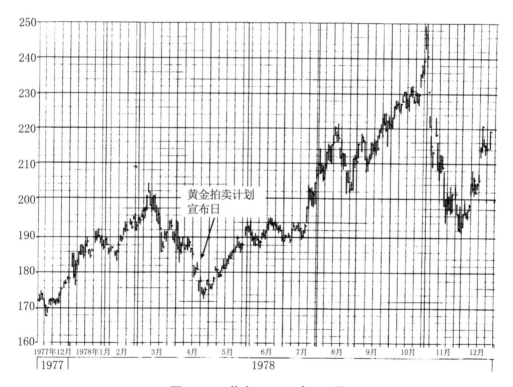

图 11.1　黄金，1978 年 12 月

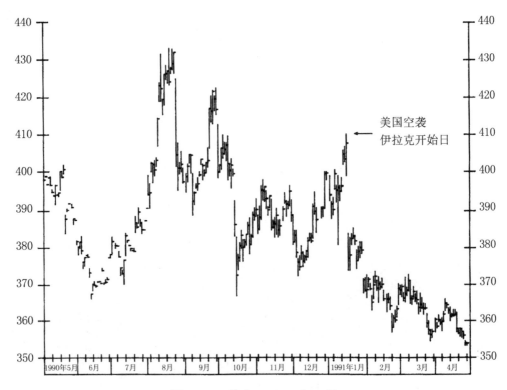

图 11.2　黄金，1991 年 3 月

第 12 章　政府计划与国际协议

（本章由沃尔特·斯皮尔卡[①]和杰克·施瓦格合著）

政府管制越少越好。

——拉夫·沃尔多·埃莫森

关注价格影响因素

　　基本供给与需求分析隐含着对自由市场发展的预期。但有些市场，这种预期会因政府计划或国际协议的实施无法达到，这种市场干预有时成为影响价格的因素。事实上，一些市场经历了价格由政府计划左右的时期。譬如，60 年代的棉花市场就是一个自由市场机制被扭曲的例子。当时，美国政府的计划诱使棉花农场主大量种植棉花，最终导致棉花过剩。由于当时的贷款政策规定了价格底限，许多农场主被该贷款计划吸引。1967—1968 这段时间除外，在此期间由于棉花的短缺促使市场在短期内向自由市场过渡。有意思的是，在这 10 年里棉花价格的变动完全反映了贷款率的变化（图 12.1）。这段时间的供给与需求的变化几乎与价格走势无关。

---

　　① 　沃尔特·斯皮尔卡曾是美国农业部经济研究局经济学家，现在是 E. D. & F. Man 公司交易员。他拥有弗吉利亚理工学院农业经济学博士学位。

资料来源：商品研究局 1972 年 CRB 年度报告，Knight-Ridder 金融公司 1994 年获准重印。

图 12.1　1960/61—1971/72 美国的棉花价格和贷款利率水平

也有一些政府计划和国际协议对市场影响不大，例如在 1976—1980 年国际可可协议有效期间市场价格超过了目标价格的上限，所以协议作废，并且对市场价格无效。

本章介绍对商品市场有影响的政府计划和国际协议。但不细述现行的计划和协议（例如，目前的贷款利率水平、触发价格、备付金要求、出口配额率等），因每年都需对这些计划进行修正。这里主要是了解政府计划和国际协议对市场价格造成的影响。这对区分某些规划（可能对价格带来影响）的重要性是非常必要的。

美国农业政策：与原定目标冲突

美国历史上已经实施了一系列旨在达到经济和政治目标的农业政策。农业政策的主要目标是为居民提供低成本食物，以及支持与稳定农业部门的收入，防止生产资源的流失。要达到这些目标，关键是要设法保护某些农作物的市场价格，有时这些农作物的价格高于市场价格，导致政府购买的农作物库存压力增大，而政府购买的农作物价格形成了一个有效的支撑价格，可能成为主要价格走势的决定因素。

一般而言，当人们对农业目标感到满意时，却往往达不到预期效果。美国农业目标的基本缺陷在于目标和政策之间的冲突，维持低成本与支持农产品价格高于市场价格之间存在矛盾。另外，不同程度价格支持的农产品与政策之间存在差异，即减少低扶持价格或不扶持价格的农作物种植面积，增加扶持价格相对较高的农作物种植面积。譬如，玉米和小麦相对于燕麦而言扶持价格较高，因此燕麦的种植面积不断减少，导致美国目前需要进口燕麦。

另一个与价格扶植政策冲突的现象是，鼓励外商将美国的支持价格作为国际市场价格底线。美国计划在某一特定的价格水平购买农产品，然后每个成本低的生产商增加其产量。譬如，美国大豆的价格支持贷款利率相对较高，经常被认为是巴西和阿根廷大豆产量快速增长的主要原因。当巴西和阿根廷成为美国大豆和豆制品的重要竞争对手时，所形成的政治压力最终改变了美国的大豆支持价格计划。

上面的例子旨在说明，政府在价格发现过程中的价格干预会导致不良后果。当价格不是由市场竞争而是由政府计划决定时，就会给市场带来不确定的因素，导致稀缺资源配置的无效。

随着政府计划的范围不断扩大，成本也会增加。当政府预算赤字不断上升时，就会产生较大的政治压力，市场对计划数量减少可作出快速反应。因此，食品、农业、仓储和 1990 年贸易法案都达到预期的效果。众所周知的 1995 年农业法案有望成为政府制定农业政策的依据。

种植面积计划

美国历史上有一段时间农产品供应过剩，价格较低。政府为了缓解过剩问题，鼓励农场主减少种植面积。限制种植面积的目的主要是为了降低产量，提高价格。然而这项政策并没有达到预期效果，也没有增加农场主的收入。因此，美国于 1990 年对《农场法》进行修订，即在决定农作物种植面积时，允许参考市场的供求情况对其进行调整。调整种植计划允许农场主采取更加灵活的决策，这与以前的农业政策明显不同。

减少种植面积计划

美国农业部长有权调整农作物种植面积计划。为了减少一定比率的种植面积，对参与到价格优惠贷款计划中的农场主而言，减少种植面积计划只是一个简单的措施。例如，该计划要求玉米种植面积减少 7.5%，于是参与者就会将每 100 英亩的玉米种植面积减少 7.5 英亩，并且这片种植面积还必须保留，不可以种植其他农作物。种植面积减少的数量很大程度上取决于上一季度的库存使用率，使用率越高，种植面积就越大。

基本种植面积的变化对制定种植政策是非常重要的。对于小麦和谷物来说，一个农场对某种农作物的基本种植面积加上剩余面积等于前五年该作物的平均种植面积（棉花和水稻等于前三年的种植面积）。从历史情况看，收益维持的补贴部分是根据农场基本种植面积的规模确定的，以此激励农场主保持或扩大基本种植面积。实际上，基本种植面积为农场主提供了商品获利的机会。基本种植面积相对于其他土地具有更大的内在价值。由于在基本种植土地上种植其他作物意味着可能会减少农作物种植比率，因而减少了政府的计划收益（同时也降低了土地价值），基本种植面积的变化有可能减少农民种植农作物的灵活性。实际上，某些农作物的种植面积可能在几年内都不会有太大的变化。

限制种植面积，可能会减少下一季的作物产量，对市场价格具有支持作用。然而，产量的下降意味着种植面积的变化比率相对更小。这种下降效应是农场主为了达到减少种植面积而将种植土地少量转变用途的结果，希望种植农作物的土地获得更高的收益，对未转变用途的种植面积通过使用更多的肥料和杀虫剂来提高产量。

除了下降效应，减少种植面积的结果取决于参与计划的程度，譬如，棉花等作物以前的参与率就相当高。如果农场主对计划的参与率越低，转变用途的土地就越少，对价格的支持作用就越小。另一个因素是参与计划的区域，种植土地越少的地区参与计划的比率可能就越高。少量的闲置土地对支持价格没什么影响，农场主是否参与种植面积减少计划，部分取决于他们对实施计划收益与种植其他作物获得收益的比较。

可变更种植面积

可变更种植面积也许是 1990 年《农场法》制定的重要条款，与原《农业法》的条款有所不同。新法案允许参与种植计划的农场主种植其他作物，种植面积可占到农场总面积的 15%，而基本种植面积仍可保留。这些农作物包括计划内的玉米、棉花、小麦、油菜籽等作物。在制定计划前，农业部长有权废除灵活种植农作物的权利。虽然选择种植的农作物不符合价格支持或补贴条件，但对农场主而言，可变更种植面积这一条款的优点在于，在这些土地上可以种植其他农作物，而不必减少农场的基本种植面积。

一般而言，可变更种植面积是必要的。因为农场主可以根据市场的价差改变种植面积，如税收与可变成本之间的价差。农场主可根据需求在基本农作物的种植面积上种植其他作物。同时，要考虑可变更面积的区域性分布，如有的地区由于气候或市场原因不变更农作物种植面积。譬如，德克萨斯高原的棉花种植者不会变更棉花种植面积，同样堪萨斯州的小麦种植者可能坚持种小麦。

制定可变更种植面积条款的目的是为了在计划中反映市场的运行趋势，同时也为了减少种植成本，确定有多少符合价格扶持补贴政策的种植面积，需从农场基本种植面积中减去可变更种植面积达到减少成本的目的。譬如，100 英亩玉米的农场种植面积减少 7.5%，灵活选择的种植面积为 15%，而 77.5 英亩的种植面积不符合补贴要求。为了确定有多少产量符合补贴条件，用计划收益乘以 77.5 英亩面积即获得计划的产量。如果玉米计划收益为 105 蒲式耳/英亩，那么计划产量就是 8138 蒲式耳（77.5×105），这些产量符合价格支持补贴条件。

可选择种植面积

农场主寻求更灵活的种植面积，是为了在基本种植面积上增加 10% 的面积种植其他农作物。虽然增加的面积不可能提供价格支持补贴，但农场的基本种植面积会得到保护。由于可以增加灵活的种植面积，因此 100 英亩玉米的农场可能仅有 67.5 英亩符合价格支持条款。

一个更能说明问题的例子是可变更种植面积对种植计划的影响。假如伊利诺伊州的农场每年种植 100 英亩玉米、100 英亩大豆和 100 英亩软红冬小麦，同时计划降低 7.5% 的玉米种植面积和 15% 的小麦种植面积。在不损失农场玉米和小麦基本种植面积的前提下，农场主研究了每种作物的净利润后，确定种植大豆的优势更大，因此决定选择 15% 的灵活种植面积，可增加 10% 的大豆种植面积。其选择的结果是：玉米的种植面积从 100 英亩下降到 67.5 英亩，根据计划种植面积闲置 7.5 英亩；大豆的种植面积增加到 25 英亩；小麦的种植面积则从 100 英亩下降到 60 英亩，根据计划种植面积闲置 15 英亩，另外的 25 英亩面积种植大豆；100 英亩的大豆基本种植面积全部种大豆，因此大豆的总种植面积达到了 150 英亩，在原种植计划基础上增加了 50%。

上面的例子充分说明了灵活种植面积条款对种植面积、产量和价格的影响。因此，绝大多数农场主都倾向于选择相同的种植面积，这可能对大豆价格造成负面影响，但对玉米和小麦价格有利好作用。当然，全国种植面积转变用途的百分比只占介绍例子的一小部分。

土地休耕补贴

农业部长有权实施土地转向补贴计划，对变更的种植面积给予现金补贴。在某些情况下，如果经济条件许可则要求执行该条款。譬如，在减少种植面积计划宣布时，结转库存超过 800 万包棉花，则要求每磅棉花需支付 35 美分以上的补贴。由于农场主对现金支付反响很大，土地补贴在种植面积变更过程中起到一定的积极作用，因此可能满足市场需求。而种植面积减少计划的改变可能会减少对计划的影响。

价格扶持贷款计划

几十年来，价格扶持贷款计划已成为农场政策的重要内容。该计划的基本目的是为缩小农业与非农业部门之间收入差距，防止农场主放弃经营农业而选择收入更高的工作。但就是这个基本目标也无法达到，目前农场人口不断减少，出现了大农场并购小农场的局面。价格扶持贷款计划旨在阻止农场主在丰收季节出售其农作物，由于此时可能是季节性弱市，价格扶持贷款可以帮助他们渡过这段困难时期，使他们在价格较高的季节出售农作物。

就目前的管理方式而言，贷款计划包括：基本贷款利率、目标价格和价差或价格扶持补贴。

基本贷款利率

政府按规定为计划内的农作物制定基本贷款利率，贷款利率是政府提供的有限期现金贷款利率。只有参与上述计划的农场主（达到政府种植面积减少计划的要求）才符合贷款优惠条件。贷款利率的规定以一蒲式耳或磅为基准，贷款期限通常为 9 个月（棉花为 10 个月）。该价格扶持计划的重要特点是贷款为"无追索权"贷款，这意味着政府没有追索权，但是如果农场主愿意的话，可以用农作物作为贷款的抵押品。在市场价格低于贷款利率和应收利息总额时，农场主倾向于赎回其农作物。通常仅根据实行种植面积减少计划而导致产量下降的情况提供贷款。

1990 年制定的适用于小麦和谷物的新法案中，依据农作物的库存与使用率调整贷款利率，即比率越大，贷款的基础利率下调越多。该条款使贷款利率更能反映市场的影响力。此外，如果认为这种调整能保持美国出口市场的竞争力，农业部长有权进一步降低利率。

在适当的情况下，贷款利率可以作为市场的价格底线，即当价格运行至该底线下方时，农场主可以运用其无追索权力，将农作物的贷款资格转到商品信贷公司。从理论上讲，当商品供应通过市场渠道转移时，价格基本上趋于稳定。一般情况下，价格低于贷款利率取决于以下关键要素：

- 被商品信贷公司罚没的农作物的百分比越低，贷款计划对价格支持的效果越差。在某个季节，多数数量可能不符合该贷款计划的要求，因为农场主没有执行减少种植面积计划。一个典型的例子是，1982 年仅有大约 1/4 的玉米符合贷款计划要求，玉米出现大量过剩的事实说明了 1982 年后期玉米现货价格低于贷款利率 70 美分的原因。
- 农场主对价格预期可能起到重要的作用。如果农场主预期的价格较高，会减少商品信贷公司罚没农作物的数量，因此就减少了贷款支持计划的影响。
- 贷款利率根据国家对农场调拨的现金平均利率制定。甚至在现金平均利率低于贷款利率时，某些地区的现金利率仍然高于贷款利率。因此，这些地区的农场主有充分的理由赎回其农作物。
- 对没有执行市场贷款计划的农作物，贷款利率可能对价格扶持计划有影响，贷款计划使贷款利率不确定性成为影响价格的因素。

图 12.2 说明了玉米价格与贷款价格之间的关系，在此期间，已实行的市场贷款条款对贷款价格没有影响。同时也反映出没有执行市场贷款的情况，图中显示了贷款价格作为弹性低价——有时超跌低于贷款价，但是贷款价可能在供应过剩的年份（季节性结转库存和使用率很高）抑制价格下跌幅度（见图 12.3）。1984/1985 与 1985/1986 的情况就是价格扶持对贷款价格造成影响的例子。值得注意的是，由于价格骤降，随之而来的是贷款利率明显降低。

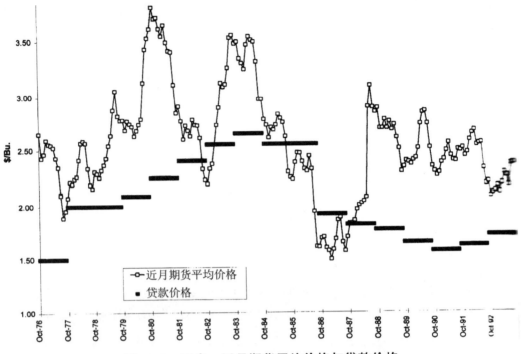

图 12.2　玉米：近月期货平均价格与贷款价格

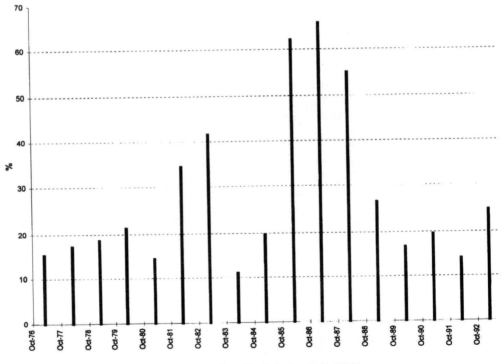

图 12.3　玉米：期末库存/总使用率

尽管库存增减引起的贷款变化会在短期内对价格产生支持作用，但从长期看，积压的库存对价格有所抑制。通过对农业计划广泛征求意见表明，该计划可能引起政府库存过剩，这是有效稳定价格的关键因素。农业政策最新条款的目的是避免政府库存商品大量积压。

目标价格与差额补贴

该计划的另一重要部分是 1974 年以来一直采用的目标价格。目标价格是政府在计划中为农作物（小麦、饲料、棉花和稻谷）制定的价格，用来计算参与计划的农场主价格扶持的补贴价格。在现行计划中，目标价格高于贷款率。目前的农场计划是从 1995 年延续下来的，因而目标价格仍维持在 1990—1991 年的水平。例如，小麦的目标价格是 4 美元/蒲式耳；玉米的目标价格是 2.75 美元/蒲式耳；棉花的目标价格是 72.9 美分/磅。

农场的收入依靠差额补贴或价格扶持补贴维持。如果一个季节的市场平均价格高于基本贷款利率，那么差额补贴应是目标价格和市场价格的差额，即市场价格低于 5 个月的市场平均价格（小麦调整 10 美分，饲料调整 7 美分）和季节性市场平均价格。如果市场的平均价格低于基本贷款利率，差额补贴数额等于目标价格和较高的市场均价之间的差额和贷款利率。

目标价格对农场主来说很重要，因为该价格对确定政府补贴非常关键。而目标价格与分析师或交易者关系不大，因其对市场价格没有多大影响。目标价格几乎确定了政府向农场主付款的规模，由于支付款的规模完全不受农场主出售农作物时间或价格的影响，因而目标价格不能作为市场价格的影响因素。相比之下，贷款价格可能对市场价格产生影响，因为其有可能确定政府储备存货的价格，但与市场的价格关系不大。

贷款计划

本计划的最大特点是新的市场贷款条款允许贷款人以低于贷款利率偿还贷款，以抵消政府罚没其农作物的场租费。同时废除了相关的金融限制条款，当市场价格低于贷款价格时，允许农场主赎回其农作物，这样做可能会减少政府库存积压。另外，在介绍市场贷款计划前，国外的农场主一直认为美国贷款率为全球最低，市场贷款计划试图改变这种看法，农业部长制定的市场贷款偿还率低于公布的贷款率。而 1990 年的《农场法》规定，农业部长为了减少政府积压的存货，考虑调整贷款偿还率。美国农业部分析师希望贷款偿还率应参照国内的价格变化。

市场贷款计划的制定意味着农场主不希望商品信贷公司罚没农作物，他们有能力出售农作物，获得与贷款率与市场贷款偿还率之间差额相等的回报，并付清原贷款。结果对市场价格有影响，市场贷款与价格支持贷款存在着差别。价格支持贷款为市场提供价格底限，而市场贷款却没有这种价格支持含义，在多数情况下，由于农场主能获得贷款利率与市场价格之间的差额补贴，所以农场主完全不受贷款利率价格的影响。

1990 年的《农场法》规定市场贷款优先考虑棉花、大豆、油籽和稻谷等品种。后来农业部经调研实行了小麦和饲料的市场贷款要求，从 1993/1994 年开始，小麦和玉米成功引进了市场贷款机制。迄今为止上述品种已普遍采用市场贷款方式，贷款的利率高低已失去原有意义。作为市场因素的贷款利率在很大程度上取决于政府的态度。

农场主的农作物储备

1977 年制定的《食品与农业法》允许农场主储备农作物，实际上，农场主储备的农作物是对无追索权扶持贷款计划的修订。最初的农场主储备方案经历许多变化，但是整个计划还是保留了 1977 年制定时的原则，农场主储备的目的是为生产商提供长期贷款（3~5 年），由政府支付每年的农作物存储费，不是每年都对农场主储备计划进行修改，通常在供应过剩导致价格偏低时有所变动。用长期贷款与政府支付存储费相结合的方式激励农场主长期存储农作物，从而达到支持价格的作用。有时，农场主储备贷款利率甚至高于正常 9 个月的贷款利率。

原定的农场主储备计划存在一些问题，有些规定比较复杂，以及储备成本较高，并且要设法从市场上转移过剩的供应才能成功地实施计划。由于政府对农作物储备支付款定价较高，农场主不得不以较高的价格偿还贷款。对农场主来说持有贷款更有利可图，最终将农作物抵押给商品信贷公司，而抵押的农作物有可能促使市场维持强势，保持价格居高不下。

鉴于上述问题，1990 年的《农场法》重新修订了农场主的农作物储备计划。以下是农场主储备计划修改后的几点变化：

- 现行储备计划允许农场主在任何无罚没的情况下赎回其贷款。而原储备计划根据设定价格的百分比高于贷款利率或目标价格的原则，若提前赎回贷款需交罚款。
- 农场主储备计划的实行促进了价格发现功能，当价格低于贷款利率 120%，或者小麦的库存与使用率大于 37.5%，玉米的库存与使用率大于 22.5% 时，只要符合两个条件之一，农业部长有权允许农场主执行储备计划；如果两个条件都符合的话，必须执行农场主储备计划。
- 储备粮最大数量，小麦为 300 万~450 万蒲式耳，饲料为 600~900 万蒲式耳。
- 禁止农场主直接执行储备计划。一般情况下，在粮食存入农场主仓库前，必须申请办理 9 个月价格支持贷款手续，而原农场主储备计划规定农业部长有权允许执行储备计划。
- 在新的规定中，当市场价格超过目标价格 95% 时，停止为储备计划参与者支付仓储费；当市场价格超过目标价格 105% 时，农业部长有权决定收取一定的利息，而原农场主储备计划规定，一旦市场价格超过目标价格，就停止支付仓储费，并开始收取利息。
- 农场主储备计划合约的期限由原定的 9 个月贷款延长至 27 个月，在获得农业部批准后，还可延长 6 个月时间。因此，粮食在农场主仓库中储存的时间是 27~33 个月。而原来农场主储备计划规定，当最初的贷款期限作为农场主储备计划贷款而延长时，农作物在仓库中储存的时间可达几年。

上面讨论的农场主储备计划经修改后更能反映市场需求，并且农场主在不罚款的情况下随时从仓库调运粮食，但农场主储备计划规定不允许存储与市场无关的粮食。也就是说，在一定时间内存储的粮食不能影响市场的走势。总之，农场主储备计划的放开对市场价格会起到一定的支持作用。

进出口调控

政府对国际商品贸易的调控除制定相关计划外，有时会出现突发事件。典型例子就是 1980 年 1 月苏联入侵阿富汗，苏联购买的粮食不允许运出境。当时，卡特总统突然宣布的禁运令意味着售出的 1700 万吨粮食（大约为季节性出口总额的 17%）一夜之间就消失了，该事件对市场影响很大，使玉米期货连续两天跌停。这说明政府的非强制性调控也会给市场带来重大影响。类似突发事件的发生，更像农作物遇到霜冻或冰雹，使交易者无法在其分析中对行情进行准确预测。

对某些商品而言，进口调控是政府在升税高于全球市场价格时为寻求支持国内价格而采取的必要措施。譬如，1982—1983 年白糖贷款水平为 17 美分/磅，几乎是季初全球白糖价格的 3 倍，没有进口调控，价格分歧会导致国外的白糖大量涌入本国市场，使价格跌至贷款水平以下，这样的价格走势会迫使商品信贷公司接受几乎所有的国内白糖。为了防止价格扭曲，政府征收最高 2.81 美分/磅的进口税，并且收取进口费（最高等于全球价格的 50%），以提高国外白糖的成本。但是，当市场极度萧条时（如 1982 年），收取最高的进口费和进口税后，国外白糖的成本还是低于美国的贷款水平，必须加上进口配额来保护国内市场。

了解进口调控计划非常重要。这不仅有助于预测国内市场的价格，还可了解国外市场价格的变化情况。理由：由于进口调控有可能影响国内消费水平，从而造成人为的市场分化，导致全球的供应与消费不平衡。事实上，多年来白糖的价格扶持计划对美国市场从白糖消费转换到玉米高果糖消费的贡献很大，这也说明了为什么玉米高果糖业是赞成白糖价格扶持计划中最活跃的支持者。虽然国内和全球白糖期货都在交易，但后者是主要的白糖交易市场。因此，从期货交易者的角度看，进口调控是影响市场的重要因素。

另一方面，虽然国内期货市场的定价与国外不同，但进口调控对价格支持同样会造成影响。例如，大约 29 美分/磅的进口税可能减少美国进口巴西浓缩橙汁的价格影响（如果进口商在其后 3 年内出口相等数量的产品，可恢复 99% 的关税）。几年来，随着巴西浓缩橙汁产量快速增长，浓缩橙汁进口税也越来越重要。在供给过剩的季节，巴西浓缩橙汁的价格和进口税的总和为浓缩橙汁期货提供了价格底线。

出口支持计划

为了促进美国商品的出口，美国政府还制定了许多出口支持计划。一般而言，美国商品的价格要高于世界其他国家，因此这些计划对美国出口市场非常重要。譬如，近几年美国所有豆油和小麦海运就得到政府出口计划的支持。

下面是三个支持美国商品出口的政府计划：

1. 增加出口计划（EEP）。该计划可为美国商品出口商提供补贴，补贴的数额依据时间的长短和国家的不同而定。根据国家的出口计划，美国农业部宣布了农作物出口目标（不是所有增加出口计划都适用）。譬如，1992—1993 年美国仅使用大约 36% 规定的豆油出口补贴（该比率占总出口的一半多）。为了评估出口计划的出口数量，分析人员需参考个别国家历年实施出口计划的情况。出口计划的实施在很大程度上取决于竞争商品的供应与价格。

2. PL480 计划。对有意向购买美国商品的国家，该计划可提供长期贷款（长达31 年）和赞助。PL480 的实施国家是不符合 GSM 信贷要求的发展中国家。对购买者而言，PL480 的条件是要求执行用美国船只运送购买的大宗物品，这势必增加其成本。PL480 补贴数额视不同国家的具体情况而定。该计划涉及哪些国家很重要。譬如，1991—1992 年，该计划中不包括巴基斯坦，而以前该国是 PL480 的主要采购国，这对巴基斯坦市场发展影响很大。

3. GSM 信贷计划。该计划为有信誉的国家购买美国商品提供 3~10 年的商业贷款担保。国外购买者可在美国银行筹措资金，符合 GSM 信贷计划要求的国家更愿意选择 GSM 贷款计划，而不是 PL480 计划，因为该计划没有运输条件限制。

结论：国内政府计划

很明显，近几年政府农业政策更能响应市场的需求。虽然政府制定的农场计划中有许多相关的条款，但最重要的几点如下：

- 引进市场贷款计划以防止政府因罚没农作物而积压大量的库存，这种情况以前经常出现。这种以贷款价作为价格支持因素已失去了重要性。事实上，政府制定的农场计划不再规定农场的最低价格。
- 灵活选择种植面积条款使农场主可根据市场情况更改其种植面积，并允许在不减少基本面积的情况下，改变短缺农作物的种植面积。
- 目前农场主可以在任何时间赎回其农作物。

总之，这些变化在很大程度上减少了政府计划对价格的影响。在过去30年中，政府计划已经失去了应有的作用。如果认为这些计划不重要的话，在农作物价格分析中就可以不作为主要的参考因素。

国际协议

一般而言，国际商品协议总是对某些市场价格具有一定的影响。这种协议涉及生产国和消费国的利益。

实际上，国际协议通常是在实施前对市场的影响较大，看上去难以置信，但事实的确如此。一般情况下，协议在讨论期间的潜在影响会带来很大的心理压力，因此，市场价格可能会出现异常波动，这反映出市场对协议预期的情绪变化，最终协议形成后对市场的影响力度取决于价格调控的有关规定，通常由于这些规则的实施需要一个过程，因此在协议实际执行中，对市场的影响相对较小。

1981年9月生效的国际可可协定（ICCA）就是一个典型的例子，在其实施前对市场的影响很大，然而当宣布其生效后，好像对市场没什么影响。该协定被称作"缓冲库存"，即以1.10美元磅（每吨2,425美元）低价采购，然后以1.50美元/磅（每吨3,307美元）较高价卖出。尽管协定允许有250,000吨缓冲库存，在最初实施的一年中，基金限购100,345吨，其购买量太小，加上1981—1982年供应过剩，因此价格变化不大。具有讽刺意义的是（如图12.4所示）在缓冲库存购买前，可可价格实际上已经达到相对的高位。

假设全球的供应过剩与消费情况没有实质性改变，1981年第三季度（图12.4）的价格反弹仅能解释为该协议实施前的心理反应。但是，一旦开始购买了"缓冲库存"，就会出现明显的反映，购买量不大不能有效减少积压库存，使价格快速回落。此外，可可市场同前面介绍的谬误12类似：预测价格与国际协议的目标价格基本吻合（见第3章）。

大多数情况下，国际协议旨在通过发放出口配额的方式支持市场价格。这种配额可能定期被修订（被石油输出国组织采用）或根据市场下跌价格减少（被咖啡生产国协会采用）。

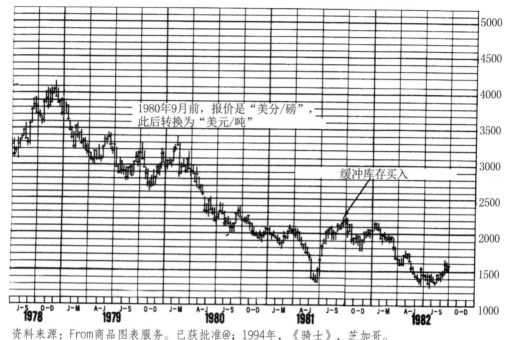

资料来源：From 商品图表服务。已获批准@；1994年，《骑士》，芝加哥。

图 12.4 可可：国际协议生效前的走势

为有效支持价格而限制发放出口配额，必须符合下列条件：

- 会员国的产量应占世界总产量的多数；
- 配额价格必须很低（或配额数量要高些），只有这样才能限制市场供给；
- 会员国必须执行配额数或配额限制规定；
- 非会员国必须有潜在扩大产量的能力，以抵消因配额限制引起的出口减少，如果已有足够的生产能力，可自动控制产量增加。

一般而言，总有一个或几个条件无法达到，使多数的国际商品协议最终无法实施，但至少可以执行价格支持条款。近几年，由于国家机构大多是管理单位，因此白糖、可可和咖啡市场国际协定的价格保护机制基本失效，连那些目前对市场价格有影响的国际商品组织——石油输出国组织，也无法达到预期的目标价格。

目前，国际商品组织仅对期货市场的两个品种价格影响较大：原油和咖啡。石油输出国组织在原油市场的作用在第 27 章中详细讨论。至于咖啡市场，虽然该组织目前并不活跃，但咖啡生产国协会实行的咖啡限制计划，可能会有影响。

作者注释

最近生产商签订的协议对铝市场有一定的影响，该协议是世界上六个主要铝生产国为了减少产量于 1994 年 1 月签订的，是一个谅解备忘录。该协议被认为是解决特殊情况的措施（严格地说，不单指"期货"市场，包括伦敦金属交易所交易的现货和远期商品）。

一般情况下，国际商品协议对期货市场的影响并不大。但是，如果实行新的协议，情况可能发生变化。因此，在评价新的国际商品协议对价格的潜在影响时，本节讨论的内容有一定的参考意义。

第 13 章　建立预测模型：逐步分析

经济学是对可以预测情况改变的经济现象的概括。

——米尔顿·弗里德曼

由于市场交易的各种商品性质不同，因此至今仍没有一个适合所有市场的标准化基本预测模型。这是因为商品的可储存性、可替代性、进出口量、政府对某些商品的干预以及对经济状况的反应不同造成的。因此，每个市场都有各自的基本分析方法，这一点与技术分析不同。

基本分析的特点是耗时较长，并且不能对众多市场进行详细分析，所以希望交易者根据具体情况，在运用基本分析做出交易决策前最好考虑下列方式：

- 运用基本分析法，应检验多个市场的主要统计数据；
- 仅对个别市场用基本分析法进行深入分析，并根据技术分析决定交易决策；
- 采用已公布的基本分析资料。

第一种方式应用较少，事实表明，根据基本分析法分析市场基本面还不如忽略基本面情况。实际上，这种方式仅次于不严格管理资金的方式，许多交易者亏损的原因是仅根据少量的基本消息（如，报上文章、新闻报道以及评论员的评论）草率地做出交易决策。本章介绍第二种方式，即通过跟踪一或两个市场的基本面情况分析得出结论，熟练掌握分析方法后再对多个市场进行分析。第三种方式是对个别市场研究后的辅助方法。遗憾的是，许多公开发行的研究报告没有采用合适的分析方法，如果你了解上述分析方式，在评估一些研究报告的价值时就有了参考依据。

一旦选定某个市场进行基本分析，应采用下列步骤：

- 查阅背景资料。无论选用哪种分析方法，都必须先熟悉市场的运行状况，第一步是了解影响市场的主要因素，以及主要数据的来源及可靠性。

- 收集统计资料。了解了市场的基本运行规律后，要列出价格分析需要的统计数据，通常这些数据来自美国农业部公布的国内外农产品产量报告，这是市场信息的主要来源；另一个统计数据的出处是《商品研究年报》，年报中提供从酒精到锌常用的统计数据。许多市场都有不同的参考数据，例如，白糖的数据主要来源于德国的一家统计公司——F. O. Licht。第 1 步的熟悉过程提供了最初的信息来源。

- 计算平减价格数据。在所有的价格预测中，这是最基本的步骤。

- 建立简单的模型。选择第 5 章中一种或几种方法，用来构建一个简单的价格解释模型。在这些方法中，回归分析法也许是最适用、最有效的方法。

- 修改模型。在确定了异常的年份或季节后，找出这种异常走势的影响因素，其目的是将这些因素加入预测模型中。有时，反常的价格行为可能是由意外事件（如，价格控制、出口禁运或过度投机等）造成的，它们和市场不相关。在这种情况下，通常是从模型中剔除异常形态的年份，但应强调的是，剔除异常走势的年份可能不是最好的处理方法。

- 加入预期。仔细观察预期的数据能否使模型更完善。

- 预估自变量的变化。自变量的变化是用来解释和预测模型中的价格因素，必须在预测期间估算这些变化，例如，下一个季节是农产品收割季节，很明显玉米的产量是玉米价格预测模型中的主要数据，玉米的产量可根据玉米的种植面积、历史收成和气候状况进行估算。

- 预测价格波动范围。根据每个变量的变化预测合理的价格波动区间，用模型预测近期价格的变化范围，然后用第 3 步中的平减价格指标乘以预测的价格，再转换成现行的价格。

- 评估政府对市场的潜在影响。要考虑既有的政府计划或国际协议对自由市场可能造成的影响，例如，贷款利率的变化对价格的影响程度。

- 分析季节性形态。用第 9 章中介绍的方法分析市场是否出现明显的季节性形态，并观察近期的价格行为是否违背正常的季节性波动，因为这些特点可能反映市场的强弱。

- 观察市场的反应。如第 11 章中讨论的，市场对主要的基本信息（如美国农业部的报告）的反应可能预示近期价格的运行方向。

- 等待交易机会。用上述分析步骤对预期的价格和当前的价格进行比较，如果目前的价格超出了预测区间，预示交易机会即将来临。

- 判断交易时机。基本分析中的一些方法可能提供进场时机，如季节性分析和市场形态转变和指数模型等。但总的来说，应根据技术分析（如，图形分析、技术模型）来判断最佳的入场时机。应强调的是，即使基本分析正确，在趋势出现转折前，价格走势经常很诡异。第 14 章将结合基本分析的实例和交易规则详细讨论。

第 14 章　基本分析与交易

我们的知识使我们更无知。

——T. S. 艾略特

基本分析 VS 技术分析：需谨慎选择

事实上，每位采用基本分析预测市场走势的分析者，经常发现其分析结果与市场实际走势不同。当然，技术分析有时也会有这种情况，但两者之间有明显的区别。如果技术分析的预测结果不正确，同样的分析最终可能得出相反的结果，实际上，技术分析是一种不断进行自我修正的方法。而基本分析法则倾向于大胆的预测，譬如小麦市场实际价格是 4.00 美元，基本分析师预测可达到 4.50 美元，如果价格下降到 3.50 美元——假设主要的经济未发生变化——他认为市场一定会上涨。

应用基本分析的风险在于：对以前的预测越相信，分析结果有可能越不准确。因此，完全根据基本分析做出决策的交易者，发现根据分析建立的金字塔头寸很可能不准确。也就是说，仅依靠基本分析进行交易有可能导致严重亏损。

事实上，上述情况使一些应用基本分析的交易者也对分析结果产生疑惑，有人引用马克·吐温的一句话："坐在滚烫炉盖上的猫，永远不会再坐在热炉盖上……但也不会坐在冷炉盖上。"问题不在于基本分析的有效性，而是不了解其运用方法，以及该方法的缺陷，下面介绍该方法的局限性。

基本分析的三大缺点

基本分析师在分析过程中即使每个步骤都正确，分析结果经常也是错误的。为什么会出现这种情况，原因有三。

1. 意外的发展趋势。在这种情况下，模型是正确的，但假设是错误的，如 1972—1973 年期间棉花市场就是一个典型的例子。在此之前，美国的棉花不销往中国。1972—1973 年美国出口发生很大变化，出口 50 多万包到中国大陆，占棉花总出口量的 11%。如表 14.1 所示，出口量在 1973—1974 年不断扩大，中国突然成为美国的主要进口国，在 1972—1973 年的多头行情期间，棉花是上涨的主要品种之一。

表 14.1　20 世纪 70 年代初期美国棉花对中国的出口量（1000 包）

季度	对中国的出口量	总出口量	中国出口量占总出口量的百分比
1971—1972	0	3,385	0
1972—1973	585	5,311	11.0
1973—1974	898	6,123	14.7
1974—1975	307	3,926	7.8
1975—1976	9	3,311	0.2
1976—1977	0	4,784	0

通常天气变化也是影响价格趋势的因素之一，图 14.1 描述了 1989 年霜冻对浓缩橙汁市场价格的影响；图 14.2 说明了 1988 年干旱对玉米市场价格的影响。尽管天气变化很难预测，但多年来天气的突然变化都对市场价格产生一定的影响。

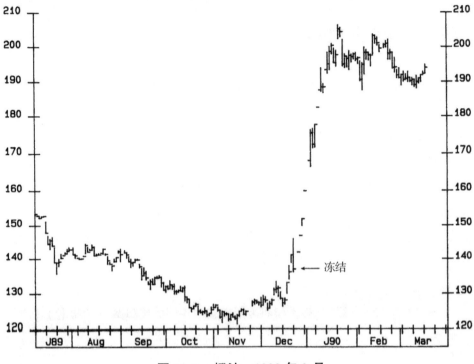

图 14.1　橙汁：1990 年 3 月

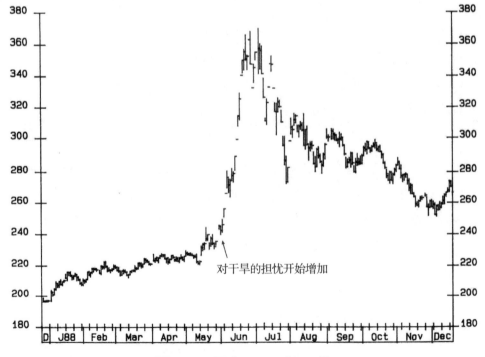

图 14.2　玉米：1988 年 12 月

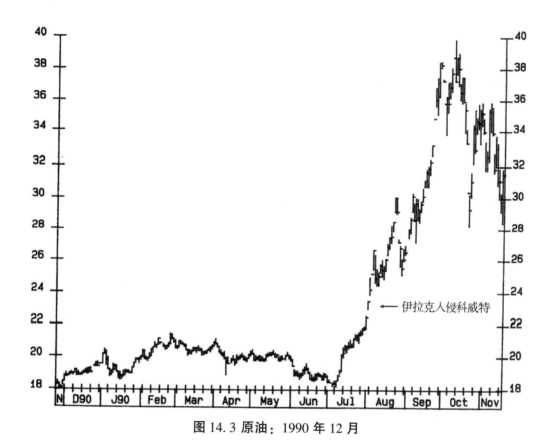

图 14.3 原油：1990 年 12 月

　　此外，1990 年 8 月伊拉克入侵科威特的意外事件突然改变了原油市场的供求平衡，导致原油价格大幅变化。如图 14.3 所示，原油价格大涨，因为很多人认为科威特原油产量会大幅减产，担心科威特原油出口将中断，同时还担心两国冲突将影响沙特阿拉伯的原油供应。

　　另一个促使价格发生突然变化的例子是苏联袭击阿富汗。该突发事件促使美国总统下令芝加哥期货交易所停止苏联的谷物交易，禁止将新粮出售给苏联。当市场重启交易时，农产品市场就出现连续两个交易日的跳水行情（见图 14.4）。

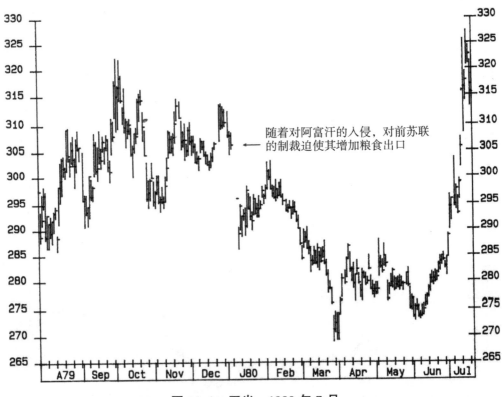

随着对阿富汗的入侵，对前苏联的制裁迫使其增加粮食出口

图 14.4　玉米：1980 年 7 月

政府报告也是引起价格剧烈震荡的原因之一。尽管已知这些报告公布的日期，但这些报告中意外的数据变化可能引起价格波动（如种植面积的变化和农产品产量估算），还有可能发生意外事件（如霜冻和侵略等）。下面是一个报告发布影响价格的例子，如 1988 年玉米的最终估算报告，该报告于 1989 年 1 月发布，11 月农作物产量报告中预估 1988 年的产量因干旱减产至 4,671,000,000 蒲式耳，而 1 月报告的估算值却增加到 4,921,000,000 蒲式耳。此外，结转库存预测值从 1,446,000,000 蒲式耳增加到 1,735,000,000 蒲式耳，增加了 20%。其结果是，该报告引起玉米期货市场出现连续两个跌停板（见图 14.5）

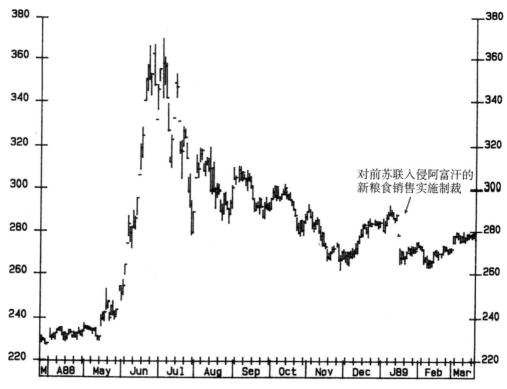

对前苏联入侵阿富汗的
新粮食销售实施制裁

图 14.5　玉米：1980 年 3 月

2. 遗失变量。长期以来用一组变量解释市场价格运行形态，价格趋势经常受到新的因素影响而发生变化。例如，1972—1973 年通货膨胀和相关的储蓄心理就是类似的影响因素。在此期间，市场的价格形态变化十分明显，震荡幅度远远超出了基本分析预测的价格。如果不考虑潜在价格因素对整个多头市场的影响，仅靠市场基本分析做出的预测很可能出现误差。

另一个关于遗失变量的例子是，1981—1982 年由于没有考虑到紧缩情况和高利率对储蓄心理的影响，出现了与事实相反的情况，高估了市场实际价格。

了解了 1972—1973 期间的通货膨胀和 1981—1982 的通胀调整后情况，以及这些时间对市场产生的影响，应该将相关的因素加入基本模型中。但是有些主要的转折事后影响更显著，通常当结构变化成为既定事实时，价格已经做出了相应的调整。

3. 不恰当的入场时机。即使模型预测和假设都正确，短期内市场走势未必符合基本分析预测的运行方向。也就是说，一般情况下，基本模型很难提供准确的入场信息。

表 14.2 汇总了 1980 年 2 月白糖市场的统计数据。从中发现，前一季节中的平减价格（由大到小次序排列）与期末库存和消费比之间保持反向关系。根据以往的经验，参考 F. O. Licht 统计的期末库存和消费量估计值为 28.3，因此，认为 1980 年 2 月 8.95 美分/磅的平减价格有些偏高，事实证明预测结果不正确。

虽然到年底时价格暴跌，但年初的市场价格大幅盘升，至 10 月份达到月平均高点 15.71 美分。在某种程度上，此次价格的上升受到白糖库存利好等预期的影响——表 11.2 介绍中不包括这个因素。不过，即使没有将该因素加入白糖模型，基本模型预测市场下跌前的几个月价格偏高，事实是市场价格震荡或转变与基本模型预测的时间不吻合。

1985 年原油市场的例子也说明了这一点：当基本面发生重大变化后，市场一直延续前期走势，几个月后才出现反转行情。1985 年 3 月，沙特阿拉伯宣布不再作为石油输出国组织的供应商（即为了保持供求平衡调整产量）。这种决定对市场是负面影响，沙特阿拉伯在 1985 年夏季才执行该政策，保证原油购买者能获利。实际情况是，沙特阿拉伯是以量定价，达到出售所产原油的目的。尽管利空消息对市场有影响，但价格仍继续盘升（见图 14.6），直到石油输出国组织在 1985 年 12 月召开官方会议，决定"争夺市场份额"后，市场才开始大幅下跌，在沙特阿拉伯执行该政策 6 个月后才反映出负面影响。

表 14.2 白糖：1980 年 2 月统计数据

年份	期末库存和消费比[a]（%）	3—8 月平均现货平减价格（美分/磅）[b]
1973—1974	20.3	11.67
1974—1975	22.9	9.80
1975—1976	25.9	7.59
1972—1973	21.9	7.04
1976—1977	30.3	4.78
1978—1979	33.9	4.24
1977—1978	35.1	4.01
1980 年 2 月的预测值	28.3	8.95[c]

[a] 所有的统计数据来源于 1980 年 2 月的 F. O. Licht 报告。

[b] 用对应的生产者物价指数平减。

[c] 1980 年 2 月的平均值。

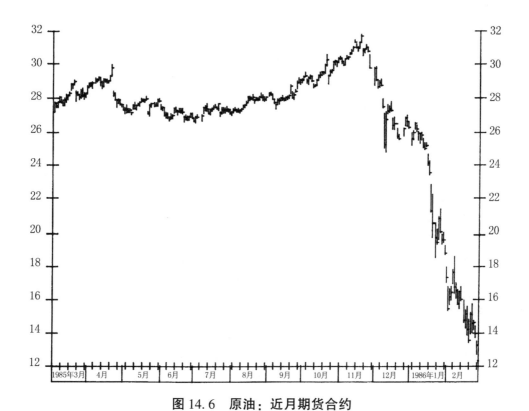

图 14.6 原油：近月期货合约

1985 年夏天，分析师从基本面角度预测原油市场会下跌，结果确实如此。但在年底前，按该分析结果做空的交易者损失可能较大，这就是进场时机不当造成的结果。因此，可以说入场时机不对将可能获利的交易变成了巨额亏损。

将基本分析、技术分析与资金管理结合起来

由于基本分析存在三个缺陷，因此在基本面分析师运用买入—持有或卖出—持有的交易策略后都不同程度地出现亏损。虽然已经将主要变量都包含在价格预测模型中，但经常由于意外的变化或不恰当的入场时机，造成巨额亏损。由此得出的交易规则如下：

规则 1：不能刻板地固守基本分析的观点

很明显，不能仅依靠基本分析结果拟定交易决策，还要综合考虑技术分析和资

金管理模式。通常用下列步骤将这些方式结合在一起，在决策过程中首先采用基本分析，目的是确定市场的价格是低于、高于定价，还是与预测相同。事实上，基本分析应该这样使用：

规则 2：将基本分析看作是衡量市场价格是否与预测价格一致的工具

一旦得出市场走势的基本结论，再采用技术方法进行验证。技术分析主要是对图表或分析系统进行分析，关键的一点是必须检测基本交易策略是否基于市场运行趋势做出的。例如，基本分析结果显示市场的价格比预测的高，并且仍在盘升，这时应推迟建立空头头寸。如果市场出现转折的迹象，这为做空的交易者提供了即将入市的时机。

当市场接近关键的阻力区域时，也可以根据基本分析执行相反的交易策略。例如，假设目前的玉米价格为 3.50 美元/蒲式耳，且市场上升趋势未变，而基本分析显示平衡价格仅为 3.00 美元，如果市场已接近关键的阻力区（如前次的高点），采用的基本分析也可以预测行情的顶部。这时，如果已建立了头寸，应该设定止损点。

下面是交易时要考虑的第三个因素：资金管理。当然，即使在基本分析和技术分析的结果完全一致时，也必须采取风险控制措施。当预测市场将转向时，资金管理尤其重要。

规则 3：有效的交易决策应是基本分析和技术分析与资金管理的完美结合

为什么对基本分析存在疑惑？

读者可能要问，如果基本分析需同技术分析一起应用，那么，为什么交易者开始时要采用基本分析呢？对这个问题有几个答案：

- 基本分析可以根据基本面情况获得一些信息，提供给技术分析的交易者。了解市场行为的基本因素，这是交易决策需要的重要依据，例如，对连续下跌的市场，如果没有实质性的利好消息刺激很难改变原有的空头格局，如果基本分析显示市场出现超卖迹象，而技术分析者却分辨不出这两种情况，表面的运行形态差不多。根据基本面资料，交易者可以判断目前的上升趋势是真正的牛市，还是一个多头的陷阱。当然，这种判断不一定正确，但只要对技术分析有参考价值，正确决策可以获得利润（或减少损失），或大于错误决策造成的损失（或减少赢利），基本分析就有价值。

- 有时基本分析也可预测价格运行趋势，并且比技术分析信号要早。了解这种变化的交易者，要比仅依靠技术信号交易的人更有优势。
- 用基本面资料分析市场可能出现重大行情时，交易者可以采取主动进攻的交易策略。也就是说，严谨的技术交易者可能认为市场所有信号都类似。
- 了解基本分析可获得成功交易的动机。
- 市场对基本信息的反应可用作交易参考信号，技术交易者也可参考。

基本分析的瞬间失效？

一些经济学家推崇的理论是：在特定时期内，市场是已知信息的反映。如果该观点正确的话，分析师会产生误解。然而，对这个观点仍存在一些争议，原因是在价格趋势发生实质性变化前，基本信息经常会对价格造成很大影响，可能有一定的滞后；另一个原因是，价格运行趋势经常反映市场价格在基本平衡时出现震荡的走势。无论哪种情况，在基本分析结论没有明显的变化时价格运行态势可能变化不大。实际上，在市场突破平衡价格的情况下，价格可能朝着基本信息预测的反方向运行（如牛市后的回升）。

上面提到的价格变化形态，如果仅依据市场特定时间已知信息的假设是不可信的。比较客观的看法是，市场走势有时领先或滞后基本面信息的反映。

1981—1982 年可可市场就是价格与基本信息之间相矛盾的例子。1981 年初秋，基本的预期是，1981—1982 年可可库存连续五年大幅增加，但是这个情况被新签订的国际可可协议的消息所抵消，因而导致 1981 年 10—11 月期间价格不断下跌（见图 11.3）。跌幅如此之大，以致在 11 月下旬 Gill 和 Duffus（可可统计数据的主要来源）公布 1981—1982 年供应与消费数据时，重新调整了市场预期。

其后，市场进入宽幅震荡期，价格运行形态不断受国际可可协议有关事件的影响，直到 3 月中旬才有所改善，但不久价格再次大幅下跌，如表 11.3 所示。从全球供应与消费图表来看，当时的供给/消耗状况已经好转。尽管 3 月报告预测的期末库存较低，减少了 16,000 吨，这对市场显然是一个有利的信息，但是，价格还是下跌，这种情况的解释是市场对 6 个月前供应过剩的滞后反应。如图 14.7 所示，价格继续下跌的走势持续到初夏，虽然统计结果表明供应与消费没有发生太大的变化（表14.3）。

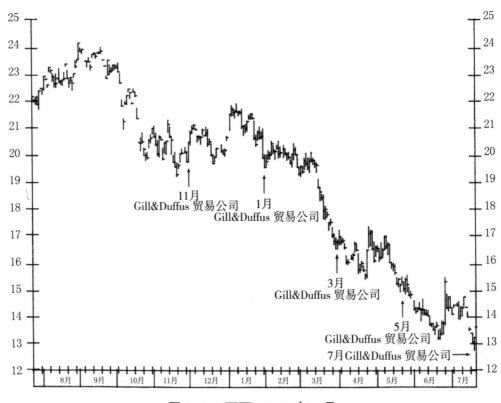

图 14.7　可可，1982 年 7 月

（来源：大宗商品图表服务机构，商品研究局周报，纽约泽西城蒙哥马利大街 75 号，07302）

表 14.3　可可：1981—1982 年 Gill 和 Duffus 全球供应与消费预测（千吨）

报告日期	期初库存	世界农作物净重	总供给	季度消费	期末库存	库存变化
1981/11/30	591	1,710	2,301	1,613	688	+97
1982/1/29	603	1,709	2,312	1,614	698	+95
1982/3/25	601	1,686	2,287	1,605	682	+81
1982/5/24	602	1,694	2,296	1,606	690	+88
1982/7/26	603	1,684	2,287	1,600	687	+84

市场行情评论试图将这种市场运行趋势解释为新的发展趋势，并将 3 月下旬出

现的下跌归因于尼日利亚的贸易量增加。然而，这种说法显然不能充分解释价格下滑的原因——尤其是白糖市场好像从来没有出现过上述情况，并且新作物预期不能过早地视为市场因素。事实上，比较有说服力的解释是，相对主要基本面来说可可市场价格严重高估，3 月的下跌是市场滞后的一种反映。

表 14.3 与图 14.7 的比较说明了价格与基本面联动的情况。应强调的是，该例子仅是一般事件对市场的影响，预测结果与实际价格的背离在商品市场是常见的情况。

另一个例子说明 1985—1986 年玉米市场基本面消息与价格运行不同步的关系。尽管当时玉米产量估算不断增加，消费计划不断减少，但 1985 年 9 月到 12 月玉米价格稳步盘升（见图 14.8），由于产量预估不断调高而使用量预测值却持续下调，造成期末库存消费比估算值上升（见表 14.4）。如果预测的价格反映出基本面情况，就无法解释上述价格走势。理论上普遍接受的解释在实际市场走势中常出现相反的结果，比如，1986 年 1—2 月出现的价格暴跌，就被认为是 1985 年底前基本面恶化的滞后反应。

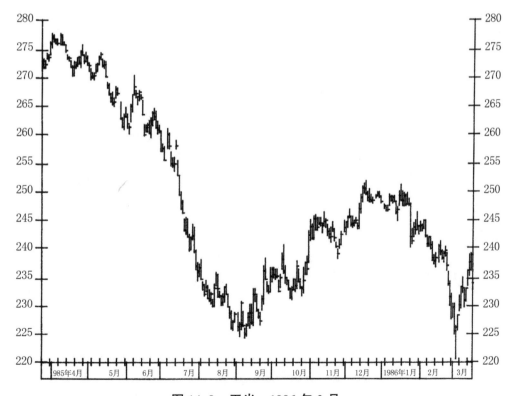

图 14.8　玉米，1986 年 3 月

表 14.4　玉米：1985—1986 年美国农业部供应/消费预测（千吨）

月份	生产	消费总量	库存结余	库存/消费比率%
1985 年 8 月	8266	7145	2,34	33.1
1985 年 9 月	8469	7171	2717	38.4
1985 年 10 月	8603	7171	2851	40.3
1985 年 11 月	8717	7045	3052	43.3
1985 年 12 月	8717	7045	3052	43.3
1986 年 1 月	8717	7045	3052	43.3
1986 年 2 月	8865	6845	3403	49.7

新闻信息对价格趋势的影响

虽然每天的价格走势都能反映出基本消息对市场的影响，要调整价格预期，就应关注各种消息的反应。媒体经常刊登一些与市场价格运行方向一致的信息，如果某一天市场出现上升走势，就会发现报刊报道一些对市场有利的消息。同样，当市场出现意外的暴跌时，有关的利空消息和解释随处可见，与价格走势相关的消息有时持续很长时间。下面这个例子就说明了这一点。第一个摘自一篇文章，标题是"强劲的经济增长报告促使美元上涨"：

外汇交易观察员评论：有关经济报告预测经济快速增长，美元以几乎最高价收盘。"这是对经济报告比较理想的反应"，观察员说："零售数量影响很大"……美国商业部报告显示。10 月份零售额变化不大，但 11 月上升了 0.3%，一周失业人数下降有助于美元上涨。

下面一段摘自另一篇报道，标题是"报告显示长期利率下跌"：

……商业部的报道称，11 月份购买圣诞节礼物的热潮即将开始……乍一看，这个消息好像提醒消费者促消活动就要开始了，但是分析师解释销售数据的增加主要是对 9—10 月份销售量减少的修正，"修正的数据表明消费者还在犹豫是否马上参加活动……"

上述两个消息摘自同一天的同一份报纸，两篇文章分别在左右版面。①

基本走势：长期影响与短期反应

预测市场新的运行趋势，有必要区分市场的长期与短期走势。通常对长期牛市的解释概括为：所有其他条件相同，在利好消息支持下价格稳步上升；而对短期走势的解释则完全不同：必须要考虑不利消息对市场的影响。在这一点上，总结出的规则如下，价格走势经常与基本面信息出现明显的背离。

● 规则 1：有时消息利多，但价格却下跌，或者价格走势不如预期的强劲，这种情况被看作是转势的迹象；反之，利空的消息出来后价格却上涨，或者价格跌幅没有预期的大，这被视为多头讯号。

明智的交易者不能仅依靠上述规律就做出交易决策，必须参照其他的分析结果，例如采用基本分析和技术图形分析，但该规律有助于改善交易者的行为。

第 11 章列举了许多解释市场反应的例子。此外还有一个例子，1980 年 12 月 24 日，棉花市场结束了圣诞节前一周交易，收盘价低于合约高点，虽然价格持续 6 个月的盘升，涨幅已经很大，但基本面和技术图形仍呈现多头格局，因为供应与使用量显示，结转库存处于 20 世纪 50 年代初以来最低水平。此外，当周的出口报告公布后，净销售量超过 150 万包，大量棉花出口中国大陆，也验证了本年度的结转库存确实很低。

根据长期的观察和对 12 月 24 日公布的出口数据分析，斯蒂芬妮在计算将增加的收益，并预测市场对上述消息的反应。果然，星期一早上市场几乎以涨板开盘，"果然如此"，她想。但是不久涨停板便被打开，接着大盘开始震荡，她有一种不祥的预感。随着市场交易量的增加，价格开始下跌。在利多消息出来后，盘面的走势很意外。鉴于大盘走势不妙，斯蒂芬妮当天平掉 1/3 的头寸，第二天又抛掉 1/3，剩余的 1/3 周末全部离场。看来她仍然持有多头的思维，这种离场方式反映出她不甘心放弃市场长期投资的心态。

---

① 摘自《纽约时报》1991 年 12 月 13 日第 12、13 页。这里并没有指责《纽约时报》的意思，它确实是一份非常棒的报纸，只是为了举例说明记者应该进一步寻找发现解释每日价格波动的线索，即使最著名的出版物也应如此。

当时斯蒂芬妮对市场走势的预期相对于基本面来说是一致的，后来的事实证明，星期一那天市场开盘的高价就是这波行情的顶部（见图 14.9）。接着开始长达一年的下跌走势。对市场弱势的解释是：高利率、经济明显衰退以及新一年农作物产量大幅增加等。然而，当基本面因素开始好转时，价格已经跌了很多。从上述情况总结的教训是：当利多信息公布后，就是多头应该平仓的信号，提醒投资者防止因不确定的因素导致亏损。

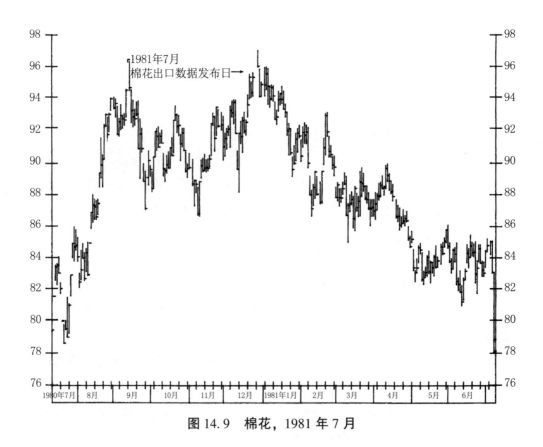

图 14.9　棉花，1981 年 7 月

该例子不是虚构的，而是事实，只更改了其中的人名。

有时，市场价格对中性事件也会反应很大，如 1993 年 10 月农作物产量报告公布后（"中性"报告），浓缩橙汁市场的反应就是典型的例子。《商品交易杂志》中有精彩描述，同时在商品交易报告中也引用了其中一段：

　　昨天公布的农作物报告，对橙汁产量预测在 16,500 到 18,000 万箱，公布的数据是 172 百万箱——正好在两个数据中间。对此的反映是，早上喊价变化不大——略低，但在开盘前几分钟，喊价又降低 300 点，最终市场以低于 70,000 点开盘，下跌了 900 点。

昨天下午看到农作物报告后，对公布的基本数据没什么想法。认为报告公布不会有什么反应，也许有的人认为估算的数据不准确，都认为该报告是中性的，市场变化不大。但是，整个市场突然下挫令人感到意外，许多人还没有反应过来就被套住，所有的基本面分析都无法解释。为尽量减少损失，无奈之下只得割肉。

从图 14.10 中可以看出，当天低于 700 点开盘，在下跌 900 点离场已经很不错了，尽管对市场的走势有些疑问，但几天或几个星期后再回头看上述点位仍是较好的离场点位，当时的价格变化说明了市场对基本面信息做出的反应。

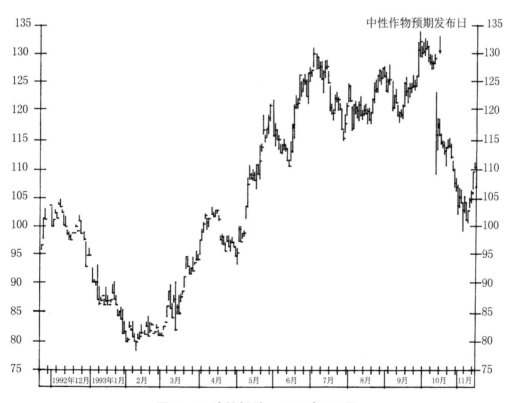

图 14.10 浓缩橙汁，1993 年 11 月

总结

要成功地应用基本分析就必须对其局限性有足够的认识，应记住的是，基本分析是预测中长期价格趋势的主要方法。其前提是，市场对基本信息的反应可作为选择交易决策的参考方式。

第三部分

回归分析的实用指南

说明：本部分比其他章节内容更难一些。有些读者由于对严谨的数学统计怀有恐惧心理，不愿阅读本部分，而且从本书介绍的内容来看，跳过本部分内容对继续阅读其他部分影响不大。但是，务请注意以下两点：

- 虽然这部分不可避免地要涉及相关的数学符号，但阐述的假设部分仍未超出高中代数的范畴。
- 对于不懂数学的读者，该部分内容也是可以理解的。

　　因此，建议读者在决定略过本部分之前，至少要阅读下面的内容简介和第 15 章关于回归分析的基本内容。

　　回归分析是解释和应用基本信息的重要工具。然而，绝大多数的市场参与者，在进行交易决策前都只选择基本分析法，而基本分析不使用回归分析。毫无疑问，该方法没有获得普及的原因在于将回归分析的概念与数学统计的复杂性混为一谈。的确，文中有许多内容与数学有关，但下面几章的讨论都没有超出基本的数学计算。

　　这一部分旨在让非数理专业的读者能够使用回归分析。重点在于直观理解回归分析的一些关键概念，以及为它的应用提供一个实用的指南。但是应该强调，虽然指导原则是进行简单的阐述，但是如果限制了基本知识的覆盖面，那么这个目标就不能达到。相反，为了提供一个全面的概述，在接下来的章节中会讨论许多通常认为是超出了回归分析基本范畴的话题。然而，尽管你会遇到诸如自相关、多重共线性、同方差性等晦涩难懂的术语，但希望你们能发现统计动物园中的动物乱叫比咬你一口还糟糕。

　　在实践中，应用多元回归分析时要用到计算机，所以我们希望读者拥有这方面的设施。本部分讨论的关键统计方法在标准的计算机软件包中都会提供。下面的分析旨在提供解释和分析计算机生成的回归结果的框架。要强调的是，即使读者不会使用计算机，也应知道在理解和评价包含这种方法的商品报告时，回归分析的知识是很有用的。

　　一些读者可能会发现第三部分的内容比这本书的其余部分更困难。但是，对于基本分析很感兴趣的交易者来说，这些内容是必备的。

　　第 15 章是"回归分析简介"，简要描述了回归分析的意义和基本方法，并且提供了一个实例来说明回归分析的应用。

第16章是"基本统计概念的回顾"，为了理解回归分析中一些关键的显著性检验潜在的概念，本章绕了一段路为读者提供了一些必备的背景信息。

第17章，"回归方程的显著性检验"，探讨了标准计算机回归程序的一些基本统计量的解释和应用。

为了便于讨论，关于这一点的论述局限于简单的回归——分析因变量和一个自变量之间的关系。

第18章，"多元回归模型"，将回归方程拓展到更符合现实情况，设计两个及以上的自变量。

第20章，"回归式分析"，对回归分析进行了更深入的分析，侧重于检验、解释和修正一些回归模型中最常见的问题。

第17章，"回归分析运用的实际考虑"提供了理论和应用之间的桥梁。在这一章讨论了许多话题，包括由研究员在构建回归模型时必须要做的一些关键选择，预测误差的来源，模拟和逐步回归——一种很实用的计算机回归程序类型。本章以介绍应用回归分析的过程结束。

第15章　回归分析简介

理论帮助我们承受对事实的忽视。

——乔治·桑塔亚那

基础知识

回归分析用于描述和评估一个给定变量与一个或其他多个变量之间的关系。例如，我们希望分析某特定期间生猪产量与随后 6 个月生猪屠宰量之间的关系。[①] 这些变量的关系如图 15.1 所示。在图 15.1 中，每个点代表单独的样本点或年份。各点横坐标的位置依据上年 12 月至当年 5 月的生猪产量而定，而各点纵坐标依据 6 月至 11 月的生猪屠宰量而定。不难发现，这两个变量之间存在着很明显的关系：相对而言，生猪产量越大，屠宰量就越大。在这个例子中，生猪屠宰量水平是依赖于新产生猪量的因变量；但是反之不然，新产生猪量则是自变量，或者是解释变量。回归分析的基本目的就是明确自变量和因变量之间的数学关系。

---

① 　读者可能会发现在第二部分的例子中大部分都是关于生猪市场的。主要是基于以下三个原因：（1）连续使用生猪市场作为例子，可以便于比较回归分析和第 5 章介绍的 TAG 方法。通过比较，可以发现回归分析在严谨性、效率、灵活性和应用便利性上的优势。（2）如果使用有限的市场作为例子来说明，就可以阐述得更加清晰。（3）由于生猪是非储存商品，生猪市场可以用简单的基本模型来充分表示。需强调的是，在任何情况下，例子仅仅是作为说明回归分析的一般概念和技术的工具，并不是描述分析任何市场的方法。因此，说明应该与有兴趣将回归分析应用到利率市场的读者和聚焦畜牧业的读者有关。

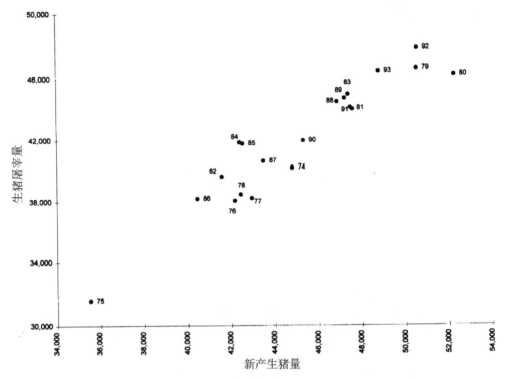

图 15.1 6 月至 11 月生猪屠宰量和 5 月新产生猪量（千头）

也许，标准的回归分析方法最基本的假设就是自变量与因变量之间是线性关系。在只有一个解释变量的情况下，回归方程是由下列方程式所表示的一条直线。

$$Y = a + bX$$

其中，a 和 b 是由回归过程决定的常数。[1] 通过回归过程导出的 a 和 b 的值，被称作回归系数（a 有时也被简单的称作常数项）。按照惯例，Y 是我们所要解释或预测的变量——因变量，而 X 则是解释变量或自变量。

回归方程中的常数 a 和 b 具有特殊的意义。常数 b 代表在变量 X（例如新产生猪量）变动一单位时变量 Y（例如生猪屠宰量）会变动的总量。譬如，在简单的线性方程 $Y = 1 + 2X$ 中，X 每变动一单位会导致 Y 变动两单位。注意这种关系与 X 的水平无关。事实上，当 X 为固定不变时，Y 的变化量不变是线性方程的一个基本特征。

---

① 更精确而言，a 和 b 是参数。参数可以认为是变量和常数的混合物。如果重点是将方程的变化当作一个整体，那么 a 和 b 是变量。然而，在回归分析中，如果我们关心 X 和 Y 的关系，给出了一组特定的 a 和 b，那么 a 和 b 就可以认为是常数。

常数 a 是 Y 的截距项, 因为它是直线与 Y 轴交点的 Y 值, 即当 X 为 0 时 Y 的值。
(见图 15.2 中各点的图形描述)

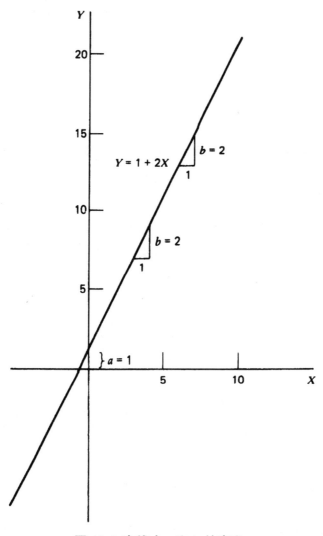

图 15.2 直线中 a 和 b 的意义

　　如图 15.1 所示, 给出一系列的数据点, 通过回归方程进行回归分析得出 a 与 b
值, 计算出与样本点拟合的最佳直线。

最优拟合的意义

将图 15.1 作为一个例子，我们如何确定与散点相联系的最优拟合直线？直觉上，我们好像应该选择与所有点之间偏差最小的那条线。任一点或观测点的偏差可以用同一个 X 的观测值 Y_i 与由直线预测的 Y 值 $\hat{Y}_i$ 之间的差来表示。因此，任一点的偏差等于 $Y_i - \hat{Y}_i$（见图 15.3）

这些偏差也称作残差。我们不可能通过将一组样本点中每个点的偏差相加得出总偏差，为什么呢？因为上下的偏差会彼此抵消。因此，尽管直线没能很好地拟合数据点，总的残差也可能很小。事实上，如果在直线以下的偏差大于直线以上的偏差，总的残差将会是负的。对于总偏差的测量而言，这是非常荒谬的。怎样解释负的总偏差呢？也就是说，残差和不能为最优拟合提供标准。

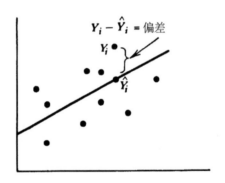

图 15.3　任一观测点的偏差

一种可行的解决方法是找到使偏差的绝对值最小的直线，也就是测量不考虑符号的残差之和。另一个可行方法是在加总残差之前先将他们取平方，这样就保证了它们都是正数，然后找到使残差平方和最小的直线。①

---

①　符号 $\sum$ 代表"加总"。上标 n 表示观测点的数量，下标 $i=1$ 表示从第几个观测点开始加总。也就是说，上面的式子表示将全部的残差平方和加总，一共有 n 个观测值。

$$\sum_{i=1}^{n} (Y_i - \widehat{Y_i})^2$$

回归分析中通常采用这种最小二乘法，其优于将残差绝对值加总和，理由如下：

- 从理论上讲，最小二乘法能产生最优估计量。[①]
- 由于平方操作，因此最小二乘法对误差大的取了更大的权重。在通常情况下，由于我们不愿意出现大的偏差，这种方法就是具有更强的优势。
- 残差绝对值加总在计算上比残差平方和更麻烦。
- 最小二乘法可以允许对方程进行许多有用的可靠性检验。

通过简单的计算可以得到在残差平方和最小时的 a，b 值，如下：

$$b = \frac{n \cdot \sum_{i=1}^{n} X_i Y_i - \sum_{i=1}^{n} X_i \cdot \sum_{i=1}^{n} Y_i}{n \sum_{i=1}^{n} X_i^2 - \left(\sum_{i=1}^{n} X_i \right)^2}$$

$$a = \frac{\sum_{i=1}^{n} Y_i}{n} - b \frac{\sum_{i=1}^{n} X_i}{n} = \bar{Y} - b \bar{X}$$

其中，

n = 观测值的数目；

$\bar{Y}$ = Y_i 的均值；

$\bar{X}$ = X_i 的均值。

---

① 最小二乘法的估计量不仅无偏而且有效。这些术语在第 14 章会有进一步的介绍。

表 15.1 最小二乘法最优拟合直线计算结果

年份	6月至11月的生猪屠宰量（百万）Y_i	上年12月至当年5月的新产生猪量（百万）X_i	X_i^2	$X_i Y_i$
1974	40.194	44.792	2,006.32	1,800.37
1975	31.666	35.530	1,262.38	1,125.09
1976	19.053	42.177	1,778.90	1,604.96
1977	38.213	42.959	1,845.48	1,641.59
1978	38.462	42.452	1,802.17	1,632.79
1979	46.627	50.551	2,555.40	2,357.04
1980	46.234	52.288	2,734.03	2,417.48
1981	43.988	47.605	2,266.24	2,094.05
1982	39.645	41.575	1,728.48	1,648.24
1983	44.967	47.409	2,247.61	2,131.84
1984	41.839	42.403	1,798.01	1,774.10
1985	41.753	42.546	1,810.16	1,776.42
1986	38.183	40.445	1,635.80	1,544.31
1987	40.594	43.486	1,891.03	1,765.27
1988	44.486	46.883	2,198.02	2,085.64
1989	44.719	47.238	2,231.43	2,112.44
1990	41.955	45.307	2,052.72	1,900.86
1991	44.113	47.507	2,256.92	2,095.68
1992	47.871	50.578	2,558.13	2,421.22
1993	46.457	48.806	2,382.03	2,267.38
	$\sum Y_i = 840.02$	$\sum X_i = 902.54$	$\sum X_i^2 = 41,041.27$	$\sum X_i Y_i = 38,196.77$

$$b = \frac{n \sum X_i Y_i - \sum X_i \sum Y_i}{n \sum X_i^2 - \left(\sum X_i\right)^2} = \frac{(20)(38,196.7) - (902.5)(840.0)}{(20)(41,041.3) - (902.5)^2} = 0.9256$$

$$a = \frac{\sum Y_i}{n} - b \frac{\sum X_i}{n} = \frac{840.02}{20} - 0.9256 = \frac{902.54}{20} = 0.232$$

$$Y_i = 0.232 + 0.9256 X_i$$

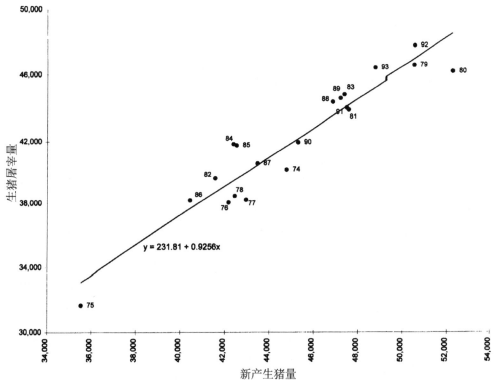

图 15.4　生猪屠宰量和新产生猪量的最优拟合直线

实例分析

在实际案例中，我们将会利用最小二乘法去寻找可以最优拟合图 15.1 中一系列观测值的直线。表 15.1 总结了一些必要的计算，最后拟合的直线结果如图 15.4 所示。[①] 为了得到特定的预期，我们在回归方程中仅代入新产生猪量的估计值。例如，如果上年 12 月至当年 5 月的新产生猪量的估计值为 4600 万头，在接下来的 6—11 月中，生猪屠宰量的预测值为 4280 万头 [0.232+（0.9256 * 46）]。

---

①　尽管这个拟合结果看起来还不错，但是在第 18 章我们会发现在这个等式中包含了一个可以纠正的结构性的缺陷，可以产生一种改进的预测模型。

回归模型预测的可靠性

需指出的是，回归模型①预测样本点的价格仅供参考。首先应考虑的是模型描述的数据效果与回归方程的预测变动率。我们凭直觉认为，可以通过检查观测点与回归直线之间的距离来解决这个问题（图 15.4）。

但是，我们应该更精确地评价模型的准确性。仅仅检查散点图仍然不能解决许多问题：观测点和回归直线必须离得多近才能算是满意的？如何检测模型提供的数据是否与实际情况相符？我们预期的模型预测值与实际结果的差距有多大？描述图 15.4 的图形分析存在的另一个问题是，如果有两个或两个以上解释变量时，这种分析对于回归方程来说就不可行了。这种情况非常多，并不是例外。

这些因素让我们看到了回归分析的一个主要优点：扩大了对模型的科学检验范围。事实上，该检验法对于回归分析的合理应用是非常必要的。要详细了解检验方法，而不仅仅是简单的理解，还需了解一些基本的统计概念。第 16 章就会简单回顾统计学的基本理论。第 17 章则将继续介绍回归分析。

---

① 在本书中，我们使用的术语模型和等式是同义的。然而，通常情况下，单一方程回归只是模型的一种。其他主要类型的模型包括多方程模型和时间序列模型。

第16章 基本统计概念的回顾

概率论事实上就是徽积分精减后的常识。

——皮埃尔·西蒙·拉普拉斯

离散程度的测量

给定一组数据,有两种基本的描述性统计分析。首先,一些统计分析度量集中趋势(譬如,算术平均数、中位数、众数、几何平均数和调和平均数)。第二,一些统计分析度量离散程度。离散程度的直观意义非常明确。例如,考虑下面两组数据:

- (A) 30, 53, 3, 22, 16, 104, 71, 41
- (B) 42, 40, 42, 46, 39, 45, 42, 44

尽管这两组数据的算术平均数都一样,但非常明显的是,A 组数据的离散程度高,而 B 组数据的离散程度低。离散程度这个概念在预测时极其重要。譬如,如果我们知道,每组数据的第 9 个数字没有列出来,我们会非常确信,我们预测的 B 组数据比 A 组数据更加接近标准。因此,找到描述一组数据离散程度的方法就显得尤为重要,就像平均数用于描述一组数据的集中趋势一样。

最基本的问题是:我们怎样测量离散程度?从某种意义上说,我们已经回答了这个问题。一组数据的离散程度测量方法和单一计算一组点和一条线的分散程度完全类似。在一组数据中,测量的是相对于中心点的偏离程度。由于理论原因,算术平均数是测量集中趋势最理想的方法。为了得到一组数据的离散程度，我们不能简单地将每个离差都相加，因为它们可能会彼此抵消。同样，有两个解决的方法，分别是将离差的绝对值相加以及将离差的平方相加。后者更方便使用且从理论上来说更好。

然而，由于离差平方和不足以衡量离散程度，因为它取决于数列中数据量的多少。例如，如果 B 包含了 1000 组这样的数字串，那么这些数的离差平方和远远大于 A 组中对应的数字的离差平方和。这显然是不理想的，因为从直观的定义上讲，A 组数据表现出的离散程度仍然要更大一些。这个问题可以简单地通过将离差平方和除以数据的个数来解决。这种方法称为方差，由下列式子表示：

$$方差 = \sigma^2 = \frac{\sum_{i=1}^{N}(X_i - \bar{X})^2}{N}$$

其中，$\bar{X}$ = 均值；

X_i = 每个数据的值；

N = 观测值的数量。

需注意的是，方差和原数据的单位是不同的。譬如，如果原数据的单位是吨，方差则表现为吨的平方。将方差取平方根，则离散程度就可以和原数据的单位一致。这个计算也有直观的意义，因为它是原始数据平方过程的逆转，使之适应于单个项中。这个结果叫做标准差，由下面的式子表示：

$$标准差 = \sigma = \sqrt{\frac{\sum_{i=1}^{N}(X_i - \bar{X})^2}{N}}$$

大致的意义是，标准差是一种平均偏差（每一个数据点和均值的距离），在这之中数字点离平均值越远，对计算产生的影响相对于比例因素而言影响越大（这主要是来自于平方过程）。[1]

---

[1]　这种方差和标准差的定义适用于当一组数字全都知道时，这些数字被称为总体。然而，在实践中，可用的数字往往是总体中的一个样本。事实上，这似乎暗示着 A 和 B。我们之后会解释理由，样本方差和标准差的计算有些许不同。特别地，对于样本，方差和标准差由下面的式子表示：

$$方差（样本）= S^2 = \frac{\sum_{i=1}^{n}(X_i - \bar{X})^2}{n-1} \qquad 标准差（样本）= S = \sqrt{\frac{\sum_{i=1}^{n}(X_i - \bar{X})^2}{n-1}}$$

其中，n 为样本观测值的数量。

一组数字的标准差越大，变化程度就越大。为了更好地理解标准差，在表 16.1 中计算了 A 和 B 的这些数字。标准差在定义正态分布和概率检验中扮演了关键角色。在继续学习之前，对于这一术语有一个清晰了解至关重要。

特别提示：这种计算方法适用于总体，对于样本，计算方法会有一些不同。

概率分布

随机变量是指该变量的值依赖于统计试验，在试验中每个结果（或结果的范围）发生的概率都是特定的。例如，如果交易的成败取决于扔硬币，那么排除佣金，在 10 笔交易中赢利的数目就是一个随机变量。概率分布表示某随机变量取不同值的概率情况。图 16.1 表明了在交易决策随机的情况下，10 笔交易中不同获利次数的概率。可以看出，在 10 笔交易中获利 5 笔的概率是最大的，为 0.246。随着获利次数远离 5 次，其他事件发生的概率逐渐下降。10 笔交易全获利的概率仅为 0.001。（根据定义，所有概率和为 1。）

表 16.1 标准差计算表[a]

A 组:30,53,3,22,16,104,71,41			B 组:42,40,42,46,39,45,42,44		
X_i	$X_i - \bar{X}$	$(X_i - \bar{X})^2$	X_i	$X_i - \bar{X}$	$(X_i - \bar{X})^2$
30	-12.5	156.25	42	-0.5	0.25
53	$+10.5$	110.25	40	-2.5	6.25
3	-39.5	1560.25	42	-0.5	0.25
22	-20.5	420.25	46	$+3.5$	12.25
16	-26.5	702.25	39	-3.5	12.25
104	$+61.5$	3782.25	45	$+2.5$	6.25
71	$+28.5$	812.25	42	-0.5	0.25
41	-1.5	2.25	44	$+1.5$	2.25
$\sum_{i=1}^{n} X_i = 340$		$\sum_{i=1}^{N} (X_i - \bar{X})^2 = 7546.00$	$\sum_{i=1}^{N} X_i = 340$		40.00

$$\bar{X} = \frac{\sum X_i}{N} = 42.5 \qquad\qquad \bar{X} = \frac{\sum X_i}{N} = 42.5$$

$$方差 = \sigma^2 = \frac{\sum_{i=1}^{N}(X_i - \bar{X})^2}{N} = \frac{7645}{8} = 943.25 \qquad 方差 = \sigma^2 = \frac{\sum_{i=1}^{N}(X_i - \bar{X})^2}{N} = \frac{40}{8} = 5$$

$$标准差 = \sigma = \sqrt{\frac{\sum_{i=1}^{n}(X_i - \bar{X})^2}{N}} = 30.712 \qquad 标准差 = \sigma = \sqrt{\frac{\sum_{i=1}^{n}(X_i - \bar{X})^2}{N}} = 2.236$$

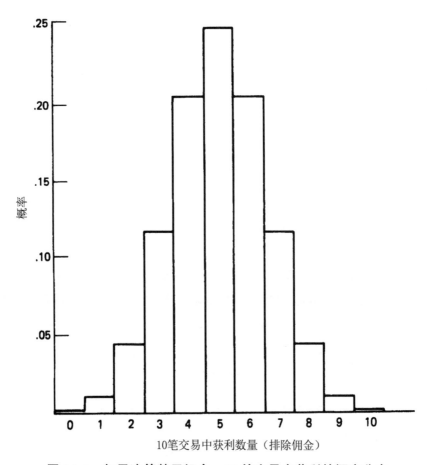

图 16.1　如果决策基于机会，10 笔交易中获利的概率分布

这个关于概率分布的例子是基于离散型随机变量的，也就是说，变量只可以取一些固定的值。我们可以有 6 笔或 7 笔交易获利，但是不能获利 6.3 笔。我们经常会关心连续性随机变量，也就是说这些变量可以取任何值。举一个连续变量的例子，在一个模拟实验中，当屏幕上闪现出停车标志时，司机踩刹车的反应时间就是连续型随机变量。对于连续变量，每一个事件的概率（譬如，反应时间刚好为 0.41237秒的概率）即使是可以确定的，也是无意义的。相反，有意义的是事件在一个范围内发生的概率（譬如，反应时间在 0.4 秒到 0.5 秒之间的概率）。

连续分布描述了连续型随机变量的概率。连续分布曲线下方区域的总面积为 1（100%）。其原因就是在 100% 的概率下，一个事件取某个数值，并且所有互斥事件的概率之和不会超过 100%，① 连续分布的一个特征就是两个给定值之间的面积等于随机变量会落入这两个值之间区间的概率。例如，在图 16.2 中，曲线下方所围成的总面积为 1.0，阴影部分表示连续型变量落在 X_1 和 X_2 之间的概率。如果阴影部分面积占曲线下方总面积的 20%，那么连续变量落入 X_1 和 X_2 之间的概率就是 20%。

图 16.2 所示的是我们熟悉的钟形正态分布曲线。实践中，对于极其广泛的随机变量来说，正态分布都可以作为一个很好的近似概率分布。例如，在图 16.1 中，随着交易数量增加，分布将接近正态分布。对于交易数较大的情况（如 1000），概率分布将会基本上表现为正态分布。正态分布也可以很好地反映类似反应时间的连续型随机变量的概率分布。

随着区间向均值移动，事件落入这个固定区间的概率就会增加，由图 16.3 就可以看出这一点。事件在 X_1 — X_2 范围内发生的概率（也就是 X_1 和 X_2 之间曲线下方的面积）要比在 X_3 — X_4 范围内发生的概率高。值得注意的是，虽然这个区间长度很大，但事件在远离均值的区间内发生的概率接近于 0。例如，在图 16.3 中，变量值在 X_5 到无穷之间的概率就接近于 0。

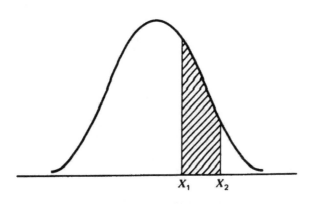

图 16.2　连续型概率分布

正态分布的公式是：

$$Y = \frac{1}{\sigma\sqrt{2\pi}} e^{-\frac{1}{2}[(X-X^-)/\sigma]^2}$$

---

① 互斥事件意味着一次只有可能发生一个事件。例如，在反应时间的实验中，在任一给定的实验中只可能出现一个时间。

这个看似吓人的公式其实并不像看上去那么可怕。就像其他描述 X 和 Y 之间关系的等式一样，它告诉我们给定 X 值时 Y 的值。理解上述方程的重点是 X 与 Y 之间精确的关系完全是由 X 的均值（$\bar{X}$）和 X 的方差（σ）[1] 决定的。上式中的其他值都是常数（$\pi = 3.1416$，$e = 2.7183$）。因此，一旦 $\bar{X}$ 和 σ 给定了，一组特定数的正态分布也就完全确定了。需注意的是，当 X 等于 $\bar{X}$ 时，Y 会达到最大值，此时，公式变为：

$$Y = \frac{1}{\sigma \sqrt{2\pi}}$$

对于 X 取其他值，式子

$$\frac{1}{2}\left(\frac{X - \bar{X}}{\sigma}\right)^2$$

的值都会比 0 大，因此会使 Y 值变小。X 离 $\bar{X}$ 越远，这个式子值越大，Y 值越小。[2]

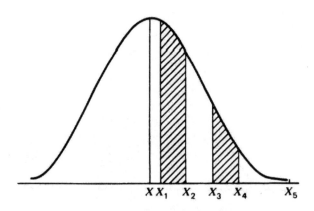

图 16.3　在接近均值时固定区间的概率将增加

---

① $\bar{X}$ 和 σ 都是参数。正如第 12 章的脚注 2 所说，参数可以认为是变量和常数的混合物。在这个例子中，假设 X 的分布不同（数不同），则 $\bar{X}$ 和 σ 的值也会不同；然而，对于任意给定的分布（一组数），$\bar{X}$ 和 σ 将会是固定的（也就是常数）。

② e^{-k} 等于 $1/e^k$，所以 $\frac{1}{2}\left(\frac{X-\bar{X}}{\sigma}\right)^2$ 越大，$e^{-\frac{1}{2}[(X-\bar{X})/\sigma]^2}$ 就越小，Y 也越小。

因为每给定一组 $\bar{X}$ 和 σ 的值,正态分布都会不同,所以要选择一组值,并在此基础上建立一张标准的概率值表。为了简单起见,这张表会建立在 $\bar{X}=0$,$\sigma=1$ 的基础上。为了可以使用这张标准表,我们必须将一系列的数字转化为 Z 值,

$$Z_i = \frac{X_i - \bar{X}}{\sigma_X}$$

X_i 是一组数中的任一个数。[①] 式中的分子表示给定的数字和均值之差;分母表示这一组数的标准差。因此,Z 值只不过是给定数值与均值之间的距离相当于多少倍的标准差。例如,如果一组数的均值是 10,标准差为 2,那么 X=6 的 Z 值是−2(也就是说 X 与均值的距离是 2 个标准差)。一个数距其均值标准化的距离可以允许我们评估一个给定值高于或低于给定数字的概率。

---

① 给定任何一组 X 值,很容易证明 Z 分布的总均值为 0 ($\bar{Z}=0$),标准差为 1 ($\sigma_Z=1$):

$$Z = \frac{X_i - \bar{X}}{\sigma_X} \qquad \bar{Z} = \frac{\sum_{i=1}^{N}\left(\dfrac{X_i - \bar{X}}{\sigma_X}\right)}{N} = \frac{\dfrac{1}{\sigma_X}\left(\sum_{i=1}^{N}X_i - \sum_{i=1}^{N}\bar{X}\right)}{N}$$

记住 $\bar{X} = \left(\sum_{i=1}^{N}X_i\right)/N$,

$$\bar{Z} = \frac{1}{N\sigma_X}\left(N\bar{X} - N\bar{X}\right) = 0$$

Z 的标准差 (σ_Z) 可以表示为:

$$\sigma_Z = \sqrt{\frac{\sum_{i=1}^{N}(Z-\bar{Z})^2}{N}}$$

但是我们刚刚证明了 $\sigma_Z = 0$,所以

$$\sigma_Z = \sqrt{\frac{\sum_{i=1}^{N}Z_i^2}{N}} = \sqrt{\frac{\sum_{i=1}^{n}\left(\dfrac{X_i - \bar{X}}{\sigma_X}\right)^2}{N}} = \sqrt{\frac{1}{\sigma_X}\cdot\frac{\sum_{i=1}^{N}(X_i-\bar{X})^2}{N}} = \frac{1}{\sigma_X}\sqrt{\frac{\sum_{i=1}^{N}(X_i-\bar{X})^2}{N}}$$

因为

$$\sqrt{\frac{\sum_{i=1}^{N}(X-\bar{X})^2}{N}}$$

是 σ_X 的定义,所以 $\sigma_Z = \dfrac{1}{\sigma_X}\cdot\sigma_X = 1$。

查阅正态分布（Z）

记住，Z 值表示的是给定一个观测值，其超过或低于均值几个标准差，符号表示的是这个数是在均值之上还是均值之下。表 16.2 列出了对应不同 Z 值的概率。列出的数字表示的是服从正态分布的随机变量的观测值落入 0 到 Z 区间内的概率。例如，Z 值落在 0 到 +1.5 之间的概率是 0.4332（43.32%）。为了得到 Z 值小于给定数的概率，我们只需要在表 16.2 中列出的概率加上 0.5（也就是小于均值的概率）。因此，Z 值小于 1.5 的概率为 0.9332。Z 值大于 1.5 的概率为 0.0668（1−0.9332）。为了得到 Z 值大于 +1.5 或者小于 −1.5 的概率，即与均值的距离超过 1.5 个标准差的概率，只需要将这个数字翻倍，得到 0.1336。

由表 16.2 我们可以证明，对于正态分布，观测值落入距均值一个标准差的区间的概率是 0.6826，距均值两个标准差的区间的概率是 0.9554，距均值三个标准差的区间的概率是 0.9974。

表 16.2　正态分布曲线下方区域

表格中的数字表示在 Z=0 和一个正的 Z 之间整个曲线下方面积的比例。当 Z 为负时的区域可以通过对称得到。

Z 值保留小数点后两位。

Z	0.00	0.01	0.02	0.03	0.04	0.05	0.06	0.07	0.08	0.09
0.0	0.0000	0.0040	0.0080	0.0120	0.0160	0.0199	0.0239	0.0279	0.0319	0.0359
0.1	0.0398	0.0438	0.0478	0.0517	0.0557	0.0596	0.0636	0.0675	0.0714	0.0753
0.2	0.0793	0.0832	,0871	0.0910	0.0948	0.0987	0.1026	0.0164	0.1103	0.1141
0.3	0.1179	0.1217	0.1255	0.1293	0.1331	0.1368	0.1406	0.1443	0.1480	0.1517
0.4	0.1554	0.1591	0.1628	0.1664	0.1700	0.1736	0.1772	0.1808	0.1844	0.1879
0.5	0.1915	0.1950	0.1985	0.2019	0.2054	0.2088	0.2123	0.2157	0.2190	0.2224
0.6	0.2257	0.2291	0.2324	0.2357	0.2389	0.2422	0.2454	0.2486	0.2517	0.2549
0.7	0.2580	0.2611	0.2642	0.2673	0.2703	0.2734	0.2764	0.2794	0.2823	0.2852
0.8	0.2881	0.2910	0.2939	0.2967	0.2995	0.3023	0.3051	,3078	0.3106	0.3133
0.9	0.3159	0.3186	0.3212	0.3238	0.3264	0.3289	0.3315	0.3340	0.3365	0.3389
1.0	0.3413	0.3438	0.3461	0.3485	0.3508	0.3531	0.3554	0.3577	0.3599	0.3621

1.1	0.3643	0.3665	0.3686	0.3708	0.3729	0.3749	0.3770	0.3790	0.3810	0.3830
1.2	0.3849	0.3869	0.3888	0.3907	0.3925	0.3944	0.3962	0.3980	0.3997	0.4015
1.3	0.4032	0.4049	0.4066	0.4082	0.4099	0.4115	0.4131	0.4147	0.4162	0.4177
1.4	0.4192	0.4207	0.4222	0.4236	0.4251	0.4265	0.4279	0.4292	0.4306	0.4319
1.5	0.4332	0.4345	0.4357	0.4370	0.4382	0.4394	0.4406	0.4418	0.4429	0.4441
1.6	0.4452	0.4463	0.4474	0.4484	0.4495	0.4505	0.4515	0.4525	0.4535	0.4545
1.7	0.4554	0.4564	0.4573	0.4582	0.4591	0.4599	0.4608	0.4616	0.4625	0.4633
1.8	0.4641	0.4649	0.4656	0.4664	0.4671	0.4678	0.4686	0.4693	0.4699	0.4706
1.9	0.4713	0.4719	0.4726	0.4732	0.4738	0.4744	0.4750	0.4756	0.4761	0.4767
2.0	0.4772	0.4778	0.4783	0.4788	0.4793	0.4798	0.4803	0.4808	0.4812	0.4817
2.1	0.4821	0.4826	0.4830	0.4834	0.4838	0.4842	0.4846	0.4850	0.4854	0.4857
2.2	0.4861	0.4864	0.4868	0.4871	0.4875	0.4878	0.4881	0.4884	0.4887	0.4890
2.3	0.4893	0.4896	0.4898	0.4901	0.4904	0.4906	0.4909	0.4911	0.4913	0.4916
2.4	0.4918	0.4920	0.4922	0.4925	0.4927	0.4929	0.4931	0.4932	0.4934	0.4936
2.5	0.4938	0.4940	0.4941	0.4943	0.4945	0.4946	0.4948	0.4949	0.4951	0.4952
2.6	0.4953	0.4955	0.4956	0.4957	0.4959	0.4960	0.4961	0.4962	0.4963	0.4964
2.7	0.4965	0.4966	0.4967	0.4968	0.4969	0.4970	0.4971	0.4972	0.4973	0.4974
2.8	0.4974	0.4975	0.4976	0.4977	0.4977	0.4978	0.4979	0.4979	0.4980	0.4981
2.9	0.4981	0.4982	0.4982	0.4983	0.4984	0.4984	0.4985	0.4985	0.4986	0.4986
3.0	0.4987	0.4987	0.4987	0.4988	0.4988	0.4989	0.4989	0.4989	0.4990	0.4990

资料来源：Donald J. Koosis，商业统计（纽约：John Wiley 和 Sons，1972）本文经许可转载

举一些例子可以帮助理清这些观点。ABC 是一个经纪公司，制定了培训经纪人的长期计划，公司主管经对报考人测试后决定哪些人被录用。多年来，在测试了成千上万的候选人之后，他们发现测试分数近似服从均值为 70、标准差为 10 的正态分布。根据以上内容，回答下面问题：

1. 一个申请人测试分数超过 92 分的概率是多少（假设我们不提供关于这个人的其他任何信息）？

2. 新申请人测试分数在 50 到 80 之间的概率是多少？

在阅读以下答案前，请先尝试回答以上问题。

答案

1. $Z = \dfrac{X - \bar{X}}{\sigma}$

— 233 —

$$Z = \frac{92 - 70}{10} = 2.2$$

查表 16.2，我们发现对应 Z = 2.2 的概率值为 0.4861。因此，候选人得分小于等于 92 分的概率为 0.9861。同样地，超过 92 分的概率为 0.0136（1.39%）。

2. 这个问题并不简单，如果像下面那样解题就会发生错误：

$$Z = \frac{80 - 50}{10} = 3.0$$

为什么会错？因为计算 Z 值必须相对于均值。所以解决这个问题要分两步：首先，计算分数在 70 到 80 之间的概率。步骤如下：

$$Z = \frac{80 - 70}{10} = 1.0$$

查表 16.2，我们发现这个概率等于 0.3413。接着，计算分数在 50 到 70 之间的概率，步骤如下：

$$Z = \frac{50 - 70}{10} = -2.0$$

这个对应的概率为 0.4772。因此，得分在 50 到 80 之间的概率是这两个值之和：

0.3413+0.4772 = 0.8185（81.85%）

总体和样本

如果一个数据集包含所有可能的观测值，那么就是总体。如果只包含一部分观测值，就是样本。一个数据集究竟是总体还是样本，取决于其使用目的。例如，如果我们对在曼哈顿工作的人的平均收入感兴趣，总体就会包含曼哈顿的所有工人。然而，如果我们想要估计美国所有工人的平均收入，那么曼哈顿的所有工人就是一个样本。

直观地看，曼哈顿的所有工人不是美国所有工人的一个好的样本。问题出在样本并不能代表总体。为了使样本可以很好地代表总体，样本就必须是随机样本。随机抽样过程是总体中的每一个样本可以被选出的概率都是相等的。非随机的样本是有偏的，非随机抽样会产生有偏估计。有偏的样本均值的期望会偏离总体均值。讽刺的是，对于一个有偏样本，样本越大，其均值偏离总体均值的程度越大。

在标准的术语中，当衡量的是总体，就叫做参数[①]。衡量的是样本，就叫做统计量。因此，总体标准差（σ）是参数，样本标准差（s）是统计量。

根据样本统计量估计总体的均值和标准差

虽然概率试验的目的是推断总体，但是收集整个总体的数据通常是不切合实际的。事实上，因为一些总体是无穷的，所以这也经常是不可能的。例如，把 1 个硬币抛 10 次作为一个事件，而这一事件没有限制地重复，那么正面朝上的次数就是一个无限的总体。在实践中，大部分概率试验的应用，包括在回归分析中的应用都是基于样本而不是基于总体的。

目前为止，我们都回避了总体均值和标准差通常都是未知的这一麻烦的事实。我们现在必须解决怎样由样本估计总体均值和标准差。可以证明，即使总体不服从正态分布，随机样本的均值也是总体均值的无偏估计量。这相当于说，随机选出的多个样本均值的平均值等于总体均值。然而，样本标准差并不是总体标准差的无偏估计量，因为样本标准差会稍微低估总体标准差。已经证明，总体方差（再一次，方差是标准差的平方）的无偏估计量是下面的等式[②]：

$$s^2 = \frac{\sum (X - \bar{X})^2}{n - 1}$$

取平方根将方差转化为标准差，我们得到：

$$s = \sqrt{\frac{\sum (X - \bar{X})^2}{n - 1}}$$

这个公式和总体标准差几乎是相同的。唯一不同的是除数由 n 变为了 $n-1$[③]。对于大样本，这两个公式的区别基本上可以忽略。

尽管样本均值是总体均值的无偏估计量，但这并不意味着样本均值一定接近总体均值。因此，除了由样本均值提供的点估计之外，确定总体均值的可能范围也是十分必要的。但是在考虑怎样确定这样的区间之前，我们必须先看看抽样分布的

[①]　在此处术语参数的意义不要与第 12 章脚注 2 中参数、变量和常量的区别混淆。

[②]　当标准差是样本的而不是总体的时，特指 s 而不是 σ。

[③]　数 $n-1$ 叫做自由度。我们在之后会定义这个术语。

概念。

抽样分布

法斯特·弗雷德是一个短线交易者。在每个交易日结束后，他都会细致地在一个单独索引卡上记录他每笔交易的细节。这么多年来，弗雷德一直都会计算他一天交易活动的净利润。然而，他发现，随着佣金率增加，他的收益率趋向呈现阶梯式的下降。这是正常的现象，因为交易成本占每次交易毛收益的比例越来越大。

佣金率又增加了，弗雷德开始质疑他的交易是否仍然是经济可行的。为了解决这个问题，他需要估计每笔交易平均利润。不幸的是，他从来没有根据他的索引卡编制过统计汇总。现在，他估计仅仅去年就有超过 3000 个数据，因此遍历他所有索引卡的想法看起来比碰运气还糟糕。于是，他决定进行抽样。

弗雷德基本不懂统计知识，他无奈地把所有的卡片扔到一个大箱子里然后将它们完全混匀。他抽取了一个容量为 30 的随机样本，计算出每笔交易的平均净利润是 85 美元，样本标准差是 100 美元。弗雷德的佣金涨到每份合约 40 美元，他相信有 95% 的概率每笔交易预期获利至少达到 60 美元，才能维持交易活动（隐含的假设是过去的平均收益可以用于估计他未来每笔交易的预期收益）。[1] 根据以上信息，弗雷德每天交易的方法是否仍然可取？不幸的是，没有一些理论背景，我们现在还不能解答这个问题。

我们回到弗雷德的困境，首先让我们考虑一下如果弗雷德把卡片扔回箱子，充分搅匀，再抽取一个样本会发生什么情况[2]。这个样本的每笔交易的平均净利润将会不同。如果重复这个过程许多次，将会有一列不同的均值，每一个都对应一个不同的样本。然而，很明显的是，这些样本均值的离散程度将小于单个样本（标准差更小）。简短来说，样本内观测值的标准差和样本均值的标准差以某种特定方式相关。

---

[1] 弗雷德的交易活动频率已经为他赢得了佣金率的折扣。

[2] 卡片放回的假设很重要。记住，随机抽样的定义是每个样本被选出的概率都是一样的。如果卡片没有被放回，包括任何原始交易在内的所有可能样本将不会被抽取——违背了随机样本的假设。如果总体很大，没有放回影响不大，因为包含了已经被选出来的样本的组合只占所有可能组合的很小一部分。

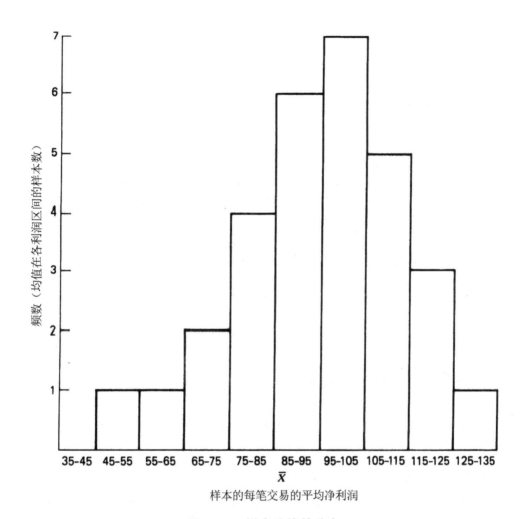

图 16.4　样本均值的分布

在图 16.4 中，假设每笔交易的净利润的样本均值按类（组距为 10 美元）分组，y 轴代表每类发生的频数。如果无限地进行抽样，组距也相对减小，图 16.4 就会接近为一条曲线，这条曲线就是抽样分布。关键要认识到抽样分布是与样本统计量（如样本均值）有关的一个概率分布曲线。观察图 16.4，我们猜测抽样分布和正态分布很相似。事实上，如果样本量（是每个样本的大小，而不是样本的个数）足够大，抽样分布将会精确地接近正态分布。

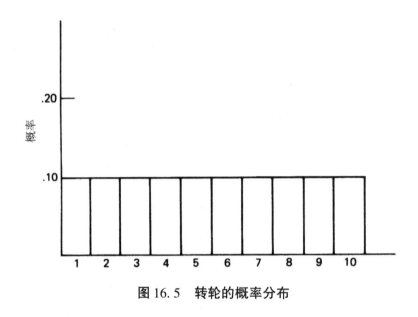

图 16.5 转轮的概率分布

中心极限定理

上述内容让我们去了解中心极限定理，这也是统计分析中最重要的概念之一。中心极限定理有如下解释：即使总体不服从正态分布，样本均值的分布也会随着样本量的扩大而接近正态分布。

为了解释中心极限定理，考虑下面情况：旋转一个标有 1 到 10 的轮子，出现数字的概率分布。图 16.5 描述的就是这个随机变量的概率分布。假设这是一个正常的轮子，每个数字出现的概率都是 0.10。这样的描述明显不是正态分布。表 16.3 总结了每轮[①]转 10 次，一共 30 轮的结果。这些样本按图 16.6 那样分组。注意，样本均值大约服从正态分布，即使总体没有一点像正态分布。我们的样本量 10 相当小。如果样本量再大一些，就更加接近正态分布。

----

① 这些数字是由随机数表生成的，一种与给出的示例完全等价的方法。

表 16.3　转轮的 30 个样本（n = 10）

样本编号				轮上的数字(旋转 10 次)						均值
1	8	10	5	6	6	2	4	6	8	10	6.5
2	5	7	1	1	4	3	8	9	5	3	4.5
3	8	5	4	10	7	5	5	4	10	10	6.8
4	3	1	8	5	7	1	6	5	9	10	5.5
5	1	9	10	9	3	2	6	5	2	10	5.7
6	9	1	6	2	1	3	5	7	3	1	3.8
7	4	6	6	10	8	4	4	9	5	2	5.8
8	4	10	10	2	4	5	6	3	8	1	5.3
9	8	7	8	10	6	6	10	3	1	9	6.8
10	7	4	9	8	6	9	7	6	8	10	7.4
11	7	9	2	10	3	7	10	5	10	9	7.2
12	6	4	1	3	8	8	1	1	10	7	4.9
13	5	7	2	7	9	6	4	8	8	9	6.5
14	1	2	6	10	3	5	10	9	1	4	5.1
15	7	4	10	6	8	2	4	5	4	3	5.3
16	5	3	1	10	3	10	7	4	7	5	5.5
17	6	2	4	8	8	5	8	5	4	8	5.8
18	6	3	9	2	4	9	9	6	1	10	5.9
19	2	5	3	6	9	3	4	6	6	9	5.3
20	6	2	1	8	6	1	5	2	9	7	4.7
21	4	4	5	7	8	7	5	10	8	6	6.4
22	2	9	10	6	9	1	4	5	3	5	5.4
23	5	4	7	1	10	1	4	7	3	3	4.5
24	9	4	5	2	6	9	6	4	2	2	4.9
25	4	5	8	5	7	6	8	5	9	7	6.4
26	8	2	1	2	8	6	8	7	1	6	4.9
27	7	8	7	6	6	5	1	7	9	6	6.2
28	9	7	7	5	9	4	3	3	2	1	4.9
29	2	3	5	7	9	1	6	1	8	9	5.1
30	4	3	2	9	2	1	8	4	1	6	4.0

　　请记住,重复抽样的例子只是为了阐述抽样分布和中心极限定理这些概念。在实践中,我们只会抽一个样本,通过增加这个样本的容量,就可以提高精确度。

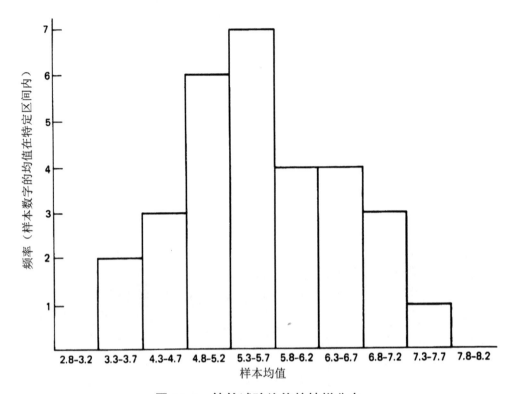

图 16.6　转轮试验均值的抽样分布

样本的标准误差

样本均值的标准差比任何一个样本的标准差都要小。样本均值的标准差叫做均值的标准误差,用符号 $\sigma_{\bar{x}}$ 表示。(标准差是一个很常用的统计术语,是一个抽样分布的给定统计量的标准误差。在这个例子中,给定的统计量是均值。回归分析的其他标准误在第 14 章讨论。)给定一个分布的标准差是σ,容量为 n 的随机样本均值的标准误为[1]:

---

① 这个公式适用于无穷的总体或样本,其中样本相对于总体十分小。尽管我们不会考虑这样的情况,但是还是要说明当样本容量占到总体一大部分的时候,精确的公式是 $(\sigma/\sqrt{n})$ $\sqrt{(N-n)/(N-1)}$,其中,n=样本容量,N=总体规模。

$$\sigma_{\bar{X}} = \frac{\sigma}{\sqrt{n}}$$

当然,通常我们不知道 σ 的值,要用 s 作为 σ 的无偏估计量。(回忆一下,除了在小样本的情况下,这两者是十分相似的。)因此,我们在实践中使用

$$\sigma_{\bar{X}} = \frac{s}{\sqrt{n}}$$

例如,样本标准差(s)等于 20,样本容量为 25,那么 $\sigma_{\bar{X}}$ 等于 4。样本越大, $\sigma_{\bar{X}}$ 越小。然而,注意样本精确度提高的速度远远慢于样本量变大的速度。例如,样本容量扩大 25 倍, $\sigma_{\bar{X}}$ 只会缩小 5 倍。

置信区间

回忆一下,假设数据集服从正态分布,观测值落在给定区间内的概率由表 16.2 决定。例如,Z 值落在 ±1.96 之间的概率为 95%,因为大于 +1.96 的概率为 2.5%,小于 −1.96 的概率为 2.5%。(表 16.2 表明 $Z = 0$ 和 $Z = +1.96$ 之间的概率为 0.4750;所以,对于对称的正态分布,95% 的观测值期望落在 −1.96 到 +1.96 之间。)

Z 值的公式是:

$$Z = \frac{X - \bar{X}}{\sigma}$$

在样本均值分布的情况中(中心极限定理保证我们可以近似使用正态分布),我们有:

$$Z = \frac{\bar{X} - \mu}{\sigma_{\bar{X}}}$$

其中: $\bar{X}$ =样本均值;

μ =总体均值;

$\sigma_{\bar{X}}$ =均值的标准误(样本均值的标准差)。

从前面的部分,我们知道 $\sigma_{\bar{X}}$ 近似等于用 $s/\sqrt{n}$ 。因此

$$Z = \frac{\bar{X} - \mu}{s/\sqrt{n}}$$

或

$$\mu = \bar{X} - Z \frac{s}{\sqrt{n}}$$

如果我们对包括了95%的样本均值的区间感兴趣，即 Z 介于±1.96之间，上面的公式为：

$$\mu = \bar{X} \pm 1.96 \frac{s}{\sqrt{n}}$$

$$\bar{X} - 1.96 \frac{s}{\sqrt{n}} < \mu < \bar{X} + 1.96 \frac{s}{\sqrt{n}}$$

下面可以解释这个公式。在重复抽样中，真正的总体均值预计有95%的次数，落在 $\bar{X} - 1.96s/\sqrt{n}$ 和 $\bar{X} + 1.96s/\sqrt{n}$ 之间，这样的区间叫做置信区间。

置信区间可以用于检验总体均值的假设。[1] 这是检验原假设的标准方法，原假设为样本均值和总体均值没有显著差异。一般情况下，我们拒绝原假设，或者也就是说，在某个特定的置信水平样本均值和假设的总体均值不一样。最常用的置信水平是0.05（5%），意味着样本均值落在了假设的总体均值95%的置信区间之外。[2] 统计拒绝原假设说明，在给定的置信水平区间中，不可能在假设均值的总体中抽出这样的样本。

最常用的显著性水平是0.05。但是有时，当原假设在实际上为真时，缩小拒绝原假设的概率十分重要（接受样本均值与假设总体均值在统计上存在差异的事实）。[3] 在这种情况下，显著性水平用0.01。当然，因为显著性水平变小（检验越严），置信区间越宽（更不特定），所以这两者存在一个权衡。

---

① 以上讨论是基于总体和样本。然而，它经常用于检验总体参数的样本统计量。

② 这个陈述假定没有一个先验的理由可以假设实际的价值或数值低于假设的平均值。这样的情况是一个双侧检验。然而，如果相信样本均值高于原假设的总体均值，那么问题就变为样本均值是否显著高于总体均值，而不是是否与总体均值显著不同。这种情况是单侧检验。单侧检验0.05的置信水平对应于在90%的置信区间之外的概率。单侧检验和双侧检验的区别在接下来的部分会详细讨论。

③ 这种错误的决定叫做犯第一类错误。犯第一类错误的概率为显著性水平。当原假设为假时接受原假设叫做犯第二类错误。需要强调的是接受原假设并不意味着证明其为真，只是说明在给定的显著性水平下不能拒绝原假设。因此，接受原假设并不能证明样本是从拥有假设均值的总体中抽取的，只是说样本均值和假设的总体均值在给定的显著性水平下并没有统计性的不同。

t 检验

当样本分布是正态分布时，Z 检验比较适合，当样本量很大时，这个条件也可以假设成立。[1] 然而，对于小样本，样本分布更接近于 t 分布，因此 t 分布会更精确。除了非常小的样本之外，t 分布和正态分布十分相似。随着样本容量变大，正态分布和 t 分布会越来越接近。例如，对于显著性水平为 0.05 的单侧检验，样本量为 10 的 t 检验值比 Z 值大 10%，当样本量为 30 时大 3%，当样本量为 100 时大 1%。对于无穷的样本，正态分布和 t 分布就会完全一样。

和标准正态分布相似，t 分布也是对称的，其均值为 0，标准差为 1。样本统计量（如均值）的公式得出的 t 值和 Z 值完全类似：

$$t = \frac{\bar{X} - \mu}{s / \sqrt{n}}$$

t 检验用 t 分布，和 Z 检验完全类似。[2]

特定的 t 分布取决于自由度（df）——观测值的个数（样本容量）减去限制个数。例如，在检验样本均值分布时，$df = n-1$。这里只有一个限制条件，因为给定了均值，只有 $n-1$ 项可以自由设定。假设我们有 50 个观测值，均值为 10。如果前 9 项和为 400，那么最后一项应该是 100。因此我们说只有 $n-1$ 个自由度。在两变量的回归直线中，有两个参数：a 和 b。一旦它们确定了，只有 $n-2$ 项可以自由设定。因此，在两变量的回归模型中，回归系数的 t 检验只有 $n-2$ 个自由度。

t 检验的应用和 Z 检验完全类似。两者的唯一区别在于，t 检验中的值取决于自由度。表 16.4 提供了一系列的 t 值。行代表的是自由度，列代表的是显著性水平。鉴于 t 检验和 Z 检验之间巨大的相似性，在这里再详细介绍表 16.4 就显得多余。然而，为了检验一下你是否知道怎样使用这张表，请尝试回答以下问题：

---

[1]　"大样本"取决于总体，一般来讲，30 就是大样本。

[2]　聪明的读者可能会奇怪为什么我们费力地描述 Z 检验，对于样本来说，t 检验会更精确。其原因在于，t 检验假设总体的数据服从正态分布。这比 Z 检验只要求抽样分布服从正态分布这一适用条件更加严格，因为 Z 检验的适用条件在样本足够大的情况下，可以由中心极限定理来满足。因此，Z 检验为非正态分布的总体提供了检验的理由。这一点很重要，因为总体服从正态分布的假设经常得不到保证。

1. 如果你想检验总体均值并不是显著大于原假设,在显著性水平为 0.05 的情况下,t 必须要超过多少才能拒绝原假设(也就是总体均值显著大于原假设)？样本容量为 20。

2. 如果你想检验总体均值与原假设并不是显著不同,在 0.05 的显著性水平下,t 值超过多少可以拒绝原假设(也就是真正的总体均值和原假设显著不同)？同样,样本量仍为 20。

3.（1）一个容量为 4 的样本,其均值为 40,标准差为 10,总体均值 95% 的置信区间是多少？

（2）如果样本容量为 30,那么情况又会怎样？

表 16.4 t 分布

第一栏列出了自由度的个数(k)。另一栏的表头给出了 t 值大于表中值的概率(P)。对于 t 值为负的,使用分布的对称性。

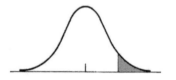

df	P				
	0.10	0.05	0.025	0.01	0.005
1	3.078	6.314	12.706	31.821	63.657
2	1.886	2.920	4.303	6.965	9.925
3	1.638	2.353	3.182	4.541	5.841
4	1.533	2.132	2.776	3.747	4.604
5	1.476	2.015	2.571	3.365	4.032
6	1.440	1.943	2.447	3.143	3.707
7	1.415	1.895	2.365	2.998	3.499
8	1.397	1.860	2.306	2.896	3.355
9	1.383	1.833	2.262	2.82l	3.250
10	1.372	1.812	2.228	2.764	3.169
11	1.363	1.796	2.201	2.718	3.106
12	1.356	1.782	2.179	2.681	3.055
13	1.350	1.771	2.160	2.650	3.012
14	1.345	1.761	2.145	2.624	2.977
15	1.34l	1.753	2.131	2.602	2.947

16	1.337	1.746	2.120	2,583	2.921
17	1.333	1.740	2.110	2.567	2.898
18	1.330	1.734	2.101	2.552	2.878
19	1.328	1.729	2.093	2.539	2.861
20	1.325	1.725	2.086	2.528	2.845
21	1.323	1.72l	2.080	2.518	2.831
22	1.321	1.717	2.074	2.508	2.819
23	1.319	1.714	2.069	2.500	2.807
24	1.318	1.711	2.064	2.492	2.797
25	1.316	1.708	2.060	2.485	2.787
26	1.315	1.706	2.056	2.479	2.779
27	1.314	1.703	2.052	2.473	2.771
28	1.313	1.701	2.048	2.467	2.763
29	1.311	1.699	2.045	2.462	2.756
30	1.310	1.697	2.042	2.457	2.750
40	1.303	1.684	2.021	2.423	2.704
60	1.296	1.671	2.000	2.390	2.660
120	1.289	1.658	1.980	2.358	2.617
∞	1.282	1.645	1.960	2.326	2.576

资料来源：Donald J. Koosis，商业统计（纽约：John Wiley 和 Sons，1972）本文经许可转载

答案

1. 1.729。$d.f. = 19$，由表 16.4 可得，有 5% 的概率超过这个水平。这类检验叫做单侧检验。

2. 2.093。5% 的概率与原假设显著不同等同于限定分布的上下界为 2.5% 的 t 值。这就是双侧检验。

3. （1）$\bar{X} - t \dfrac{s}{\sqrt{n}} < \mu < \bar{X} + t \dfrac{s}{\sqrt{n}}$

$$40 - 3.128 \times \frac{10}{\sqrt{4}} < \mu < 40 + 3.128 \times \frac{10}{\sqrt{4}}$$

$$24.09 < \mu < 55.91$$

（2）$40 - 2.045 \times \dfrac{10}{\sqrt{30}} < \mu < 40 + 2.045 \times \dfrac{10}{\sqrt{30}}$

$$36.27 < \mu < 43.73$$

注意大样本在相同的显著性水平下可以大幅提高置信区间的精确度。

选择双侧检验还是单侧检验并不总是很清楚的。通常,当我们对样本没有任何预想的结论时,使用双侧检验。在这种情况下,显著性检验必须考虑到估计量在两个方向上的变化(总体均值)。然而,有时有充分的理由相信样本统计量超过或低于假设的总体值——唯一的问题就是是否存在显著性区别。这个情况经常用于检验回归系数的显著性,这在下一章中会详细介绍。

现在该回到刚开始遇到的短线交易者的问题。解决弗雷德困难的方法相当直观。考虑到之前的假设,预期净利润的置信区间是:

$$\$85-1.699\times\frac{\$100}{\sqrt{30}}<预期每笔交易的净利润< \$85+1.699\times\frac{\$100}{\sqrt{30}}$$

$$\$53.98<预期每笔交易的净利润< \$116.02$$

因此,不可以说有95%的把握预期每笔交易的净利润会大于60美元。

以下有一些结论。首先,因为弗雷德只关心预期每笔交易的净利润是否在统计上显著大于60美元,而不是在统计上显著不为60美元,所以要用单侧检验。其次,应该强调的是,置信区间只是在95%或更高的概率下没有能证明总体的预期每笔交易净利润会超过60美元;没有办法证明这个数字会小于60美元。要证明这个必须需要样本均值为28.97美元(或更少),这种情况下的置信区间为-2.05美元到59.99美元。第三,如果弗雷德选择了一个限制更低的概率,譬如90%,置信区间就应该是:

$$\$85-1.311\times\frac{\$100}{\sqrt{30}}<预期每笔交易的净利润< \$85+1.311\times\frac{\$100}{\sqrt{30}}$$

$$\$61.06<预期每笔交易的净利润< \$108.94$$

因此,就会有一个相反的决策。

上面的例子可能会让你混乱。然而,应该意识到测试员可以自由选择他认为最重要的标准。如果弗雷德很想继续交易,由于每次交易预期的净利润得不到保障,因而无法决定,他也有可能选择较低的测试值。如果他不关心这类错误,他会用一个更高的显著性水平。事实上,如果弗雷德的首要考虑是避免在每笔交易的实际预期净利润超过60美元时终止交易,那么即使样本均值低于60美元,他也可能继续交易。

第17章　回归方程的显著性检验

> 现实的证据永远无法证实一个假设；也同样无法推翻一个假设；我们通常会不太准确地描述：关于假设，它只可能被经验所确定。
>
> ——米尔顿·弗里德曼

总体回归线

在第 15 章中讨论的回归直线是根据经验数据得出的。在探讨这个问题时，通过回归方程获得的拟合曲线实际上是未知的总体回归直线的一个例子。譬如，关于生猪屠宰量和新产生猪量的回归线就是两者真实关系的直线，并且是一个样本。拟合线之所以是一个样本，是因为它只代表了整个系列可能的回归线里面最现实的一个。真实的回归线将取决于数据的测量误差和没有列入模型的变量的未知影响。

总体回归模型或真实的回归模型可以表示为：

$$Y_i = \alpha + \beta X_i + e$$

在这个模型里，e 是一个随机分布误差或是一个干扰项。即使我们知道真实的总体回归线，实际观测到的 Y_i 值还是会与预测项有一个 e 的误差。这种情况的根本原因在于，回归方程对于因变量来说是一个过于简单化的模型。在现实中，生猪屠宰量的变化将会受到除了新产生猪量以外的更多因素影响。这些因素包括：在这一时期生猪繁殖的分布、天气情况、饲料价格、猪肉价格，等等。我们虽然可以通过在回归公式里加入其他相关变量（这种多重回归会在第 18 章讨论）来降低干扰因素的影响程度，但是不可能通过加入足够的变量来完全消除这些偏差。[1]

另外，即使所有的相关变量都被包含在模型里面，由于测量误差的存在，观测值仍然会偏离回归线。这种情况并不重要，因为还是存在不能被精确测量到的数据项（如温度），大多数数据只能够通过样本来评估（如新产生猪量、生猪屠宰量）。

回归分析的基本假设

第 15 章已经解释了回归分析的基本假设，即自变量 X 和因变量 Y 之间的关系是线性的。其他几个关键的假设是关于误差项的：

- 误差项的平均值等于零。
- 误差项的方差为常数，等于 σ^2。
- 误差项是独立随机变量。这个假设有两个主要的含义：
  ◇ 误差项之间是不相关的。
  ◇ 误差项和自变量 X 是不相关的。
- 误差项服从正态分布。

多种检验都是基于以上假设从而确保回归模型的可靠性。

回归系数的显著性检验

除非是在凑巧的情况下，实证得出的 a 和 b 的值不可能与总体的 α 和 β 值相等（图 17.1）。能够看出来，a 是 α 的一个无偏估计量，b 是 β 的无偏估计量。[2] 实际上，可以证明 a 和 b 不仅是无偏估计量，而且还是 "最优线性无偏估计量（best linear unhiased estimator，BLUE）"。这意味着 a 和 b 是 α 和 β 所有线性无偏估计量中方差最小的（也就是最 "有效" 的）。

---

① 即使这些变量都是已知的，并且能够被精确地确定——两个非常不可能的假设——回归计算将会依然限制能够被引进的变量的数量极限，因为每一个增加的变量都将会减少一个自由度。回归公式的显著性将会随着自由度的降低而减少，而当变量的数量与观测值的数量相同的时候，回归公式将变得微不足道。

② 无偏估计量在平均水平上与总体参数相等。也就是说，抽样分布均值的无偏估计量等于总体的参数。

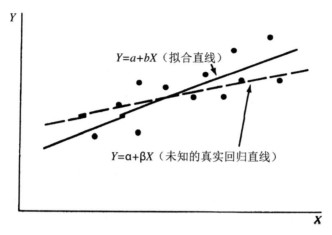

图 17.1　拟合直线和真实回归直线

虽然 b 是总体回归系数 β 的无偏估计量，但我们很想知道这个估计量的变化率。也就是说，我们对于 b 的标准误很感兴趣。回忆第 13 章，标准误是抽样分布统计量的标准差。在这个例子中，相关的统计量是回归系数 b。通过一个图表来表示可能会更清晰一些。图 17.2 显示了均值等于 β（总体回归系数）的 b 概率分布情况。图 17.2 表示了具有无数个样本条件下的 b 的分布情况。也就是说，图 17.2 是 b 的一个抽样分布，分布的标准差就是 b 的标准误。

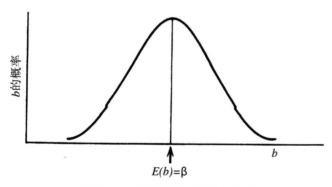

图 17.2　回归系数的样本分布

在第 13 章中，我们表明了样本均值的 t 值可以被表示为：

$$t = \frac{\bar{X} - \mu}{\frac{s}{\sqrt{n}}}$$

目前唯一的不同是，我们正在尝试判断样本系数 b 与总体回归系数 β 之间的关系，而不是对总体均值μ和样本均值 $\bar{X}$ 做出判断。一般来说，t 值表示为：

$$t = \frac{样本统计量 - 总体参数}{样本统计量的标准误(s.e.)}$$

也就是说，在所有的应用中，t 值表示了样本统计量和总体参数之差表示为标准误的个数。一个比较大的 t 值（通常情况下大于 2）表示假定的总体参数可能正确的概率较小。t 值越大，越不可能从带有假设参数的总体当中抽出样本。在回归系数的情况中，上面说的关于 t 值的公式可以表示为[①]：

$$t = \frac{b - \beta}{s.e.(b)}$$

我们经常会对于检验 β=0 这个假设非常感兴趣。原因就是在没有任何信息的情况下，对于一个变量的最优估计值就是其平均值，或是回归线：

$$Y = a + bX$$

其中 $a = \bar{Y}$, $b = 0$。

如果自变量拥有解释功效，那么非零斜率的回归线可能更好地拟合样本点（Y_i）。因此，在回归分析中最关键的问题就是，回归系数 b 是否显著不为 0。

为了回答这个问题，我们检验一个假设，在这个假设中，总体回归系数 $\beta = 0$。在这个例子中，t 值为：

$$t = \frac{b}{s.e.(b)}$$

因此，t 值是回归系数除以回归系数的标准误。也就是说，如果我们的假设 $\beta = 0$ 成立的话，t 值表示了回归系数距总体系数的距离有多少个标准差。如果 t 值足够

---

① 严格地说，除非拥有一个很大数量的观测值，否则 b 并不服从正态分布。虽然这暗示了通过 t 分布来计算置信区间是不精确的。从一个实践的角度出发，t 分布将会产生令人满意的结果，因为准确的间隔的精确范围并不是严格基于实际的 b 分布。

大（绝对值大于或者等于 2.0)[①]，那么它表明总体回归系数并不等于零。

为了应用以上的公式，我们需要知道 s.e.（b）（b 的标准误）。基于之前关于回归分析的详细的假设，可以证明：

$$s.e.(b) = \sqrt{\frac{s^2}{\sqrt{\sum_{i=1}^{n}(X_i - \bar{X})^2}}}$$

其中 s^2 是总体方差 σ^2 的无偏估计量（σ^2 是误差项的方差，或者说是观测值距离未知的总体回归直线的偏离程度[②]）。因为真正的回归直线未知，所以必须要估计 σ^2。可以证明，s^2 是 σ^2 的无偏估计量。[③]

$$s^2 = \frac{\sum_{i=1}^{n}(Y_i - \widehat{Y_i})^2}{n-2} = \frac{\sum_{i=1}^{n}(Y_i - a + bX_i)^2}{n-2}$$

其中，Y_i = 观测值；

$\widehat{Y_i} = X_i$（对应于观测值 Y_i 的自变量值）的拟合值（由回归直线得出的值）；

假设我们检验假设 $b = 0$，我们能够得到回归系数 t 的值为：

$$t = \frac{b}{s.e.(b)} = \frac{b}{\dfrac{s}{\sqrt{\sum_{i=1}^{n}(X_i - \bar{X})^2}}} = (b)\frac{\sqrt{\sum_{i=1}^{n}(X_i - \bar{X})^2}}{\sqrt{\dfrac{\sum_{i=1}^{n}(Y_i - \widehat{Y_i})^2}{n-2}}}$$

注意下面三个事实：

- t 值的符号依赖于回归系数 b。如果 X 和 Y 是反比例关系，那么回归系数 b 和

---

① 比如说，如果自由度为 5，t 值为 2.0 就暗示了如果真实的总体回归系数等于零，那么只有 5% 的时间会出现系数比测量值至少大于 0 的情况。如果自由度为 60，这样的情况只有 2.5% 的时间会发生。这是在假设利用单侧检验时得出的数字（在本节末尾详细解释）。

② 注意误差项代表的是观测值（Y_i）和真实的总体回归直线（不是拟合的回归直线）之间的差别。术语说明：误差项或干扰项描述的是观测值和真实的总体回归直线（通常是未知的）之间的区别，而术语残差项或偏差则代表观测值和拟合直线之间的区别。这种理论上的区别由于普遍使用误差项代替残差项（观测值和拟合回归直线之间的偏差）而被模糊。

③ 除以 $n-2$ 的原因是丢失了两个自由度。这两个自由度是由于为了估计 a 和 b 而强加限制失去的。也就是说，对于任何给定的 a 和 b 的值，一旦 $n-2$ 个观测值确定了，剩余的 2 个观测值将不再被自由地分配。总之，自由度等于观测值的数量减去参数的总数（见第 12 章的脚注 2）

t 将会是负的。t 值的符号并不那么重要。在检验回归系数 b 的显著性时，我们仅仅关心 t 的绝对值。

- 直观来看，在上面公式当中，s 项保证 t 值将会随着离差平方和的增加而减小。
- 观测值 X 值的范围越小，t 值越低，因为

$$\sum_{i=1}^{n} (X_i - \bar{X})^2$$

将会变得更小。因此回归系数的估计就更不可靠了。这个概念在图 17.3 中显示出来。注意当观测值对应的自变量值的范围很小时（图 17.3a），偏差的影响可以很轻松地覆盖斜率的影响，那么评估的回归线就不那么可靠了。相反，当观测值对应一个大范围的 X 值（图 17.3b）时，估计的回归线将会更可靠。

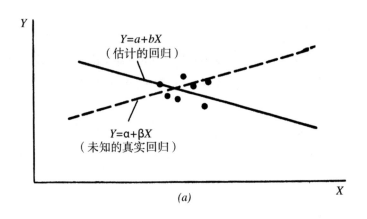

(a)

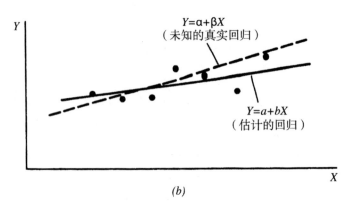

(b)

（资料来源：T. H. Wonnacott 和 R. J. Wonnacott，计量经济学，John Wiley 和 Sons，纽约，1970）

图 17.3　X_i 的范围对回归系数 b 的可靠性的影响

在检验回归系数 b 的显著性时，应用单侧检验更合适。原因是因变量和解释变量的关系的方向通常是先验知道的。在这样的情况中，检验系数是否大于或小于零要比检验它是否不等于零更有意义。譬如我们知道新产生猪量增加会导致更高的生猪屠宰量。唯一相关的问题就是，是否他们之间的关系具有统计显著性。因此，应该问的问题并不是 b 是否显著不为 0，而是是否显著大于 0，因为我们对于新产生猪量增加会降低生猪屠宰量的概率不感兴趣。然而，如果我们只想检验应变量与自变量间是否存在相关，而不考虑该相关关系方向的偏离，应该使用双侧检验。

t 检验同样可以被应用在常数或截距项 a。在这种情况下，用于检验总体回归直线的截距项等于 0 这一假设的 t 值为：

$$t = \frac{a}{s.e.(a)} = \frac{a}{s\sqrt{\dfrac{1}{n} + \dfrac{\bar{X}^2}{\displaystyle\sum_{i=1}^{n}(X_i - \bar{X})^2}}}$$

在实践中，几乎没有原因能让我们过多地考虑常数项的显著性，常数项的 t 检验即使被忽略也不会造成什么损失。

关于如何应用 t 检验，考虑下面的回归方程：

$$Y = 0.232 + 0.9256X$$

表 17.1 表明如何计算回归系数 b 的 t 值。虽然在实际计算中并没有必要去计算 t 值，因为可以通过计算机程序进行计算，但还是应该了解回归分析重要统计量的计算方法。查看从表 17.1 中得到的 t 值，我们发现它远远地超过了 1.753——对于单侧检验在 0.05 的显著性水平上的 t 值，15df（自由度 15）（见表 16.4）。我们得出结论：上年 12 月至当年 5 月的新产生猪量在解释 6 月至 11 月的生猪屠宰量上确实有显著作用。

在上面的例子中，回归系数在统计上是显著的，结论看起来似乎有些微不足道。毕竟，同样的结论也许可以通过观察观测值的散点图（见图 15.4）直观得出。事实上，在简单回归方程式中（自变量仅有一个），除非分析者挑选解释变量的能力很差，否则 t 检验通常都会得到显著性很高的结论。然而，t 检验在评估多元回归模型的时候变得很重要，所谓的多元回归即拥有两个甚至更多解释变量的回归方程。在这个情况下，对回归公式进行简单的图形描述是不可能的，增加变量的显著性通常不会非常明显地展示出来。t 检验是回归分析中重要的统计检验之一，并且在多元回归中将会更多考虑 t 检验。

表 17.1　(A) 计算回归系数 (b) 的 t 值

年份	6月至11月生猪屠宰量(百万)Y_i	上年12月至当年5月新产生猪量 X_i	$X_i-\bar{X}$	$(X_i-\bar{X})^2$	拟合值 $\hat{Y}_i$	残差 $Y_i-\hat{Y}_i$	$(Y_i-\hat{Y}_i)^2$	$Y_i-\bar{Y}$	$(Y_i-\bar{Y})^2$
1974	40.194	44.792	-0.335	0.112	41.691	-1.497	2.242	-1.807	3.265
1975	31.666	35.530	-9.597	92.100	33.118	-1.452	2.109	-10.335	106.811
1976	38.053	42.177	-2.950	8.702	39.271	-1.218	1.483	-3.948	15.586
1977	38.213	42.959	-2.168	4.700	39.995	-1.782	3.174	-3.788	14.349
1978	38.462	42.452	-2.675	7.155	39.525	-1.063	1.131	-3.539	12.524
1979	46.627	50.551	5.424	29.42l	47.022	-0.395	0.156	4.626	21.400
1980	46.234	52.288	7.161	51.282	48.630	-2.396	5.739	4.233	17.919
1981	43.988	47.605	2.478	6.141	44.295	-0.307	0.094	1.987	3.948
1982	39.645	41.575	-3.552	12.616	38.714	0.931	0.867	-2.356	5.551
1983	44.967	47.409	2.282	5.208	44.114	0.853	0.728	2.966	8.797
1984	41.839	42.403	-2.724	7.419	39.480	2.359	5.565	-0.162	0.026
1985	41.753	42.546	-2.581	6.661	39.612	2.141	4.582	-0.248	0.061
1986	38.183	40.445	-4.682	21.920	37.668	0.515	0.266	-3.818	14.577
1987	40.594	43.486	-1.641	2.692	40.482	0.112	0.012	-1.407	1.980
1988	44.486	46.883	1.756	3.084	43.627	0.859	0.738	2.485	6.175
1989	44.719	47.238	2.11l	4.457	43.955	0.764	0.583	2.718	7.388
1990	41.955	45.307	0.180	0.032	42.168	-0.213	0.045	-0.046	0.002
1991	44.113	47.507	2.380	5.665	44.204	-0.091	0.008	2.112	4.461
1992	47.871	50.578	5.451	29.715	47.047	0.824	0.679	5.870	34.457
1993	46.457	48.806	3.679	13.536	45.407	1.050	1.103	4.456	19.856

$\Sigma Y_i = 840.02$ $\quad \Sigma X_i = 902.54$ $\quad \overline{Y} = 42.001$ $\quad \overline{X} = 45.127$

$\Sigma (X_i - \overline{X})^2 = 312.618$ $\qquad \Sigma (Y_i - \hat{Y_i})^2 = 31.307$ $\qquad \Sigma (Y_i - \overline{Y})^2 = 299.135$

拟合直线(由表 15.1 得) $\hat{Y_i} = 0.232 + 0.3256 X_i$

$$t = \frac{b}{s.e.(b)} = \frac{b\sqrt{\sum\limits_{i=1}^{n}(X_i - \overline{X})^2}}{\sqrt{\dfrac{\sum\limits_{i=1}^{n}(Y_i - \hat{Y_i})^2}{n-2}}} = \frac{0.9256\sqrt{312.618}}{\sqrt{\dfrac{31.307}{18}}} = 12.409$$

(B) 计算 r^2 *

特别提示:可以先忽略,直到本章后面再考虑。

$$r^2 = 1 - \frac{\sum\limits_{i=1}^{n}(Y_i - \hat{Y_i})^2}{\sum\limits_{i=1}^{n}(Y_i - \overline{Y})^2} = 1 - \frac{31.307}{299.135} = 0.8953$$

回归方程的标准误差

回归方程的标准误差（SER）是残差项的标准差，或者是观测值与拟合回归直线之间偏差的标准差[1]：

$$SER = \sqrt{\frac{\sum_{i=1}^{n} (Y_i - \widehat{Y_i})^2}{n - 2}}$$

这个公式看起来很熟悉。SER 是用 s 表示的，并且出现在回归系数的标准误（$s.e.$）的计算中。回归方程的标准误这个名字仅仅强调了这个式子是一个对于整个方程的分散度的测量这一事实。需要注意的是，点的分散范围越大，SER 的数值越大。

应该强调的是，只能相对于因变量的范围来解释 SER。譬如，在价格预期公式当中，如果给定的价格在 6 美元到 12 美元之间，SER 为 10 美分表明拟合程度很好，而如果价格在 30 美分到 60 美分之间，就表明拟合程度很糟糕。由于这个原因，只要因变量的平均值 $\bar{Y}$ 比最大和最小值之间的范围大，考虑百分比（%SER）可能就会更有帮助。[2]

$$\%SER = \frac{SER}{\bar{Y}}$$

实际上，$\%SER$ 是通过样本数据测量的离差。当我们比较相应因变量在相同期间内的不同方程式时，$\%SER$ 与 SER 的结论一致，但 $\%SER$ 的直观意义更大。[3]

预测值的置信区间

假设利用我们的回归方程去预测在给定自变量 X 的值时因变量 Y 的值。拥有

---

① SER 也经常称为估计的标准误差（SEE），或者简化为标准误差（SE）。

② 如果 Y 小于范围区间，$\%SER$ 可能会导致错误。例如，如果因变量的值既有正值也有负值，它的均值就有可能为 0。在这种情况下，$\%SER$ 会接近无穷大。

③ 在比较不同因变量的方程时，得出结论需要注意，因为 $\%SER$ 对因变量的选择很敏感。为什么这是不受欢迎的，可以看看可决系数（r^2）部分讨论的例子。

95%的可能性包含 Y 的真实值的预测区间是什么？（隐含的假设：自变量的估计值有已知和精确猜想两种情况，即在 X 值中没有包括预测误差。）在回答这个问题时，我们注意到，即使满足所有的回归假设，仍然会有三种潜在的误差来源：

- 均值的误差。真正的总体回归线是未知的，是由观测值估测出来的。最终得出的拟合直线将经过点（$\bar{X}$，$\bar{Y}$），然而总体线将会经过点（$\bar{X}$，$\bar{Y}_{X-}$）。通常情况下，总体的均值 $\bar{Y}_{X-}$ 是未知的。正如图 17.4a 显示，所有的预测值（对于任意的 X 值，Y 的预测值）都存在这一类型的误差，使得 $\bar{Y}$ 和 $\bar{Y}_{X-}$ 之间出现或正或负的误差。（图 17.4a 描述了均值有正的误差的情况，负的误差的图像与其对称。）

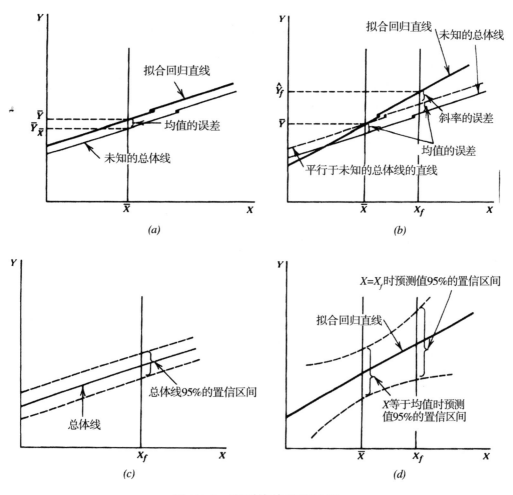

图 17.4　预测值的置信区间

- 斜率的误差。真正的回归系数 β 和拟合直线的斜率 b 也会有不同。图 17.4b 所示，当我们根据拟合直线预测 X_f 时，预测值为 $\hat{Y}_f$，此时会出现斜率误差和均值误差。记住，在 $\bar{X}$ 时的斜率误差为 0，因为拟合直线一定经过（$\bar{X}$，$\bar{Y}$），但是当 X 值离 $\bar{X}$ 越来越远时，斜率误差会逐步增加。（图 17.4b 描述的是正的均值误差，估计的回归系数过高的情况，相反的情况下要使用对称的图像。）
- 随机误差。即使明确知道真正的总体回归直线，仍然会有误差项。总体回归直线的置信区间由图 17.4c 表示。注意区间和 X 值不相关。

对于任意一个预测值的预测误差是上述三种影响之和（图 17.4d）。图 17.4d 描述的置信区间之所以是这样的形状，是因为尽管均值误差和随机误差项对于所有的 X 都是相等的，但是随着 X 值离 $\bar{X}$ 越来越远，斜率误差会越来越大。如果预测期的自变量值记为 X_f，预测值 Y_f 的标准误为：

$$s.e.(\widehat{Y}_f) = s\sqrt{1 + \frac{1}{n} + \frac{(X_f - \bar{X})^2}{\sum_{i=1}^{n}(X_i - \bar{X})^2}}$$

注意：当 $X_f = \bar{X}$，n 足够大时，这项接近于 s——残差的标准差。（再次，s 一般被称为回归的标准误。）还要注意 X_f 离 $\bar{X}$ 越远，$s.e.(\widehat{Y}_f)$ 越大。

Y_f 的置信区间为：

$$\widehat{Y}_f - t \times s.e.(\widehat{Y}_f) < Y_f < \widehat{Y}_f + t \times s.e.(\widehat{Y}_f)$$

其中，t = 给定自由度和置信水平时的 t 值。

在 $X = \bar{X}$ 时，置信区间变小为：

$$\widehat{Y}_f - t \times s\sqrt{1 + \frac{1}{n}} < Y_f < \widehat{Y}_f + t \times s\sqrt{1 + \frac{1}{n}}$$

推断

根据一系列的观测值进行预测，基于预测进行推断，也就是，预测当 X_f 大于或

小于任何观测值 X_i 时的 Y_f。通过 $s.e.(\hat{Y_f})$ 的计算公式可以明显看出，特定范围外的预测具有不确定性，因为当 X 值离 $\bar{X}$ 越来越远时，$s.e.(\hat{Y_f})$ 会变大。此外，还有一个更重要的原因来解释为什么基于预测的推断应当受到怀疑。原则上，假设因变量和自变量在观测区间呈现的关系在推断区间保持不变是不安全的。例如，在观测期，市场价格和最终的库存/消费比之间的关系基本上呈现相反的线性关系。但是这种关系在供应短缺的情况下可能被打破，通常在预期供应短缺到达最低水平时，价格便开始快速上升。

如果预期的解释变量值超过了观测区间该怎么办？许多面对这种困境的专业分析师会很小心地进行推断，并且希望得到最好的结果（可能是因为不管需要的数据是否存在，都面对提供预测的压力）。这种愿望往往很难实现。当然，这也不代表分析师应该去休长假。相反，在这种情况下，分析师必须依靠个人对于市场和技术分析的基本直觉做出预测，而不是幼稚地继续使用再也不相关的模型。

可决系数（r^2）

如果回归模型不适用，也就是如果自变量在解释因变量 Y 时没有用，Y 最好的预测值应为 $\bar{Y}$。我们定义每个观测值和均值之差，$Y_i - \bar{Y}$，为总偏差。现在，如果 X 对于解释 Y 有用，那么观测点和拟合直线之间的偏差将会小于总偏差。对于任意给定的 Y_i，总偏差中由回归方程解释的部分等于拟合值减去均值，$\hat{Y_i} - \bar{Y}$。未解释部分等于观测值减去拟合值，$Y_i - \hat{Y_i}$。被解释、未被解释的偏差和总偏差的关系由图 17.5 表示。对于任何一个观测值，这个关系可以由下面表示：

$$Y_i \text{ 的总偏差 } = Y_i \text{ 的被解释的偏差} + Y_i \text{ 的未被解释的偏差}$$

$$(Y_i - \bar{Y}) = (\hat{Y_i} - \bar{Y}) + (Y_i - \hat{Y_i})$$

如果我们对总方差（所有观测点的偏差之和）、被解释的方差和未被解释的方差之间的关系感兴趣，我们不能将这些项简单加总，因为符号不同的偏差会相互抵消，产生一个恒等关系。①

因此，在加总前，两边都取平方。这个步骤与在找到最优拟合直线时解决同样问题的方法相类似。

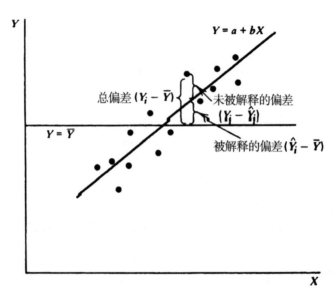

图 17.5　被解释、未被解释的偏差和总偏差

$$\sum_{i=1}^{n}(Y_i - \bar{Y})^2 = \sum_{i=1}^{n}[(\widehat{Y_i} - \bar{Y}) + (Y_i - \widehat{Y})]^2$$

$$= \sum_{i=1}^{n}(\widehat{Y_i} - \bar{Y})^2 + \sum_{i=1}^{n}(Y_i - \widehat{Y_i})^2 - 2\sum_{i=1}^{n}(Y_i - \widehat{Y_i})(\widehat{Y_i} - \bar{Y})$$

考虑到之前阐述的假设，自变量 X 和误差项是无关的，代数可以证明：

$$2\sum_{i=1}^{n}(Y_i - \widehat{Y_i})(\widehat{Y_i} - \bar{Y}) = 0$$

---

① $\sum_{i=1}^{n}(Y_i - \bar{Y}) = \sum_{i=1}^{n}(\widehat{Y_i} - \bar{Y}) + \sum_{i=1}^{n}(Y_i - \widehat{Y_i}) = \sum_{i=1}^{n}\widehat{Y_i} - \sum_{i=1}^{n}\bar{Y} + \sum_{i=1}^{n}Y_i - \sum_{i=1}^{n}\widehat{Y_i} = \sum_{i=1}^{n}(Y_i - \bar{Y}) = \sum_{i=1}^{n}(Y_i - n\bar{Y})$

$0 = 0$

因此，我们得到

$$总方差＝被解释方差＋为被解释方差$$

$$\sum_{i=1}^{n} (Y_i - \bar{Y})^2 = \sum_{i=1}^{n} (\widehat{Y}_i - \bar{Y})^2 + \sum_{i=1}^{n} (Y_i - \widehat{Y}_i)^2$$

其中方差是离差平方和。

两边同时除以 $\sum_{i=1}^{n} (Y_i - \bar{Y})^2$

$$1 = \frac{\sum_{i=1}^{n} (\widehat{Y}_i - \bar{Y})^2}{\sum_{i=1}^{n} (Y_i - \bar{Y})^2} + \frac{\sum_{i=1}^{n} (Y_i - \widehat{Y}_i)^2}{\sum_{i=1}^{n} (Y_i - \bar{Y})^2}$$

$$1 = \frac{被解释的方差}{总方差} + \frac{未被解释的方差}{总方差}$$

我们定义 r^2 为

$$\frac{被解释的方差}{总方差} = \frac{\sum_{i=1}^{n} (\widehat{Y}_i - \bar{Y})^2}{\sum_{i=1}^{n} (Y_i - \bar{Y})^2}$$

或者

$$r^2 = 1 - \frac{未被解释的方差}{总方差} = 1 - \frac{\sum_{i=1}^{n} (Y_i - \widehat{Y}_i)^2}{\sum_{i=1}^{n} (Y_i - \bar{Y})^2}$$

第二种形式更方便一些，因为回归方程的分析更集中于未被解释的变化（残差项）。注意 $0 \leq r^2 \leq 1$。如果 X 不能解释 Y 的任何变化，那么 $r^2 = 0$。如果 X 可以解释 Y 的全部变化（所有的观测值都在拟合直线上），$r^2 = 1$。r^2 是一个非常有用的统计量，用回归方程说明的变化比率，而且在直观上的意义很清楚。表 17.1B 说明了由表 15.1 得出的回归直线的 r^2 的计算方法。

在比较多个模型时，只要它们有相同的因变量，即只有解释变量不同时，r^2 是一个非常有用的统计量。然而，当回归方程的因变量不同时，基于 r^2 的推断可能是错误的。例如，考虑下面两个模型：

模型 I：$P_t = a + b P_{t-1}$，　　$r^2 = 0.98$

模型 $\mathrm{II}:\Delta P_t = a + bX, \qquad r^2 = 0.50$

其中，P_t = 第 t 日的收盘价；

P_{t-1} = 第 t-1 日的收盘价。

$$\Delta P_t = P_t - P_{t-1}$$

X = 在第 t-1 日知道的解释变量，并用于预测价格变化。

尽管模型 I 的 r^2 更高，但是模型 II 代表了更好的预测方程。如果调查区间足够长，模型 I 那样的方程仅仅告诉我们在给定的某天的价格基本上等于前一天的价格（在这样的方程中，b 非常接近 1.0）。r^2 高的原因是，尽管整个区间内价格的变化范围很大，相邻两天的价格一定是非常相关的（最多不能超过日价格涨跌幅限制）。但是模型 I 在预测下一天的价格时完全没用。相反，模型 II 的自变量解释了给定日价格变化的 50%，可能是日常交易中最重要的辅助工具。上述解释主要强调判断不同因变量的回归方程值时，可能存在不恰当的观点。[①]

伪（"无意义的"）相关

要知道，对回归过程的原因和影响分析往往是情人眼里出西施。表 17.1B 计算出的 r^2 仅仅告诉我们生猪屠宰量和新产生猪量之间存在很强关系。我们对统计结果的原因和影响的解释是基于我们对整个过程的理解。在这个实例中，一个时期的新产生猪量很明显地影响下一时期的生猪屠宰量，反之则不然。然而，如果我们很无知，打算证明生猪屠宰量是怎样决定上一时期的新产生猪量，最终方程的 r^2 和之前会一模一样。因此，r^2 仅反映两个变量的相关程度，它不能证明因果关系。

图 17.6 反映了一个通过 r^2 来得到因果关系的愚蠢例子。注意商品期货交易量和

---

① 还可能有更极端的例子。如果我们利用未屠宰生猪量（HNS）而不是生猪屠宰量（HS）作为因变量，与新产生猪量（PC）进行回归，其中 HNS=PC-HS，残差平方和，即 SER 会完全一样，但是 r^2 会不同。为什么？因为 r^2 会受到因变量的影响

$$r^2 = 1 - \frac{未被解释的方差}{总方差} = 1 - \frac{\sum_{i=1}^{n}(Y_i - \widehat{Y}_i)^2}{\sum_{i=1}^{n}(Y_i - \bar{Y}_i)^2}$$

在这个例子中，$\sum_{i=1}^{n}(Y_i - \widehat{Y}_i)^2$ 项不管 HS 还是 HNS 作为因变量来说都是一样的，但是 $\sum_{i=1}^{n}(Y_i - \bar{Y}_i)^2$ 是不同的，所以 r^2 也不同。

美国的啤酒生产量之间存在显著的相关性。从这幅图中可以得到哪些结论?

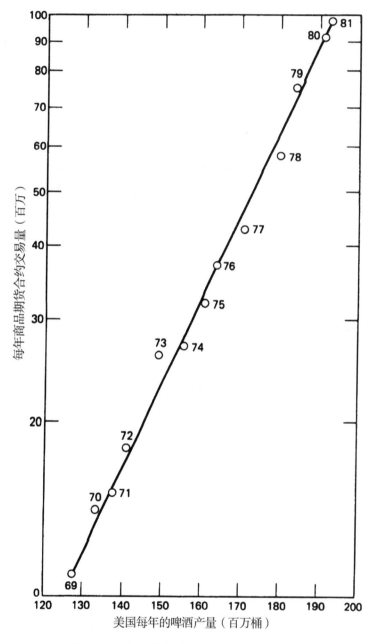

图 17.6 大宗商品交易量和美国啤酒产量

● 啤酒消费的增加（由啤酒产量提高反应）降低了人们进行商品期货交易的

限制。

- 期货交易促使人们多喝酒。
- 期货交易者喝很多啤酒。
- 期货交易所应该促进啤酒的消费。
- 美国啤酒厂应该鼓励进行商品期货交易。
- 上述所有都是。
- 上述都不是。

事实上，解释啤酒产量和大宗商品交易量之间强烈的关系很容易。两个变量都受到第三个同样变量的影响：时间。也就是说，大宗商品交易和啤酒生产都经历了从 20 世纪 70 年代以来的强劲增长。这种明显的关系来源于一个事实：二者的发展趋势是同步的。因此叫做"伪"或"无意义的"相关。事实上，这种相关确实是存在的——只是解释这种相关的原因和影响没有任何意义。[1]

---

[1]　图 17.6 的散点图是进行了半对数化的，因为商品期货的增长趋势呈现指数化，而啤酒产量的趋势是线性的。通过转换来实现线性也可以达到同样的效果（在第 16 章中讨论），然后在正常的图表中绘制转化后的点。

第18章 多元回归模型

我们在描述自然现象时，目的并不是揭露这些现象背后的本质，而仅仅是追溯我们经验中各方面之间的内在联系，这是目前我们所能做到的。

—— 尼尔斯·波尔

多元回归的基本概念

在实践中，很少出现用一个自变量就足以解释因变量变动的情况。例如，仅仅依靠生猪屠宰量的变动这一因素只能粗略预测生猪价格的变动，一个更令人满意的模型应该纳入更多的解释变量，诸如活牛屠宰量。多元回归方程是简单回归的直接延伸，它描述了因变量与两个或多个自变量之间的线性关系。

在超过二维的情形下，线性这一概念可能就不容易被直观地感知到了，其含义是所有变量都是在一元方程基础上的增减。例如，假设 Z 是 X 和 Y 的函数，则 $Z = 2X + Y + 3$ 是一个线性方程，而 $Z = X^2 + 2Y^2 + 4$，$Z = XY$ 以及 $Z = \log X + \log Y$ 都不是线性方程。线性方程的一个基本特征是：不管自变量的值有多大，当它变动一个单位时，因变量的变动是一个连续的值。也就是说，在线性方程中，一元方程的斜率不变。当一个方程中只有两个变量的时候，就像简单线性回归模型那样，其图形就是一条直线。当一个线性等式中有三个变量时，其图形就是三维空间中的一个面。欧氏三维空间不再描述三个以上变量的线性方程。

正如简单线性回归模型那样，只有当变量之间的关系是渐近线性的时候，回归分析才是适当的。由于很多非线性等式可以转化为线性等式（这将在第 19 章中论述），因此这一限制可能不像听起来那么严格。

多元回归模型的一般形式是：

$$Y = \alpha + \beta_1 X_1 + \beta_2 X_2 \cdots \beta_k X_k + e$$

这一等式代表的是未知的总体或真实回归。

拟合回归式的一般模型是：

$$Y = a + b_1 X_1 + b_2 X_2 \cdots b_k X_k$$

其中 a，b_1，$b_2 \cdots b_k$ 这些参数值根据残差平方和最小化来确定。回归参数 b_i 的含义如下：如果其他所有的自变量保持不变，那么 X_i 变动一个单位将会使因变量 Y 变动 b_i 个单位。残差仍然反映的是因变量的观测值（Y_i）与其拟合值（$\hat{Y_i}$）之间的差额。不管方程中包含多少个变量，残差始终只代表一维空间里的差异。

我们可以用一个实际例子来阐明上面的这些概念。假定我们导出了一个有关生猪价格与生猪屠宰量和活牛屠宰量之间关系的回归方程：

$$Y = a_1 + b_1 X_1 + b_2 X_2$$

其中，$Y =$ 去除通货膨胀的生猪价格；

$X_1 =$ 生猪屠宰量；

$X_2 =$ 活牛屠宰量。

图 18.1 描绘了这一关系。每一组 X_1 和 X_2 的值都能在（X_1，X_2）平面上找到一个对应的点。回归方程反映了在该点 Y 的值（y 轴上的取值）。也就是说，这一回归方程表明任一生猪和活牛屠宰量的组合都对应一个价格水平。

对于任意给定的 X_2（活牛屠宰量）的值，生猪屠宰量的增加会导致 Y（生猪价格）按固定的数量减少。同样，对于任意给定的 X_1（生猪屠宰量）的值，活牛屠宰量的增加也会使 Y 的值呈现固定速度的减少。因此，可以看到，只有当生猪和活牛屠宰量都很小的时候生猪的价格才可能达到最高值。同理，只有当生猪和活牛屠宰量都很大的时候价格才可能达到最低值。

每一个观测代表给定期间 X_1 和 X_2 值的组合以及相对应的 Y 值。当然，图 18.1 中实点所代表的 Y_i 的真实观测值很少能精确地落在回归面上。任一实点与回归面之间的垂直距离（生猪价格的真实值与回归面的预测值之间的差额）即为残差，我们用一个箭头来表示。在简单回归模型中，残差只需沿着一轴（y 轴）测量即可。回归过程使残差的平方和最小化来确定参数 a，b_1，b_2 的值。

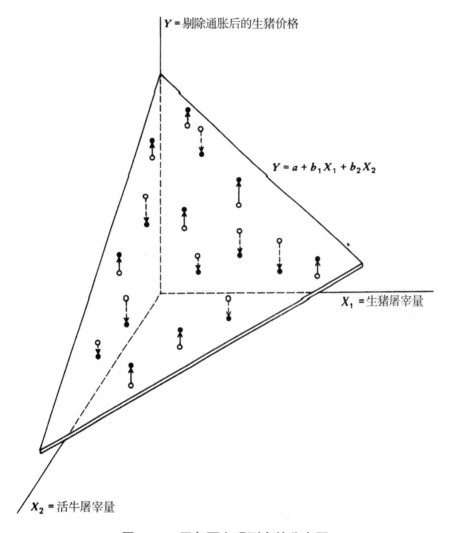

图 18.1　回归面上观测点的分布图

此处，我们不打算推演回归系数或任何统计量的计量公式，我们这样做的原因是多元回归的计算过于复杂，没有计算机的帮助几乎是不可能做到的。幸运的是，计算机技术的突飞猛进，已使得家用电脑就能做很多简单的经济分析。第二部分剩余的篇幅要讨论的是标准回归软件程序，主要解释和分析程序得出的结果。

现在讨论的多元回归方程的基本假设与简单回归模型中介绍的假设相似。在多元回归模型中，增加了一个假设：自变量间不存在线性关系。如果不能满足这个假设，将会出现多重共线性的问题（留待第 19 章讨论）。

多元回归模型中 t 检验的应用

在多元回归模型中，t 统计量可以用来检验回归系数的显著性。t 值可以在标准的电脑软件输出结果中找到，可以用来检验回归系数等于零的假设。在这种情况下，b_i 的 t 值如下：

$$t = \frac{b_i}{s.e.(b_i)}$$

用术语来描述这一输出结果，则这一关系可以表述如下：

$$T\text{-}STAT = \frac{COEFF}{ST\ ER}$$

其中，T-STAT=给定回归系数的 t 值；

COEFF[1]=给定回归系数的值；

STER=给定回归系数的标准误（不要与回归的标准误 SER 混淆了，我们将在下一部分解释这个概念）.

通常，这些统计量将会被列入相邻的三列中，每一行会给出常数项和特定的回归系数值。t 统计量的含义与在简单回归情形中的一样。t 值反映了当真实总体系数为零时估计系数与真实总体系数之间标准差的个数。t 值越大，说明回归系数越显著。使用 t 值表时，自由度是 $n-k$，其中，n 表示总的观测点总数，k 等于方程中变量的个数。粗略地讲，t 值大于 2.0 的时候系数是显著的，这表明给定的自变量应该保留在模型中。同时要注意到 t 值不可能完全证明其显著性，然而它给出了特定概率水平上的显著性。t 值越大，回归系数愈不可能显著不同于所显示的数据。

如果 t 统计量的值小于 0.05 的显著性水平，t 的临界值该怎么办（例如，小于自由度为 10 时的单侧检验临界值为 1.812）？[2] 这里并没有明确的答案。可依据前面的分析来做出选择。如果将一个不显著的变量留在模型中，可能去掉一个回归系数在 0.05 显著性水平上并不显著的变量。另一方面，如果不想漏掉任何一个有意义的变量，那么我们应该尽量保留这个变量，除非计算出的 t 值非常低。

---

① 通常也称 VALUE。

② 假定回归系数的符号与预期相同（例如，在因变量为生猪价格的等式中，生猪屠宰量的符号为负）。符号与预期相反的情形将在后面讨论。

一个合理的标准是：任何理论上有意义的且其 t 值大于 1.0 的变量应该保留在模型中①，尽管许多分析家们更偏向于将这一临界水平设为 2.0。这里要注意到关键词是理论上有意义的。较低的 t 值与因变量和自变量之间存在相关关系的假定并不冲突。请记住，在统计上并不显著的 t 值并不意味着自变量没有解释因变量的能力。它仅仅意味着在所取的概率水平上并不具备显著性而已。只要变量能达到预期的效果，那么结果与理论预期仍然是一致的，即便这种相关关系并没有理想的那么显著。更进一步说，对于任意一个自由度 $df > 2$ 的回归方程，即使 t 值为 1.0，在 0.20（即 80% 的概率）的显著性水平上仍然是显著的。t 值小于 1.0 的变量通常应被舍弃掉。

以上详述的选择过程有一个例外。有时，分析家可能会试图将他认为的能显著影响因变量的自变量都包括进来，结果却发现回归结果并不让人满意。这时候，出于无奈他可能会选取试验大量的自变量，希望能从中找到一个或更多的与因变量显著相关的自变量。我们把这种方式叫做"发散"或"收敛"方式，而且我们并不推荐采用这种方法，除非所有理论上可取的变量都被排除掉了。无论如何，在这种情形下，我们需要套用更严格的要求来决定是否保留这样的变量。首先，我们应该采用双侧检验而不是单侧检验（详见第 14 章检验回归系数显著性检验）。其次，t 值小于 0.05 显著性水平上临界值的变量应该被舍弃掉。事实上，有人认为应该选取一个更为严格的显著性水平（例如，0.01），因为随着变量检验数量的增加，可能引入一些毫无意义的变量。

因此，我们的假设是在理论上选择比较合理的变量。然而，对于一个包含许多变量的方程中存在不合意的系数也是很常见的。出现这种情况通常表明存在多重共线性——两个或两个以上解释变量之间存在线性关系。（处理这类变量的讨论详见第 19 章中的多重共线性部分）。对于这类的变量，t 值通常没有意义。

回归方程的标准误差

SER 是用来测度未被解释量的变化情况。SER 的定义和在简单回归情形中的定义几乎是一样的。唯一的差别在于是用合适的自由度来除残差平方和，而不是用 $n-2$ 来除。因此，对于更一般化的多元回归方程，SER 的计算公式如下：

---

① t 值大于 1.0 有个特殊的含义。已有证据表明如果保留 t 值大于 1.0 的解释变量而剔除 t 值小于 1.0 的变量，将会使"修正 R^2"（后面将会讨论）最大化。

$$SER = \frac{\sum_{i=1}^{n} (Y_i - \hat{Y}_i)^2}{n-k}$$

其中，k = 方程中参数的个数（即自变量的个数加上 1，假设等式中包含有一个常数项）。

要注意的是，在一元回归方程中 $k = 2$。

正如在一元回归模型中，$\%SER$ 等于 SER 除以 $\bar{Y}$。至于合理性（见第 14 章），$\%SER$ 使用起来更方便，因为它表述的形式更有直观意义。

单个预测值 $\hat{Y}_f$ 的置信区间

在多元回归情形下，计算单个预测值的置信区间有点复杂。为简化计算，我们可以在假定所有的自变量都等于其平均值的情形下计算出该置信区间。在这种特殊情况下，置信区间的计算公式就和简单回归情形类似，其中 $X = \bar{X}$：

$$\hat{Y}_f - t \cdot s \sqrt{1 + \frac{1}{n}} < Y_f < \hat{Y}_f + t \cdot \sqrt{1 + \frac{1}{n}}$$

其中，$s = SER$；

t = 给定的自由度以及特定显著性水平上的 t 值。

以上只表示最小的置信区间，当每个自变量的值与各自的平均值相差越大时，真实的置信区间将变得更宽。

R^2 和修正 R^2

多元回归中的 R^2 与前述的 r^2 是相对应的，而且定义也是完全一样的。因此第 14 章中关于 r^2 的全部讨论在这里也是适用的，也就无需赘述了。

在多元回归情形下，要注意到增加新的自变量只会使 R^2 的值变大。记住 R^2 是解释变化与总变化之比。引进一个新的变量不会影响总变化，而只会增大解释变化。即使是引入完全不相关的变量也可能导致解释变化的少量增加。例如，我们可以确信，在预测美国利率的回归方程中加入比利时的鸭子数目这个变量，就会增加等式的 R^2 值。

在模型中加入一个无关的解释变量不仅仅是追求完美的问题。回想每增加一个变量都会导致自由度减少 1 个单位，因此在其他条件不变的情况下，会减少方程其他基本统计量如 t 检验和 SER 的显著性。出于这个原因，我们有必要修改 R^2 的计算方法以便对模型中加入无关变量施加惩罚。我们可以用修正 R^2（CR^2）来替代。其问题在于 R^2 是基于不影响自由度的变化计算出的。CR^2 则避免了这一缺陷，因为它是基于方差计算出来的。方差等于变化除以自由度数。R^2 是这样定义的[①]：

$$R^2 = 1 - \frac{未被解释量的变化量}{总变化量}$$

我们现在定义 CR^2 为：

$$CR^2 = 1 - \frac{未被解释量的方差}{总方差}$$

其中，

$$方差 = \frac{变化量}{Df}$$

因此，

$$CR^2 = 1 - \frac{\dfrac{\sum\limits_{i=1}^{n}(Y_i - \widehat{Y}_i)^2}{n-k}}{\dfrac{\sum\limits_{i=1}^{n}(Y_i - \bar{Y})^2}{n-1}}$$

分数部分的分子是根据观测数 n 来确定的，但是根据回归线来计算 Y_i 的值受到 k 个约束，因此 $df = n - k$。分母也是基于观测数 n 来确定的，但是只受到一个约束，$\bar{Y}$；因此 $df = n - 1$。以上等式可改写为：

$$CR^2 = 1 - (1 - R^2) \cdot \frac{n-1}{n-k}$$

很明显，在这个等式中，当 n 相对于 k 足够大时，CR^2 约等于 R^2。

标准的电脑输出结果中会提供 CR^2（CRSQ）和 R^2（RSQ）的值。一般规则认为，CR^2 在比较有相同因变量的不同回归方程时是一个更有效的统计量。

———————————

① R^2 和 r^2 的计算公式是一样的。

F 检验

t 分布被用来检验单个回归系数的显著性，我们用 F 分布来检验整个回归方程的显著性。也就是说，F 统计量检验的假设是所有的回归系数都不显著。F 统计量的计算公式如下：

$$F = \frac{\dfrac{\sum\limits_{i=1}^{n} (Y_i - \bar{Y}_i)^2}{k-1}}{\dfrac{\sum\limits_{i=1}^{n} (Y_i - \widehat{Y})^2}{n-k}} = \frac{\sum\limits_{i=1}^{n} (\widehat{Y}_i - \bar{Y}_i)^2}{\sum\limits_{i=1}^{n} (Y_i - \widehat{Y})^2} \cdot \frac{n-k}{n-1}$$

被解释方差的自由度为 $k-1$，因为在定义用来计算 $\widehat{Y}_i$ 值的回归线时用到了 k 个值，但使用 $\bar{Y}$ 施加了一个约束，损失了 1 个自由度。至于未被解释方差的计算，确实存在 n 个观测，但是用来确定 Y_i 值的回归线受到了 k 个约束。回想 R^2 的定义，我们也可以重述 F 统计量的定义[1]：

$$F = \frac{R^2}{1-R^2} \cdot \frac{n-k}{k-1}$$

在注释 F 统计量时要详细说明自由度。例如，F（2/8）= 23.5 表明 $k-1 = 2$ 且 $n-k = 8$ 的回归方程的 F 统计量的值为 23.5。为检验显著性，需要将算出的 F 统计量的值与 F 分布表中对应自由度的值进行比较。例如，查看表 18.1，我们可以得到一个 0.01 显著性水平的 F 统计量值，即 F（2/8）= 8.65；因此，当 F 统计量的值等于 23.5 时，说明回归是显著的。

---

[1] $\sum\limits_{i=1}^{n} (\widehat{Y}_i - \bar{Y}_i)^2 = R^2 \sum\limits_{i=1}^{n} (Y_i - \bar{Y}_i)^2$ 以及 $\sum\limits_{i=1}^{n} (Y_i - \widehat{Y}_i)^2 = (1-R^2) \sum\limits_{i=1}^{n} (Y_i - \bar{Y}_i)^2$

表 18.1　F 分布

$F\left(_{n_1,n_2,\alpha}\right)$ 分布的 $F_{n_1,n_2,\alpha}$ 值

$Pr\{F\left(_{n_1,n_2}\right) - \text{变化量} \geq F_{n_1,n_2,\alpha}\} = \alpha = 0.01$

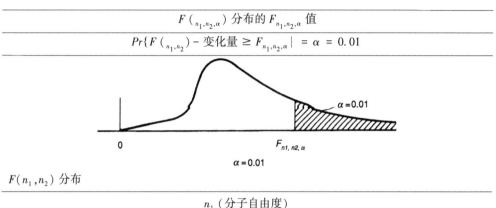

$\alpha = 0.01$

$F(n_1, n_2)$ 分布

n_2 (分母自由度)	n_1 (分子自由度)								
	1	2	4	6	8	10	12	24	∞
	$[t_{n2,0.005}]^2$			$F_{n_1,n_2,\alpha}$ 值					
1	4052	5000	5625	5859	5982	6056	6106	6235	6366
2	98.50	99.00	99.25	99.33	99.37	99.40	99.42	99.46	99.50
3	34.12	30.82	28.71	27.91	27.49	27.23	27.05	26.60	26.13
4	21.20	18.00	15.98	15.21	14.80	14.55	14.37	13.93	13.46
5	16.26	13.27	11.39	10.67	10.29	10.05	9.89	9.47	9.02
6	13.75	10.92	9.15	8.47	8.10	7.87	7.72	7.31	6.88
7	12.25	9.55	7.85	7.19	6.84	6.62	6.47	6.07	5.65
8	11.26	8.65	7.01	6.37	6.03	5.81	5.67	5.28	4.86
9	10.56	8.02	6.42	5.80	5.47	5.26	5.11	4.73	4.31
10	10.04	7.56	5.99	5.39	5.06	4.85	4.71	4.33	3.91
11	9.65	7.21	5.67	5.07	4.74	4.54	4.40	4.02	3.60
12	9.33	6.93	5.41	4.82	4.50	4.30	4.16	3.78	3.36
13	9.07	6.70	5.21	4.62	4.30	4.10	3.96	3.59	3.17
14	8.86	6.51	5.04	4.46	4.14	3.94	3.80	3.43	3.00
15	8.68	6.36	4.89	4.32	4.00	3.80	3.67	3.29	2.87
20	8.10	5.85	4.43	3.87	3.56	3.37	3.23	2.86	2.42
25	7.77	5.57	4.18	3.63	3.32	3.13	2.99	2.62	2.17
30	7.56	5.39	4.02	3.47	3.17	2.98	2.84	2.47	2.01
40	7.31	5.18	3.83	3.29	2.99	2.80	2.66	2.29	1.80
60	7.08	4.98	3.65	3.12	2.82	2.63	2.50	2.12	1.60
120	6.85	4.79	3.48	2.96	2.66	2.47	2.34	1.95	1.38
∞	6.63	4.61	3.32	2.80	2.51	2.32	2.18	1.79	1.00

来源：Pearson 和 Hartley 的表 18 的节选．Biometrika 的统计量表，第 1 列。纽约：剑桥大学出版社，1954。Biometrika Trustees，得到作者和出版者的许可。

图形和表格摘自于 S. R. Searle（1971）的线性模型表 4b，由 John Wiley& Sons 出版，纽约。

在实践中，F 检验并不是十分关键的，因为通常 F 检验都是显著的。这并不意外，由于 F 检验是检验所有的回归系数的组合是否有预测性的价值——这是一个非常弱的标准。无论如何，比较有相同因变量的回归式时，大的 F 统计量的值意味着该模型更好（假定所有回归假设都成立）。同样，通过比较 $C R^2$ 值也能得到类似的结论。

解读计算机输出结果

表 18.2 描述了一个计算机运行回归的输出结果。回归结果输出表格的具体形式和内容取决于使用的软件包，但是这些结果的解释通常来说都是十分相似的。在这一点上，表 18.2 中的大部分内容应该是可以理解的。然而，详细解释该表中的关键统计量对于理解也是有帮助的。

表 18.2　计算机输出结果样本

Y = 常数项+C1 * X1+C2 * X2
RSQ = 0.8953　　　SER = 3.2338　　　F(2.11) = 47.0
RSQC = 0.8762　　　%SER = 7.86　　　DW = 1.69

变量	系数	标准误	T 统计量	均值
常数项	49.06899	9.67267	5.07	41.16071
X1	−1.07049	0.23464	−4.56	21.00714
X2	0.35775	0.13400	2.67	40.75357

指标	真实值	拟合值	残差	%偏差
1	35.90000	35.25925	0.64075	1.82
2	52.70000	54.54910	−1.84910	−3.39
3	46.30000	50.74680	−4.44680	−8.76
4	34.20000	36.98609	−2.78609	−7.53
5	51.30000	46.15574	5.14426	11.15
6	44.20000	44.02220	0.17780	0.40
7	33.90000	29.70675	4.19325	14.12
8	31.30000	30.54304	0.75696	2.48
9	31.70000	32.74207	−1.04207	−3.18

10	29.90000	31.58795	−1.68795	−5.34
11	51.10000	49.76981	1.33019	2.67
12	56.10000	51.62468	4.47532	8.67
13	43.90000	45.56465	−1.66465	−3.65
14	33.7500	36.99187	−3.24187	−8.76

- 该回归方程为：

$$Y = 49.06899 - 1.07049(X1) + 0.35775(X2)$$

为了预测 Y 的值，我们仅仅需要知道 $X1$ 和 $X2$ 的预估值。例如，假设 $X1 =$ 20 且 $X2 = 40$，那么 Y 的预测值将会是 41.969。在实践中，用代表变量的助记符号来替代 Y、$X1$ 和 $X2$ 将会更方便。

- $R^2 = 0.8953$，表示 $X1$ 和 $X2$ 能解释 Y 的总变异的 89.53%。$C R^2$ 为 0.8762，相对于 R^2 减少了是由于自由度的损失。

- $SER = 3.2338$。这是度量一个模型相比其他模型是否更好的一个关键统计量。SER 也可以粗略地构建基于自变量都等于其代表均值这一假设的单独预测的置信区间。这一置信区间如下[①]：

$$\widehat{Y_f} - t \cdot s \sqrt{1 + \frac{1}{n}} < Y_f < \widehat{Y_f} + t \cdot s \sqrt{1 + \frac{1}{n}}$$

其中，$s = SER = 3.23$；

$n = 14$；

$t = 2.201$（自由度为 11 的 0.05 显著性水平的双侧检验 t 值）。

$$\widehat{Y_f} - 2.201(3.23)(1.0351) < Y_f < \widehat{Y_f} + 2.201(3.23)(1.0351)$$

$$\widehat{Y_f} - 7.3588 < Y_f < \widehat{Y_f} + 7.3588$$

我们用上述方法来估算 Y_f 为 41.969 的置信区间，那么 95% 置信水平上的置信区间为：

$$34.610 < Y_f < 49.328$$

这意味着如果该预测是基于所有的自变量都等于其各自的均值这一假设之上的，那么真实值落入上述区间的概率为 95%。当然，真实情形永远不会

---

① 详见单个预测的置信区间。

这么简单。因此，真实的置信区间肯定会比这宽。然而，了解这些情况，至少可以从简化的置信区间中初步了解潜在的预测变化。

- $\%SER = SER \div \bar{Y}$，%SER 直观看起来就很有意义，如果所有的模型都涉及同样的因变量，比较起来的时候可以用%SER 来替代 SER。
- 分子自由度为 2 且分母自由度为 11 的 F 值为 47.0，这远远大于表中显著性水平为 0.01 的临界 F 值 7.21。同时，F 检验几乎总是证明等式是显著的。
- DW 代表杜宾—沃特森（Durbin-Wartson）（在第 16 章中将会讨论这一统计量）。
- t 统计量等于系数值除以相应的标准误。在这个例子中，所有的系数都是显著的（在 0.05 显著性水平上且自由度为 11 的单侧检验的临界 t 值为 1.796）。
- 表 18.5 中真实值（Actual）这一列记录的是 Y 的真实观测值，而拟合值（Fitted）这一列记录的是根据回归式计算出来的预测值。对每一次观测这两个值之间的差额则列入了残差（Residual）这一列。(%Deviation 这一列的值等于残差除以拟合值)。

至此，我们仅仅讨论了回归方程中整体主要统计量的意义。正如在下一章中将会详述的，单个残差值也包含了非常重要的信息，需要进行详细分析。

第 19 章　回归式分析

对于正确理论的一个检验是：不仅能解释而且还能预测现象。

——威廉·惠威尔

异常值

异常值是指残差非常大的观测，即观测值与拟合值的差异很大。异常值包括以下几种情形：

- 收集或使用的特定样本点数据存在误差；
- 存在影响异常值的重要因素；
- 方程中漏掉了一个重要的解释变量；
- 模型的结构存在缺陷。

异常值的存在表明模型存在缺陷。在确认异常值并不是来自于资料错误后，我们应该进一步探讨导致这一异常值的可能原因。如果异常值可以由某个足以影响所有观测值的遗失变量来解释，那么方程中应包含该变量。然而，如果该异常值是由某个不至于重复发生的孤立事件所造成的，那么，认为该点不具代表性，回归时应该剔除该异常值重新运行。这一点是相当重要的，因为用来计算回归系数的最小二乘法会赋予异常值更大的权重。因此，一或两个异常值的存在将会严重扭曲回归方程的拟合效果。然而，除非找到了导致异常值的孤立因素，否则我们应该尽量避免剔除这样的点，仅仅因为这会提升回归的拟合性。

用一个实际的例子更能说明识别并解释异常值。在商品市场中，经常用到的一个价格预测模型是：

$$P = f(FS/C)$$

其中，P＝某一年度特定期间（也可以是整个年度）的平均价格；

FS＝年末最终的库存水平；

C＝年度内的消费量。

这一模型简单地表明了价格是期末库存/消费比的函数（或是与其相关）。用期末库存/消费比作为价格解释变量，而不是期末库存水平本身，这是反映期末库存所代表的供给松紧程度。例如，在一段时间内消费量提高两倍的市场中，按以往来看库存量是足够的，而现在却面临短缺的状态。如果我们用回归分析来定义价格和期末库存/消费比两者之间的关系，显然，具体的模型将会是：

$$P = a + b(FS/C)$$

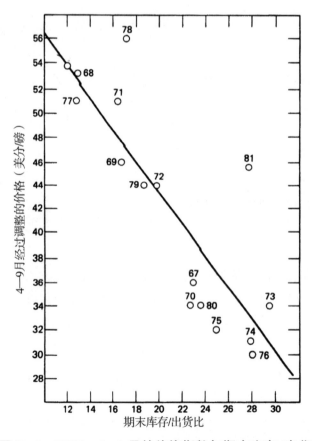

图 19.1　FCOJ：4—9 月的价格指数与期末库存/出货比

　　图 19.1 给出了应用这一模型分析冷冻浓缩橙汁市场（FCOJ）的结果。对于 FCOJ 市场，佛罗里达州橙汁市场的出货量是反映消费变量的替代指标。正如直观上就能预期到的，低的期末库存/出货比对应高的价格，反之亦然。然而，注意到有两个观测点偏离拟合线较远：1978 和 1981 年的两个观测点。这些异常值表明价格预测模型还存在不足。

　　解释异常值需要对那些不包括在模型中的相关数据进行仔细地检验。经过研究发现，1977—1978 年的异常值是由于第一年大量进口巴西的冷冻浓缩橙汁导致的。进一步说，这么高水平的进口量在此前同期从未出现过——超过先前记录水平的两倍——集中在该季节末。因此，1977—1978 年的实际结转库存/出货量在 4—9 月间相对主要市场预期而言误认为很高。在这种情形下，该异常值也许应被剔除掉，因为这看来是由孤立的突变引起的。

　　对 1981 年更大的异常值的解释就更为复杂了。至少可以列举四种可能的因素：

- 该年早期的一场严重冰冻灾害导致人们预期在接下来的季度中农产品产量会锐减。（严重的冰冻灾害对现期和随后的农产品产量会产生显著影响。）
- 给定期间的价格经常受到期初价格的影响。在 1981 年，4—9 月期初的价格非常高——这一因素会使实际价格相对于模型中仅由期末库存/消费比预测的价格水平发生向上的偏离。
- 预测式中的自变量并不独立。虽然价格取决于期末库存/消费比，但在某种程度上这一比率也取决于价格水平。特别地，1981 年的高价格抑制了消费，从而导致了该点较大的偏移。
- 佛罗里达州橙子产量意外增加可用来估算冷冻浓缩橙汁产量，使得产量远远超过预测——这个发现直到 4—9 月中期才逐渐显现出来。

　　在这种情况下，只有上述列举的第四种因素所导致的异常值才可以被剔除掉。第一种和第二种情形表明有重要变量的缺失，而第三种情形则表明模型存在结构缺陷。很明显，此时删除异常值仅仅只是掩盖而不是解决了问题。处理这样的异常值需要采取一些必要的修正，包括添加一个新产量预期变量[1]、一个期初价格变量和特定季节消费的替代品消费变量。

总之，检查异常值是分析回归结果时非常必要的一个步骤。异常值的存在表明分析时需要剔除它们或者修正需要模型。以上论述表明，要在这两个方案中进行选择并没有简洁明确的标准，要求部分研究人员具有独特的分析方法。

残差图

像图 19.1 那样的散点图在检测异常值时用途很有限，因为它只能应用于简单回归模型。而残差图则为检测异常值提供了一种图表工具，且应用于多元回归和应用于简单回归一样容易。在构建残差图时，使用标准化残差比使用实际残差更方便，因为实际残差在不同的情形下变动幅度较大。第 i 次观测的标准化残差定义如下：

$$sr_i = \frac{Y_i - \widehat{Y}_i}{s}$$

其中，

$$s = SER = \sqrt{\frac{\sum_{i=1}^{n} (Y_i - \widehat{Y}_i)^2}{n - k}}$$

n = 观测次数；

k = 参数的个数（等于自变量的个数加 1，假定方程中存在一个常数项）。

实际上，标准化残差可以理解为残差偏离其假定的均值（0）的标准差个数。如果回归假定都成立，那么标准化残差应该是随机分布的，而且主要的变动范围是

---

[1] 　细心的读者可能会注意到，图 19.1 中的年份范围有些过时。尽管这一数据首次出现在约翰·威利公司于 1984 年出版的《期货市场的完整诠释》并且经过更新，由于冷冻浓缩橙汁市场在过去 10 年用本文介绍的基本分析模型存在结构性的缺陷，还是特意完整地保留下来。具体而言，在冷冻浓缩橙汁市场的消费中，有相当大的比例来自其他州而不是佛罗里达（由于这些州的冷冻浓缩橙汁进口急剧扩大的趋势），这一点在统计中并没有体现。因此只是体现了冷冻浓缩橙汁市场的动向，只是统计了从佛罗里达仓库发货的数量，不再提供合理的消费代理量。同样，也没有其他统计数据提供一个充分的替代品数量。然而，这个例子的重点不是提供一个冷冻浓缩橙汁市场的预测模型，这只是一个相对小众的期货品种，而是举例说明一下关于残差解释和处理的理论问题。在这方面，最初的例子并没有失去它的特性，仍然适合强调各种不同数据。

+2 到−2。使用标准化残差的一个巨大优势是对所有类型数据的标准残差图解释相同。标准化残差可以很容易用计算机计算出来，只需将残差值除以 SER 即可。残差图有三种基本类型：

1. sr_i 与 Y 的拟合值 $\widehat{Y}$)。
2. sr_i 与自变量（在多元回归中，每个自变量都对应有一幅这样的残差图）。
3. sr_i 时间（例如，sr_i 值是根据时间顺序来描绘的）。

上述的残差图在一些计算机程序包中都可以得到。然而，即使不能得到，我们也可以很容易地根据残差值的输出结果来构建残差图。由于几乎所有预测未来值的回归分析都涉及时间序列数据，因而用处最大的通常是第三种残差图。

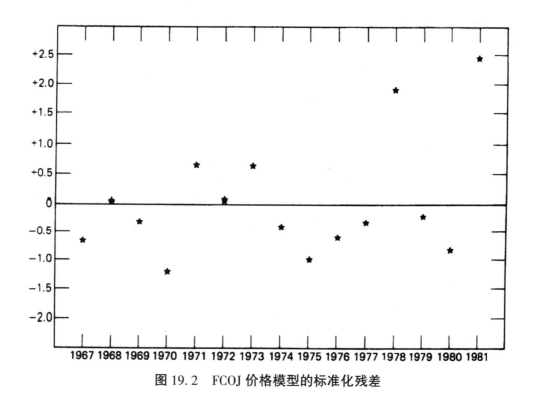

图 19.2　FCOJ 价格模型的标准化残差

图 19.2 提供了一个残差图的例子。在这里，我们描绘了前面部分讨论过的冷冻浓缩橙汁模型的标准化残差，该残差图是基于时间变化描绘的。显而易见，1978 和

1981 年的数据是异常值。也应注意到在余下的年份中残差大多是负值——两个正的异常值拉高了零线的结果。（记住，最小二乘回归法倾向于赋予异常值更大的权重。）

尽管在此例中基于散点图我们也能得出同样的结论，但仍要注意到如果模型中包含三个或更多的变量，残差图应用起来同样容易，而散点图就不那么容易构建了。更重要的是，残差图可以用来检验自相关。在转向讨论残差图的这个重要用途前，首先有必要探讨一下自相关以及通常用来检验自相关的方法，即杜宾—沃特森（DW）统计量。

自相关的定义

自相关是指误差项存在相关性这样一种情形。自相关的存在表明数据中存在自变量所没有解释的某种形态。由于这一原因，因而自相关的存在表明模型仍然是有缺陷的。进一步说，我们应该回想到暗含在统计回归分析背后的一个基本假设是误差是随机分布的。如果存在自相关，那么系数的标准误和 SER 可能会被严重低估。因此，回归的显著性检验结果可能会扭曲回归方程式的精确性。

检验自相关的杜宾—沃特森统计量

自相关是指误差项是线性相关的。最简单的情形是误差项与前期的误差项是相关的。这种情形被称为一阶自相关，它可以由 DW 统计量反映出来，在回归统计输出中一般都会有这项数据。

比较理想的检验自相关是采用总体的误差项，但这方面的数据往往比较难得到。DW 检验是基于残差值（这里用 $\widehat{e}_t$ 表示）进行检验的，其定义如下：

$$DW = \frac{\sum_{t=2}^{n} (\widehat{e} - \widehat{e}_{t-1})^2}{\sum_{t=1}^{n} \widehat{e}_t^{\,2}}$$

其中，$\widehat{e}_t$ =t 时期的残差值；

$\hat{e}_{t-1} = t - 1$ 时期的残差值。

然而，下面的一个近似关系相比杜宾—沃特森统计量的直观定义更为有用：

$$DW \approx 2 \ (1-r)$$

其中，

$$r = \frac{\sum\limits_{t=2}^{n} \hat{e}_t \cdot \hat{e}_{t-1}}{\sum\limits_{t=1}^{n} \hat{e}_t^2}$$

如果不存在一阶自相关，$\hat{e}_t \hat{e}_{t-1}$ 的正值将会抵消其负值，这样 $\sum \hat{e}_t \hat{e}_{t-1}$ 的值将近似等于零。在这种情况下，r 将等于零，DW 值为 2。如果相邻残差是正相关的，那么 $\hat{e}_t \hat{e}_{t-1}$ 和 $\sum \hat{e}_t \hat{e}_{t-1}$ 都将会是正值。相邻残差的相关性越强，$\sum \hat{e}_t \hat{e}_{t-1}$ 的正值越大。在极限情况下，$\sum \hat{e}_t \hat{e}_{t-1}$ 的值将接近于 $\sum \hat{e}_t^2$，使 r 等于 1，DW 等于 0。同样地，如果相邻残差是负相关的（例如，正残差值紧接在负残差值之后），$\sum \hat{e}_t \hat{e}_{t-1}$ 将会是负值。如果是极度负相关，那么 $\sum \hat{e}_t \hat{e}_{t-1}$ 将接近于 $- \sum \hat{e}_t^2$，使 r 近似等于 -1，DW 等于 4。总之，DW 值的取值范围是 0 到 4。当 DW 值接近于 2 时表明不存在一阶自相关，当 DW 值远小于 2 时表明存在正的自相关，当其值远大于 2 时表明存在负的自相关。

表 19.1 包含了一系列 DW 的值，它可以用来检验 0.05 显著性水平上的自相关。相应的值取决于观测次数 n，以及回归式中自变量的个数 k。注意到与目前为止讨论过的其他检验不同的是，DW 检验的每一栏都有两组数。在正自相关的检验中，解释如下（对于负的自相关用 4-DW 替代 DW）：

- DW < d_L 存在正的自相关。
- DW > d_U 不存在正的自相关。
- d_L < DW < d_U 没有结论。

例如，假设我们检验一个有 18 次观测和三个变量的回归方程。如果 DW < 0.93，说明存在正的自相关，如果 DW > 1.69，则不存在自相关，而如果 0.93 < DW < 1.69，则该检验没有结论。检验负的自相关也是类似的，只不过是用 4-DW 替代 DW

罢了。

一个回归方程的汇总统计量的检验应包括 DW 检验。一个特别小或特别大的 DW 值表明模型必须进行更深入的分析和修正。然而，我们必须强调的是即便一个完美的 DW 值（2.0）也不能保证一定不存在自相关。DW 仅仅只能检验一阶自相关。如果误差项之间的关系更加复杂，那么 DW 检验也无法捕捉到。由于这个原因，必要时用残差图来检验自相关也是很明智的。此外，正如在接下来的章节中将会阐述的，残差图也可以为改良回归模型提供重要的信息。

表 19.1　5%显著性水平的杜宾—沃特森值分布

n	k = 1		k = 2		k = 3		k = 4		k = 5	
	d_L	d_U	d_L	d_U	d_L	d_U	d_L	d_U	d_L	d_U
15	1.08	1.36	0.95	1.54	0.82	1.75	0.69	1.97	0.56	2.21
16	1.10	1.37	0.98	1.54	0.86	1.73	0.74	1.93	0.62	2.15
17	1.13	1.38	1.02	1.54	0.90	1.71	0.78	1.90	0,67	2.10
18	1.16	1.39	1.05	1.53	0.93	1.69	0.82	1.87	0.71	2.06
19	1.18	1.40	1.08	1.53	0.97	1.68	0.86	1.85	0.75	2.02
20	1.20	1.41	1.10	1.54	1.00	1.68	0.90	1.83	0.79	1.99
21	1.22	1.42	1.13	1.54	1.03	1.67	0.93	1.81	0.83	1.96
22	1.24	1.43	1.15	1.54	1.05	1.66	0.96	1.80	0.86	1.94
23	1.26	1.44	1.17	1.54	1.08	1.66	0.99	1.79	0.90	1.92
24	1.27	1.45	1.19	1.55	1.10	1.66	1.01	1.78	0.93	1.90
25	1.29	1.45	1.21	1.55	1.12	1.66	1.04	1.77	0.95	1.89
26	1.30	1.46	1.22	1.55	1.14	1.65	1.06	1.76	0.98	1.88
27	1.32	1.47	1.24	1.56	1.16	1.65	1.08	1.76	1.01	1.86
28	1.33	1.48	1.26	1.56	1.18	1.65	1.10	1.75	1.03	1.85
29	1.34	1.48	1.27	1.56	1.20	1.65	1.12	1.74	1.05	1.84
30	1.35	1.49	1.28	1.57	1.21	1.65	1.14	1.74	1.07	1.83
31	1.36	1.50	1.30	1.57	1.23	1.65	1.16	1.74	1.09	1.83
32	1.37	1.50	1.31	1.57	1.24	1.65	1.18	1.73	1.11	1.82
33	1.38	1.51	1.32	1.58	1.26	1.65	1.19	1.73	1.13	1.81
34	1.39	1.51	1.33	1.58	1.27	1.65	1.21	1.73	1.15	1.81
35	1.40	1.52	1.34	1.58	1.28	1.65	1.22	1.73	1.16	1.80

36	1.41	1.52	1.35	1.59	1.29	1.65	1.24	1.73	1.18	1.80
37	1.42	1.53	1.36	1.59	1.31	1.66	1.25	1.72	1.19	1.80
38	1.43	1.54	1.37	1.59	1.32	1.66	1.26	1.72	1.21	1.79
39	1.43	1.54	1.38	1.60	1.33	1.66	1.27	1.72	1.22	1.79
40	1.44	1.54	1.39	1.60	1.34	1.66	1.29	1.72	1.23	1.79
45	1.48	1.57	1.43	1.62	1.38	1.67	1.34	1.72	1.29	1.78
50	1.50	1.59	1.46	1.63	1.42	1.67	1.38	1.72	1.34	1.77
55	1.53	1.60	1.49	1.64	1.45	1.68	1.41	1.72	1.38	1.77
60	1.55	1.62	1.51	1.65	1.48	1.69	1.44	1.73	1.41	1.77
65	1.57	1.63	1.54	1.66	1.50	1.70	1.47	1.73	1.44	1.77
70	1.58	1.64	1.55	1.67	1.52	1.70	1.49	1.74	1.46	1.77
75	1.60	1.65	1.57	1.68	1.54	1.71	1.51	1.74	1.49	1.77
80	1.61	1.66	1.59	1.69	1.56	1.72	1.53	1.74	1.51	1.77
85	1.62	1.67	1.60	1.70	1.57	1.72	1.55	1.75	1.52	1.77
90	1.63	1.68	1.61	1.70	1.59	1.73	1.57	1.75	1.54	1.78
95	1.64	1.69	1.62	1.71	1.60	1.73	1.58	1.75	1.56	1.78
100	1.65	1.69	1.63	1.72	1.61	1.74	1.59	1.76	1.57	1.78

来源：S. Chatterjee 和 B. Price，回归分析实例，John Wiley & Sons，纽约，1977.

[a] DW 值小于 d_L 表明存在正的自相关；DW 值大于 d_U 表明不存在正的自相关。DW 位于 d_L 和 d_U 之间时没有结论。要检验负相关则用 4-DW 替代 DW。

自相关的含义

残差中存在某种形态，说明回归方程还需完善。详细来说，自相关反映出下列缺陷：

- 回归方程中遗漏了重要的解释变量；
- 用线性回归的方法来描绘因变量和自变量之间的非线性关系。

如果自相关的存在是由以上某种因素导致的，可想而知为什么自相关不受欢迎。这些情形表明我们可以通过添加变量或者尝试不同的函数关系来构建一个更好的模型。然而，即便事实并非如此，等式中存在自相关仍然是不可取的，因为它违背了误差项随机分布这样一个假设，这样会使模型失真①。出于这个原因，我们必须考虑设计相应的变换来消除自相关的影响。

总而言之，我们应该用 DW 和残差图来检验自相关。如果发现残差是相关的，我们应该采取以下几个步骤：

- 仔细查找等式中可能遗漏掉了的重要解释变量；
- 如果所有合理的变量都尝试过了而自相关仍然存在，那么我们可以研究是否存在其他更为合适的函数形式（除了回归程序中假定的线性形式）；
- 如果以上两步仍不成功，应该考虑使用变换来消除自相关。

在接下来的章节，我们会依次讨论这几个步骤。

遗漏变量与时间趋势

误差项通常会反映回归方程中遗漏重要变量产生的影响。例如，图 19.3 描绘了下面等式的标准化残差：

$$CP = 3.346 - 0.0258 \, SUR$$

其中，CP = 9 月至 11 月期间的 12 月通胀调整后的玉米期货均价；

SUR = 美国农业部 10 月农产品报告预期的结转库存—消费比。

注意到残差呈现出显著的非随机性。从图中可以看到一个很明显的趋势，即在早些年残差值都是正的，而晚些年都是负的。在这种情形下，很显然，结论是一个或多个对玉米价格有重要影响的趋势变量被遗漏了。

理想的做法是找到能解释残差项存在趋势的关键因素。然而，由于各种原因，这种方法并不总是可行的：

---

① 如果存在自相关，所谓的普通最小二乘法这一标准回归方法仍然可以得出无偏估计量（说明估计量平均值等于总体参数）。然而，估计量将不再是有效的（说明，它们不再是方差最小的估计量）。更糟糕的是，回归系数和整个等式的标准误可能会被严重低估。因此，实际的置信区间可能比估计的更宽，而回归式可能因为太不精确而无法用来预测。

- 影响因素可能无法量化。例如，燃料油的价格预测模型可能反映了由于保护意识增强这一趋势（需求曲线向下移动）而使残差项表现出非随机形式。正如在第 3 章中讨论过的，需求通常很难量化。
- 那些理论上相关的因素的数据可能难以获得。
- 研究者可能没有成功地发掘出需要添加的重要因素。
- 我们或许可以找到显著影响因变量的几个趋势变量，但是将它们加入回归方程中可能并不可取，因为这会使自由度减少或者导致多重共线性（本章后续部分将会讨论）。

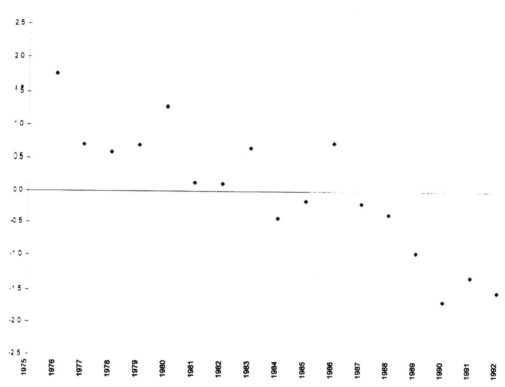

图 19.3　9 月至 11 月通胀调整后的玉米价格与 10 月预期结转库存—消费比的标准化残差

　　如果出现了上述某种情形，使用时间趋势变量是一个有吸引力的选择。简单来说，时间趋势是一系列连续的整数。通常可以赋予第一次观测的值为 1，第二次为 2，等等。然而，由于回归模型是线性的，赋予任意系列的连续整数值的作用是一样的。在生猪屠宰预测模型中加入时间趋势得出的模型如下：

$$CP = a + b_1 SUR + b_2 T$$

其中，CP=9 月至 11 月期间的 12 月通胀调整后的玉米期货均价；

SUR=美国农业部 10 月农产品报告预期的结转库存—消费比；

T=时间趋势。

表 19.2 是将该回归方程的汇总统计量与初始的二变量回归模型的统计量进行对比。注意到所有的汇总统计量都得到改良，而且根据时间趋势变量的 t 统计量值可以判断其是显著的。另外，新等式的残差图（图 19.4）与简单回归的残差图（图 19.3）形成了鲜明的对照。在图 19.4 中可以看到，其残差呈现随机分布。

表 19.2　玉米价格预测模型的回归汇总统计量

统计量	模型 A 玉米价格与库存/消费比 和时间趋势	模型 B 玉米价格与库存/消费比 和时间趋势
R^2	0.4099	0.8914
CR^2	0.3705	0.8759
SER	0.6270	0.2783
%SER	23.4831	10.4232
F	10.42	57.47
DW	0.46	2.38
t-stat（常量）	12.93	10.68
t-stat（比率）	−3.22	−5.36
t-stat（时间趋势）	NA	−7.88

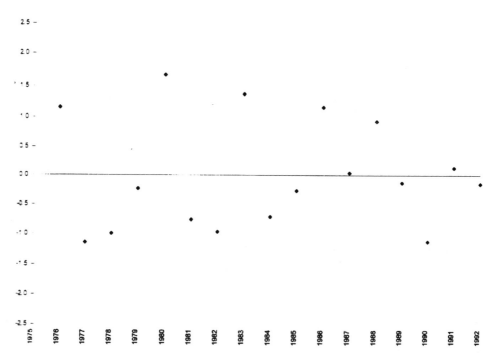

图 19.4　9 月至 11 月通胀调整后的玉米价格与 10 月预期结转库存—消费比和时间趋势的标准化残差

时间趋势变量的一个缺点是它已经默认假定过去的趋势将会保持不变。如果先前存在的时间趋势消失了，其他条件不变，时间趋势变量将会使回归产生偏误。然而，这不是主要的问题。例如，假如在一组过去 10 年调查期间的数据中存在一个趋势，但是在第 11 个年度却突然消失了。试想研究者在第十年末构建其模型所面临的结果。他会检验一个趋势变量，发现它是极度显著的，然后把它加进回归式中。这个错误有多严重？假设最近期的时间趋势变量值为 10，这个不明智的研究者将会赋予预测期的时间趋势值为 11，而实际上此时他应该在趋势变量值为 10 的时候舍弃它。然而，他的预测模型的显著性仍然好于不加进时间趋势变量的情形。通过比较以下几组数据可以很容易看出来：

- 时间趋势变量的最优赋值：1 2 3 4 5 6 7 8 9 10 10
- 时间趋势变量的实际赋值：1 2 3 4 5 6 7 8 9 10 11
- 预测式中不包含时间趋势：0 0 0 0 0 0 0 0 0 0 0

（或其他任意常数）

应当明确的是，包含有时间趋势的模型更能反映不同年份之间的真实关系，即使时间趋势在预测期间消失了。更进一步，如果研究者有理由相信时间趋势可能在预测期间减缓了，可以相应地调整趋势变量的赋值。因此，在上面这个例子中，他并不是非得给预测期间的趋势变量赋予 11 的值；如果预期趋势会减缓，那可以赋予该趋势更低的值。

至于另一个遗漏变量的例子，可以重新考虑在第 5 章中首次讨论的生猪价格预测模型。在这个模型中，我们证实了仅仅一个生猪屠宰变量是不足以解释生猪价格变化的。图 19.5 描绘了这一简单回归的残差图。再次，注意到残差明显是非随机分布的，而是呈现出一种固定形式，在早些年残差为正而在近些年则为负。另外，在 19 世纪 70 年代中期可以看到残差从较大的正值急剧跌落到绝对值较大的负值。

由于牛肉是猪肉非常重要的替代品，我们尝试在模型中加入活牛屠宰量这个变量。图 19.6 是加入活牛屠宰量后的残差图，但残值还是呈现明显的形态。虽然残值没有明显的改善，但并不代表活牛屠宰量不是生猪价格的重要解释变量，仅仅意味着方程式中还遗漏了一些重要变量。

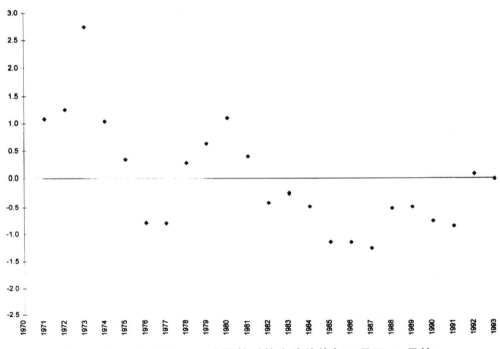

图 19.5 7 月至 11 月通胀调整后的生猪价格与 6 月至 11 月的生猪屠宰量的标准化残差

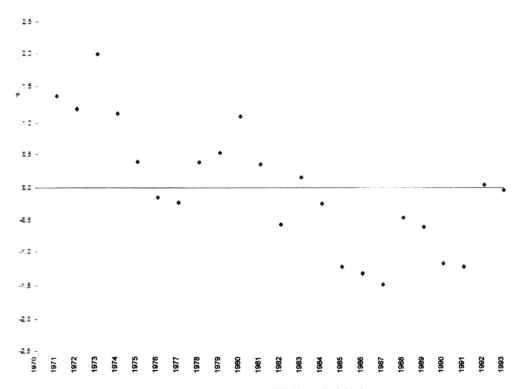

图 19.6　7 月至 11 月通胀调整后的的生猪价格与 6 月至 11 月

生猪屠宰量和活牛屠宰量的标准化残差

　　几年来，生猪价格不断下跌，生猪和活牛屠宰量也呈现类似的趋势（如残差向下的形态），这说明需求量在逐步下降。同时也反映出产量在稳步上升，导致肉类供应出现持续通缩。此外，猪肉需求的下降可能是消费者的消费偏好发生变化。为了分析影响需求的各种因素（如由于统计原因不能在模型中添加趋势和生产变量），我们将在模型中包含趋势变量。

　　如图 19.7 所示，加入趋势变量使残差的形态有了很大的变化，这表明模型也会发生实质性的改变。但仍存在一些缺陷：如，1992 和 1993 相邻年份的残差值较高，而 1985—1987 年的残差值却很低。通过检查各种潜在的自变量，发现 1992 和 1993 年的猪肉净进口量（猪肉进口减去猪肉出口）很低，但在 1985—1987 却很高。也就是说，这个变量似乎可以解释前述的异常情况。

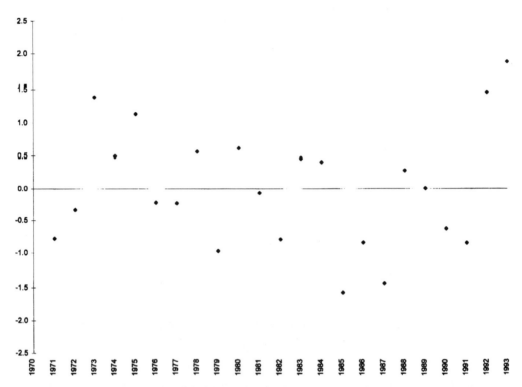

图 19.7　7 月至 11 月通胀调整后的的生猪价格与 6 月至 11 月生猪屠宰量、活牛屠宰量和时间趋势的标准化残差

　　图 19.8 显示方程（已包含生猪屠宰量、活牛屠宰量与趋势因子）中加入猪肉净进口量的模型残差图。图中的残差呈现出较理想的随机分布。

　　表 19.3 为前面的 4 个回归模型的主要统计数据，从最初只含有生猪屠宰量的模型到最后包括了活牛屠宰量、趋势因子与猪肉净进口量的模型。需指出的是，每当纳入新的解释变量，统计值的情况都有所改善（改善的情况相当有限，这是因为纳入活牛屠宰量有一些问题，我们稍后会解释这一点）。

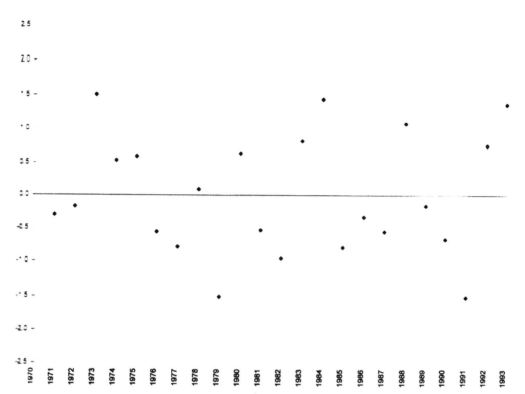

图 19.8　7 月至 11 月通胀调整后的生猪价格与 6 月至 11 月的生猪屠宰量、活牛屠宰量、时间趋势和猪肉净进口量的标准化残差

　　校正的 R^2（格式）持续上升，由第一个模型的 0.55 至最后一个模型的 0.92。回归方程的标准误差从 11.37 下降到 4.93。方程中所有自变量的 t 统计值显示最后一个方程式的所有自变量都有显著的意义，尤其是前三个变量特别显著。同时要注意，添加其他变量使模型 1 中生猪屠宰量和模型 2 中生猪与活牛屠宰量的显著性增加。正如前面残差图（图 19.5—19.8）中所示，Durbin-watson 统计值反映出前两个模型的自相关转变到最后一个模型时，自相关几乎不存在。

　　图 19.9 比较四个模型中拟合价格与实际价格之间的吻合情况。我们可以清楚地发现，最后一个模型对于生猪价格每年变动的解释能力远优于第一个模型。

表 19.3　生猪价格预测模型的回归汇总统计量

统计量	模型 1：通胀调整后的生猪价格与生猪屠宰量	模型 2：通胀调整后的生猪价格与生猪屠宰量和活牛屠宰量	模型 3：通胀调整后的生猪价格与生猪屠宰量、活牛屠宰量和时间趋势	模型 4：通胀调整后的生猪价格与生猪屠宰量、活牛屠宰量、时间趋势和猪肉净进口量
R^2	0.5744	0.6166	0.8999	0.9316
CR^2	0.5541	0.5783	0.8841	0.9163
SER	11.3700	11.0600	5.8000	4.9300
%SER	20.9124	20.3422	70.6677	9.0676
F	28.34	16.08	56.95	67.25
DW	0.58	0.50	r.52	1.93
$t\text{-stat}$（常量）	7.40	4.17	10.47	12.47
$t\text{-stat}$（生猪屠宰量）	−5.32	−5.02	−7.83	−9.65
$t\text{-stat}$（活牛屠宰量）	NA	−1.48	−4.60	−5.87
$t\text{-stat}$（时间趋势）	NA	NA	−7.33	−6.20
$t\text{-stat}$（净进口量）	NA	NA	NA	−2.88

　　现在，我们再来谈方程中添加活牛屠宰量后的变化。假设前面没有将活牛屠宰量作为重要的变量，而先在模型 1 中添加了趋势因子作为第二个自变量。趋势因子的添加，结果当然优于模型 1（自变量为生猪屠宰量），而且也远优于最初的模型 2（自变量为生猪屠宰量与活牛屠宰量）。但是要注意，这是关键一点。当模型 1 中纳入趋势因子之后，如果再纳入活牛屠宰量做为第三个自变量，我们发现活牛屠宰量是非常显著的解释变量，方程式的结果也明显改善。具体来说，活牛屠宰量的 t 统计值是−4.60 时，修正 R2 从 0.7677 上升到 0.8841（很有意义的转变）。

　　为什么方程中活牛屠宰量的添加会对生猪价格预测模型的变量影响这么大？答案是，调查期间后几年活牛屠宰量一直较低，将它纳入模型中之后，将使方程式对于这些年份所估计的生猪价格偏高。可是，如果模型的第二个自变量是取趋势因子（也就是说，纳入活牛屠宰量变量之前），方程式的结果虽然比较理想，但所估计的生猪价格会呈现明显低估的偏差，这个偏差可以由活牛屠宰量来改善。基于这个理由，当模型采用活牛屠宰量为第二个自变数时，它对于生猪价格的解释能力似乎不甚显著，这个结论违背普通常识的判断。可是，一旦引进趋势因子之后，活牛屠宰量对于价格的影响就很明显。

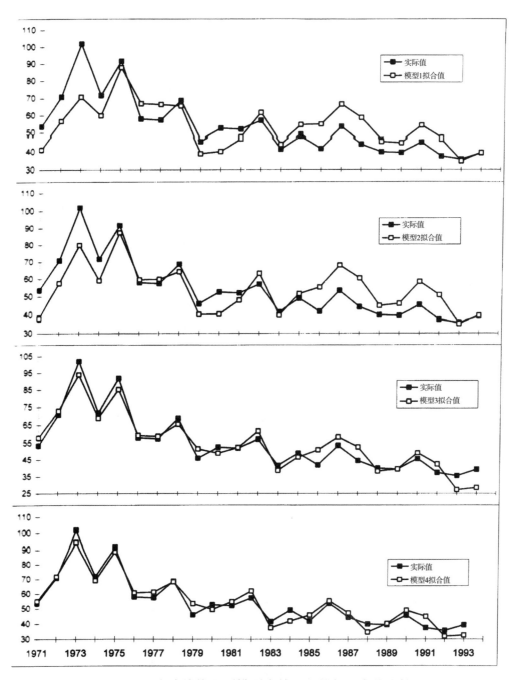

图 19.9 生猪价格预测模型中的实际值与拟合值比较

表 19.4 中除在活牛屠宰量前添加趋势因子，其他与表 19.3 相同。也就是说，这两份表格中仅有模型 2 不同。很明显，在模型中引进活牛屠宰量之后，模型 3 相对于模型 2 的结果有了显著的改善。

模型中纳入其他变量之后，应该重新考虑这个曾经被拒绝的变量。就前述的例子来说，活牛屠宰量之所以缺乏显著性，这是因为模型中遗漏其他重要的自变量。顺便提及一点，残差图的模式会警告我们情况如何。唯有当方程式中已经考虑所有其他重要变量时，才可以基于显著性的理由拒绝某个变量。

表 19.4   生猪价格预测模型中的回归分析统计数据汇总
（在活牛屠宰量前加入了趋势因子）

统计量	模型 1：通胀调整后的生猪价格与生猪屠宰量	模型 2：通胀调整后的生猪价格与生猪屠宰量和活牛屠宰量	模型 3：通胀调整后的生猪价格与生猪屠宰量、活牛屠宰量和时间趋势	模型 4：通胀调整后的生猪价格与生猪屠宰量、活牛屠宰量、时间趋势和猪肉净进口量
R^2	0.5744	0.7888	0.8999	0.931
CR^2	0.5541	0.7677	0.8841	0.9163
SER	11.37	8.27	5.80	4.93
$\%SER$	20.91	15.10	10.67	9.07
F	28.34	37.35	56.95	61.25
DW	0.58	1.35	1.52	1.93
$t\text{-}stat$（常量）	7.40	10.89	10.47	12.47
$t\text{-}stat$（生猪屠宰量）	−5.32	−4.47	−7.83	−9.65
$t\text{-}stat$（时间趋势）	NA	−4.50	−7.33	−6.20
$t\text{-}stat$（活牛屠宰量）	NA	NA	−4.60	−5.87
$t\text{-}stat$（净进口量）	NA	NA	NA	−2.88

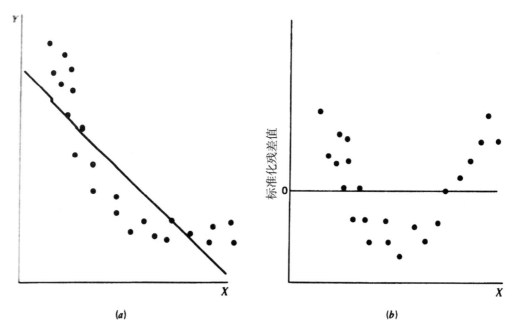

图 19.10　线性回归在非线性函数中的应用

线性变换①

回归分析中最基本的假设或许就是自变量与因变量之间的关系近似为线性。事实上，如果它们之间的关系显然是非线性的，那么误差项就可能是相关的。例如，试想当我们试图用线性回归来拟合图 19.10A 的散点图时会出现什么结果。强行用一条直线去拟合这些点会导致残差呈现出如图 19.10b 所示的趋势，其中当自变量 X 取值较小或较大时残差值倾向于为正，而当 X 取中间值时残差值为负。（在图 19.10b 中，标准化残差图是基于自变量而不是时间来描绘的。）

幸运的是，许多非线性关系可以转换成线性关系。例如，图 19.10a 中的散点图服从双曲线函数关系，或形式如下的等式：

$$Y = a + \frac{b}{X + c}$$

---

① 尽管这部分涉及的仍然复杂不过代数学，但这一章的剩余部分多少涉及一些更高深的内容。那些有困难的读者可以跳到这一章的虚拟变量部分，然后继续第 17 章的阅读。

这可以通过如下转换变成线性关系

$$X' = \frac{1}{X + c}$$

那么，

$$Y = a + bX'$$

变成这一形式之后，可以直接用普通最小二乘法（OLS）来计算回归方程。为了得到 Y 的预测值，我们只需知道 $1/(X+c)$ 的值，进而得到 X'。例如，假设 $a=2$，$b=16$，$c=4$，$X=4$，那么 Y 的预测值为4。

许多其他形式的函数形式也可以转换成线性形式。让我们来看几个例子：

1. $Y=a+b_1X+b_2X+b_3X$

令 $X_1=\text{X}$；$X_2=X^2$；$X_3=X^3$；那么

$$Y = a + b_1X_1 + b_2X_2 + b_3X_3$$

这是一个线性等式，可以运用 OLS（最小二乘法）。注意尽管自变量是相关的，但这一关系并不是线性的，因此并没有违背解释变量线性无关这一回归假设。

2. $Y=ae^{bX}$

两边取自然对数：

$\ln Y = \ln a + bX$

令 $Y'=\ln Y$；$a'=\ln a$；那么

$Y'=a'+bX$

这是一个线性方程，可以运用 OLS。注意在此例中，将 X 的值代入回归方程中得到的将是 lnY 的预测值。要得到 Y 的预测值，必须在对数表中找出其反对数值。图 19.11 说明了函数 $Y=ae^{bX}$ 取不同 b 值时的图形。

3. $Y = a \cdot X^b$

两边取对数：

$\log Y = \log a + b\log X$

令 $Y'=\log Y$；$a'=\log a$；$X'=\log X$；那么

$Y'=a'+bY'$

这是一个线性方程式，可以运用 OLS。在这里我们先要查表得到 X 的对数值，然后将其代入回归方程式得到 logY 的预测值。再然后查表得到 Y 的反对数值。图 19.12 画出了函数 $Y=a \cdot X^b$ 取不同的 a，b 值时的图形。

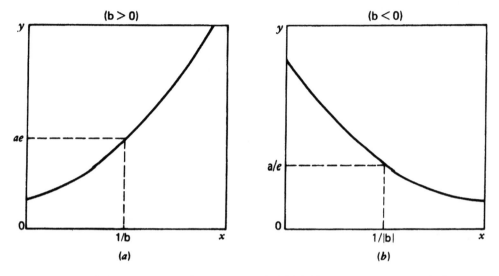

（来源：S. Chatterjee 和 B. Price，回归分析实例，John Wiley &Sons，纽约，1977.）

图 19.11　$Y=ae^{bX}$

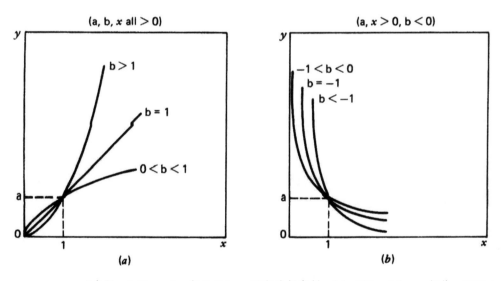

（来源：S. Chatterjee 和 B. Price，回归分析实例，John Wiley &Sons，纽约，1977.）

图 19.12　$Y=aX^{b}$

如果尝试过所有合理的变量之后残差图仍然表现出自相关，那么就应该考虑非线性的可能性了。在简单回归的情形中，可以构建散点图来检验模型是否满足线性假设或是否存在更合适的函数形式，正如图 19.10a 所示，更合适的函数形式为 $Y=a$

$+b/$（$X+c$）。在多元回归中，如果某个自变量存在非线性关系，我们可以只使用其他剩下的自变量来运行该回归方程。然后基于没被使用的自变量画出等式的残差图。在画出的散点图中可以很清楚地发现模型存在非线性关系。

用转换剔除自相关

关于自相关的最简单的假设是现期误差项的值等于前期误差项的值加上一个随机扰动。其表述如下：

$$e_t = e_{t-1} + v_t$$

其中，v_t =随机扰动项。

由于 $Y_t = \alpha + \beta X_t + e_t$ 以及 $Y_{t-1} = \alpha + \beta_{t-1} + e_{t-1}$，

那么，

$$Y_t - Y_{t-1} = \beta(X_t - X_{t-1}) + v_t$$

令 $Y_t^* = Y_t - Y_{t-1}$，$X_t^* = X_t - X_{t-1}$

那么，

$$Y_t^* = \beta X_t^* + v_t$$

对于一个有 k 个变量的多元回归方程，经过上述步骤将会得出：

$$Y_t^* = \beta_1 X_{1t}^* + \cdots + \beta_k X_{kt}^* + v_t$$

由于根据定义 v_t 是随机分布的，OLS 可以应用于该等式。

以上方法称为一阶差分法，这或许是消除自相关最常用的转换方法。事实上，一阶差分回归式表明 Y 的变动线性地取决于 X 的变动。这种等式的 R^2 通常会比较小。这是相当合理的现象，因为变动量的预测远较绝对水平的预测困难。再次，考虑日交易价格预测模型：

$$P_t = a + bP_{t-1}$$

其中，P_t =第 t 天的收盘价格；

P_{t-1} =第 t-1 天的收盘价格。

由于相邻两天的价格相关性很好，因此 R^2 将会非常大。然而，这一模型在预测每天价格的变动情况时几乎不起作用。如下模型中 X_t 是一解释变量，其值在第 t 天之前就知道了，然而这一模型更可取，即使此时 R^2 可能较小（例如，$R^2 = 0.30$）。

$$P_t^* = a + bX_t^*$$

其中 $P_t{}^*=P_t-P_{t-1}$，

$$X_t{}^*=X_t-X_{t-1}$$

一阶差分法用起来确实很方便，但它对于自相关采用非常简化的假设。更实用的假设为：$e^t=\rho e_{t-1}+v_t$

其中 $|\rho|<1$，

注意 ρ 的取值越大，给定期间的误差项越取决于前期的误差项。通常的变换与一阶差分变换类似：

$$Y_t=\alpha+\beta X_t+e_t$$

$$Y_{t-1}=\alpha+\beta X_{t-1}+e_{t-1}$$

如果第二个等式两边都乘以 ρ，那么

$$\rho Y_{t-1}=\rho\alpha+\rho\beta X_{t-1}+\rho e_{t-1}$$

因此

$$Y_t-\rho Y_{t-1}=\alpha（1-\rho）+\beta（X_t-\rho X_{t-1}）+v_t$$

令

$Y^*=Y_t-\rho Y_{t-1}$ 且 $X^*=X_t-\rho X_{t-1}$

那么，

$$Y_t{}^*=\alpha（1-\rho）+\beta X_t{}^*+v_t$$

对于一个有 k 个变量的方程，以上步骤将会得到：

$$Y^*=\alpha（1-\rho）+\beta_1 X_{1t}{}^*+\beta_2 X_{2t}{}^*+\cdots+\beta_k X_{kt}{}^*+v_t$$

由于根据定义 v_t 是随机分布的，所以再次可以运用 OLS。以上方法存在的唯一问题是我们不知道 ρ 的值。下面简单地阐述两种估计 ρ 值的方法。

1. 希尔德雷思—鲁（Hildreth-Lu）过程。该方法为 P 设定了一组数列，数列中相邻数据的差值相等，将 ρ 值分别设定为数列中的每个数值。举例来说，如果处理正的自相关，数列可以设定为：0，0.1，0.2，0.3，0.4，0.5，0.6，0.7，0.8，0.9，1.0。其次，分别假定 ρ 为数列中的每一个数据，针对下列的转换方程式进行回归分析：

$$Y^*=\alpha（1-\rho）+\beta_1 X_{1t}{}^*+\beta_2 X_{2t}{}^*\cdots\beta_k X_{kt}{}^*$$

通过这一程序我们将会选取有最小 SER 值的等式。如果有必要，可以围绕初步选定的 ρ 值设定一系列间距更小的 ρ 值，重复上一步骤。

2. 科克伦—奥克特（Cochrane-Orcutt）过程。

这一迭代法根据原等式的残差来估计 ρ 值，然后基于这一估计值对变换过的等式进行回归。如果新的回归式仍然存在自相关，可以使用新回归式的残差重复上述过程。

异方差性

应用 OLS 的一个假定条件是误差项必须是同方差的，也就是说，它们的方差近似为连续值。如果不满足这个条件，则存在异方差的问题。图 19.13 呈现了一个异方差的情形。注意到因变量和自变量之间的关系随着 X 的增加也更为多变，导致 X 取较大值时绝对残差值也相应变大。给定区间里自变量与因变量的关系越是多变，得到的回归方程越不可靠。

我们可以用加权最小二乘法（WLS）来解决这一问题。鉴于图 19.13 描绘的函数关系，WLS 方法会赋予 X 值较小的观测更大的权重，因为这些点为确定真实回归线的位置提供了更精确的信息。在这里我们并不阐述 WLS 的具体做法，而是介绍一种更简单的方式即通过一种变换就能达到完全相同的效果，这就足够了。这种变换假定误差项的标准差与自变量成比例变化。具体形式如下：

$$\sigma_i = kX_i$$

其中 σ_i ＝误差项（e_i）的标准差。

从标准回归式开始，

$$Y_i = \alpha + \beta X_i + e_i$$

两边同时除以 X_i，

$$\frac{Y_i}{X_i} = \frac{\alpha}{X_i} + \beta + \frac{e_i}{X_i}$$

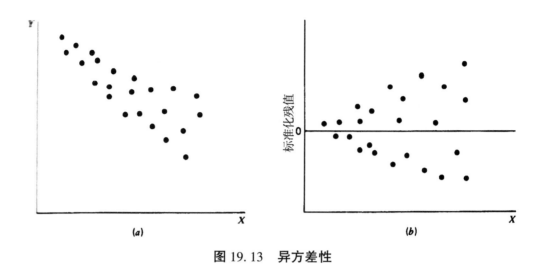

图 19.13　异方差性

e_i/X_i 的标准差等于 e_i 的标准差除以 X_i。因为 e_i 的标准差为 σ_i，且等于 kX_i，所以 e_i/X_i 的标准差为 k，是一个常数。因此，这一变换消除了原等式的异方差性。现在如果我们令

$$Y_i'=\frac{Y_i}{X_i}X_i'=\frac{1}{X_i}\alpha'=\beta\beta'=\alpha \text{ 且 } e'=\frac{e_i}{X_i}$$

那么，

$$Y_i'=\alpha'+\beta'X_i'+e_i'$$

可以用 *OLS* 来处理这个等式，得到

$$Y_i'=\alpha+bX_i'$$

其中 a 是原始回归式中 β 的估计量，b 是原始回归式中 α 的估计量。

虚拟变量

此前，我们得到一个根据以前上年 12 月至当年 5 月的生猪产量和趋势来预测 6 月至 11 月的生猪屠宰量的回归方程。试想当我们试图通过依据前 6 个月期间的生猪产量来预测后 6 个月的生猪屠宰量以使模型更一般化时将会发生什么。在这种情形下，有一部分人认为观测值应该和原等式一样，另一部分人认为上年 12 月至当年 5 月生猪屠宰量对应了同年 6 月至 11 月的生猪产量。图 19.4 所示为该方程的残差图。我们用两个不同的标记来区分 6 月至 11 月生猪屠宰量的残差和上年 12 月至当年 5

月生猪屠宰量的残差。注意到该图的残差分布显然存在一种规律，即 6—11 月生猪屠宰量的残差值大多为负，而上年 12 月至当年 5 月的残差多为正。图 19.14 明显揭示回归方程遗漏了一些重要的信息：预测屠宰量的时期。无疑，我们希望模型能将这两个时期区分开来。也就是说，有必要加进一个季节性变量。

处理这种情况的一种简单方法是在等式中加入一个虚拟变量，这一虚拟变量在某一季度取值为 1，而在其余的季度取值为 0。这样上式可以写为

$$HS = a + b_1 PC + b_2 T + cS$$

其中，HS = 生猪屠宰量；

PC = 猪的产量；

T = 时间趋势；

S = 虚拟变量，在 6—11 月期间取值为 0，在上年 12—当年 5 月期间等于 1。

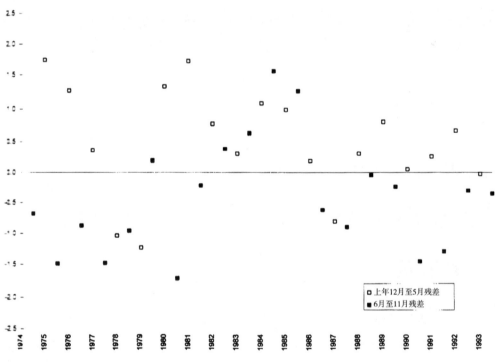

图 19.14　生猪屠宰量与前 6 个月的生猪产量和趋势的标准化残差

我们用符号 c 而不是 b_3 来表示 S 的系数，以此来强调 S 是一个虚拟变量。因此虚拟变量可以理解为一个开关，在基期（6—11 月）它是关闭的（0），在 12 月到来年 5 月是

开着的 (1)。虚拟变量的效应是使上年上年 12 月至当年 5 月观测的截距移动 c 个单位。注意到这完全等同于使用两个不同的等式，只不过斜率相同，每一期间对应一个方程。也就说，适用于所有期间的等式 $HS=a+b_1 PC+b_2 T+cS$ 可以拆分为以下两个式子：

$HS=a_1+b_1 PC+b_2 T$ 为 6 月至 11 月的屠宰量；

$HS=a_2+b_1 PC+b_2 T$ 为上年 12 至当年 5 月的屠宰量；

其中 $a_2=a_1+c$。

大多数回归分析应用者通常只使用一个虚拟变量来改变截距，同时假定斜率在不同的期间是不变的。然而，大多数情形下没有理由施加一个预先的约束以使不同期间的斜率保持不变。相反，通常更可取的是对截距和斜率都使用虚拟变量①。假定在这种情况下进行回归分析，我们可以通过检验 t 统计量来找出哪些虚拟变量是显著的，然后选择合适的模型。因此，就先前的模型来说，方程式最初的格式可以设定为：

$HS=a+b_1 PC+b_2 T+cS+d_1 \cdot S \cdot PC+d_2 \cdot S \cdot T$

其中，$S=0$ 在 6 月至 11 月期间；

$S=1$ 在上年 12 月至当年 5 月期间；

为便于区分，我们用 b 来表示常规自变量的回归系数，用 c 表示虚拟变量截距项的回归系数，用 d 表示虚拟变量斜率项的回归系数。

方程的形式取决于哪些虚拟变量是显著的。下面举几个例子：

* 如果 c 和 d 都是不显著的，我们选用：

$$HS=a+b_1 PC+b_2 T$$

* 如果只有 c 是显著的，我们选用：

$$HS=a+b_1 PC+b_2 T+cS$$

* 如果 c 和 d_1 是显著的，我们选用：

---

①　有两个重要的例外：(1) 当一段期间只包含有少量的观测值时，估计的斜率可能是不可靠的，我们最好依据所有观测的斜率系数都相同的假定整合这些数据。例如，考虑一个只有 15 个观测值的年度价格预测模型，其中有 3 个观测值与一个政府项目有关，这一项目扭曲了正常的市场行为。在这种情况下，我们肯定只能使用影响截距项的哑变量（在上述 3 年期间的哑变量取值为 1），因而间接施加了固定斜率这样一个约束。这样做的原因是仅仅基于三次观测估计的斜率可能不是十分可靠。这个例子证明了使用哑变量的一个优势，这是相比对每组不同的观测选用不同的等式这一做法而言的。(2) 当所有可能的哑变量的个数相比观测值的个数来说较大时，为了保证自由度最好限制一下哑变量的个数。

$$HS = a + b_1 PC + b_2 T + cS + d_1 \cdot S \cdot PC$$

- 如果 c，d_1 和 d_2 都是显著的，我们选用完整版的方程：

$$HS = a + b_1 PC + b_2 T + cS + d_1 \cdot S \cdot PC + d_2 \cdot S \cdot T$$

注意最后一种情形，当 c，d_1 和 d_2 都显著时，整体期间的方程式相当于是个别期间采用不同的方程式：[1]

$HS = a + b_1 PC + b_2 T$ 从 6 月至 11 月；

$HS = (a+c) + (b_1+d_1) PC + (b_2+d_2) T$ 从上年 12 月至当年 5 月。

那么，为什么我们不能对每个期间内运用不同的方程呢？原因在于：

- 由于数据的共享，增加了自由度数，提高方程式在统计上的可靠性。
- 我们事先并不知晓哪些虚拟变量是显著的。单一方程式的方法允许我们删除那些不显著的虚拟变量，从而提供一个更好的模型。相反，两个方程式的方法等同于自动地假定所有的虚拟变量都是显著的。
- 当我们评估各种替代模型、检验显著性与进行预测时，单一方程式模型的方便性高于个别期间采用的方程式。
- 如在注脚 1 中提到的，有些时候更适合用斜率限制——要求使用虚拟变量的方式。

就生猪屠宰量与前 6 个月生猪产量的例子来说，结果显示仅有截距的虚拟变量具有统计上的显著性。由此，选用下列公式：

$$HS = a + b_1 PC + b_2 T + cS$$

图 19.15 为添加了截距虚拟变量回归方程的残差图。应指出的是，已经排除了上年 12 月至当年 5 月残差值的正偏差和 6—11 月残差值的负偏差。

模型没有纳入应该添加的虚拟变量，会使估计的回归系数产生偏误。在图 19.16 中，我们提供了一个单一自变量模型的例子。请注意，由于没有区别两个期间，回归直线的斜率产生偏差。

---

[1] 尽管单一等式和双等式版本的截距和斜率是一样的，但这两个模型确实有一个微小的技术差别。单一等式模型暗含假定所有期间的方差相同，而双等式模型则允许不同期间存在不同的方差。这一差别在理论上将会影响各种显著性检验的结果。

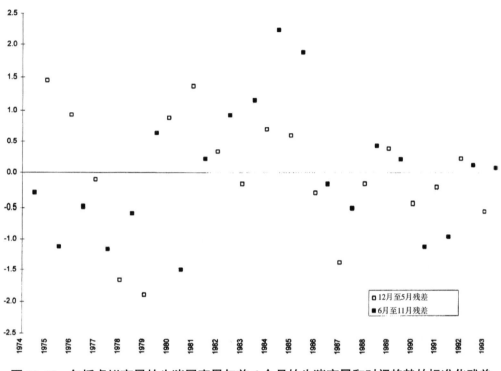

图 19.15 包括虚拟变量的生猪屠宰量与前 6 个月的生猪产量和时间趋势的标准化残差

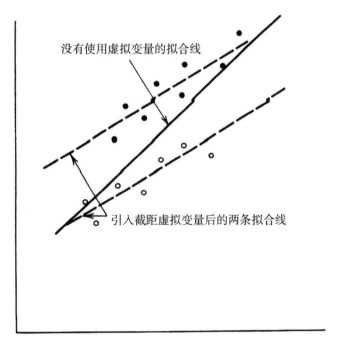

没有使用虚拟变量的拟合线

引入截距虚拟变量后的两条拟合线

图 19.16 由于遗漏虚拟变量导致的回归偏误

尽管我们的例子中只包含了两个时期（除了基准期间之外还包括一个时期），虚拟变量方法还是可以延伸到分期更多的情形。例如，如果我们采用一个季度模型，那么除了基准期间季度外每一季度都应使用一个虚拟变量。为了使问题相对简单，我们首先说明只有一个解释变量的模型：

$$Y = a + bX + c_1 S_1 + c_2 S_2 + c_3 S_3 + d \cdot S_1 \cdot X + e \cdot S_1 \cdot X + f \cdot S_3 \cdot X$$

其中，S_1 ＝第一季度虚拟变量；

S_2 ＝第二季度虚拟变量；

S_3 ＝第三季度虚拟变量。

注意，虚拟变量的个数永远较期间个数少 1，因为基准期间（这个例子是设定为第四季）将采用原来的常数与回归系数。

如果有两个自变量，整个方程如下：

$$Y = a + bX_1 + bX_2 + c_1 S_1 + c_2 S_2 + c_3 S_3 + d_1 \cdot S_1 \cdot X_1 + d_2 \cdot S_1 \cdot X_2 + e_1 \cdot S_2 \cdot X_1$$
$$+ e_2 \cdot S_2 \cdot X_2 + f_1 \cdot S_3 \cdot X_1 + f_2 \cdot S_3 \cdot X_2$$

式中：

b 值为一般自变量的回归系数；

c 值为虚拟常数的回归系数；

d 值为第一期间虚拟斜率（$S1$）的回归系数；

e 值为第二期间虚拟斜率（$S2$）的回归系数；

f 值为第三期间虚拟斜率（$S3$）的回归系数。

很明显，当期间数量增加时，虚拟变量的数量也随之增加。由于开始时研究人员不愿意采用多个虚拟变量的方程，他们更愿意应用一个虚拟变量的方程。如果已确定需要改善最初的方程，再纳入斜率虚拟变量。

虚拟变量不一定要将一年分为四季。在某种情况下，或许应该采用其他的划分准则。例如，在季节性利率预测模型中，或许应该以 1979 年 10 月与 1986 年 3 月来区分期间。1979 年 10 月前，美联储主要调控联邦基金利率。1979 年 10 月到 1986 年 3 月间，美联储集中调控银行准备金存量。1986 年 3 月以后，美联储采用比较折衷的政策，但是，联邦基金利率再次成为制定政策的主要焦点。在这种情况下，虚拟变量在 1979 年 10 月前和 1986 年 3 月后的所有季度可设定为 0，而中间的各季则设定为 1。

多重共线性

读者们可能会回想起当我们将模型延伸到多元回归模型时需要多加一条假设，即自变量必须是线性无关的。如果两个或多个自变性之间存在显著的线性相关，将产生多重共线性的问题。

为了说明多重共线性的问题，我们来考虑一个生猪屠宰量预测模型，模型中的解释变量包括前六个月期间的生猪产量以及期初市场上生猪的数量。在此例中，自变量是高度相关的，即市场上较大的生猪数量往往伴随着较大的生猪产量。

图 19.17 为该模型的一个三维展示（其实并不必要），其中的散点是趋近于一条直线的。事实上，只需 X_1、Y 平面或 X_2、Y 平面中的一个就足以说明问题了。第一个平面是反映生猪屠宰量和生猪产量之间关系的一幅二维视图，第二个则反映生猪屠宰量与生猪交易量之间的关系[①]。也就是说，同时纳入生猪产量与生猪交易量，将迫使采用三维的模型，而该模型所代表的关系原本利用两维就足够了。

多重共线性的问题并不在于它包含了多余的信息，而在于这种信息冗余会严重削弱回归方程的可靠性。多重共线性越多越遭糕。如图 19.17 所示，当存在多重共线性时，样本点可以由许多类似而不同的平面来拟合。对于一系列给定的观测值，回归程序将会选出与这些观测拟合最好的平面。然而，多重共线性的真正问题在于：如果这些观测值只是作一个轻微的变动，都会导致选出一个完全不同的最佳拟合平面。因此，如果存在多重共线性，这些回归系数将不再是反映因变量随每个自变量变动情况（其他所有的自变量都不变）的可靠指标了。总之，解释变量之间如果有高度的线性相关，回归系数的标准误差将偏大而 t 统计值偏低。

---

① 为了避免不必要的复杂阐释，我们忽略这一事实，即正如之前讨论过的那样，这一生猪屠宰量预测模型也应该包括一个趋势变量。

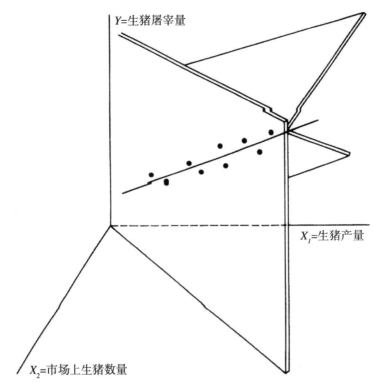

$Y=$生猪屠宰量

$X_1=$生猪产量

$X_2=$市场上生猪数量

（来源：T. H. Wonnacott 和 R. J. Wonnacott，计量经济学，John Wiley&Sons，纽约，1970.）

图 19.17　多重共线性

那么预测方程的可靠性怎样呢？如果预测期间自变量的取值位于过去观测值的领域内，那么多重共线模型仍能提供准确的预测。前面的例子就是这种情形，因为可以预期生猪产量与市场上猪的数量仍将会保持高度相关。然而，在其他的情形中，解释变量在观测期间可能是相关的，但是没有理由保证这种相关性一定会持续到预测期。例如，近些年肉鸡产量和时间趋势是高度相关的，在生猪价格预测模型中同时引入这两个变量将会导致多重共线性。然而，在此例中，可能在未来的某个时间点肉鸡产量和时间趋势就不再相关了。如果出现了这种情况，多重共线等式提供的预测可能产生扭曲，因为该模型只有当这些点位于过去观测值的领域内时才是有效的。如果出现这种情况，多重共线性方程的预测值很可能不真实，因为模型预测仅在过去样本点附近才有效。从几何学的角度讲，所有穿越某直线的平面，在该直线附近都可以提供精确的预测。但只要离开该直线，预测则截然不同（参考图19.17）。

总之，多重共线等式有两个主要的缺陷：

- 回归系数失去了意义（说明它们不再是可靠的了）。
- 如果用这样的等式进行预测，而自变量的值并不位于过去观测的领域之内，那么回归预测可能出现严重的扭曲。

所以，模型中应该尽量避免用多元共线性。有多种发现多元共线性存在的方法：

- 检验回归系数。一个方程的回归系数能提供很多信息来证明是否存在多重共线性。
  ◇ 预期高显著性的系数的 t 统计量值却很小。
  ◇ 在更加极端的情形中，一个回归系数的符号可能与理论预期恰好是相反的。
  ◇ 当模型中添加或剔除变量时，系数值的变化很大。
  ◇ 当方程中添加或剔除数据点时，系数值的变化很大。
  出现上述任何一种情况，都表明有必要检验自变量之间的相关性。
- 比较自变量。有时候根据常识就能判断自变量是否相关。意识到这一问题，你就能通过仔细挑选自变量来避免多重共线性。例如，如果研究者认为国民生产总值和可支配收入都有助于解释因变量的变动，他可能会使用其中的一个变量来进行预测，或依次使用这两个变量，但是他不会在同一个方程中同时引入这两个变量。除了直觉之外，我们还可以通过按顺序排列自变量取值的方式来观察是否存在多重共线性（最好按升序或降序排列）。最后，我们可以根据统计学原理来检验自变量之间是否相关。两个自变量之间的相关系数①的绝对值很大则表明可能存在多重共线问题。相关矩阵——许多软件包的输出结果中都能找到——汇总排列了所有变量之间两两相关的系数。

---

① 相关系数，通常用字母 r 来表示，它反映了两个变量之间的关联程度，其取值介于-1 和 +1 之间。取值接近于+1 表明存在强烈的正相关关系，而取值接近于-1 则表明存在强烈的负相关关系。如果 r 值接近于 0，则意味着即便两个变量之间存在相关关系，那也是十分微弱的。相关系数的平方等于简单回归式的 r^2，其中在简单回归式中只有两个变量，一个为因变量，另一个为自变量。

多重共线性的结构可能远比一对自变量之间的相关关系更为复杂，也就是说，某个变量可能与其他几个变量都是相关的。在这种情况下，即使两两之间相关系数的绝对值都不大，也有可能存在多重共线性。因此，检验多重共线性的一个更完整的做法是：将每个自变量对其余剩下的自变量进行回归，查看其 R^2。R^2 值较大则说明存在多重共线性。当然检验多重共线性还有更加复杂的方法，但这些超出了我们讨论的范围。

表 19.5　多重共线性影响回归系数的例证

统计量	模型 A：通胀调整后的生猪价格与生猪屠宰量、活牛屠宰量和肉鸡产量	模型 B：通胀调整后的生猪价格与生猪屠宰量、活牛屠宰量和时间趋势	模型 C：通胀调整后的生猪价格与生猪屠宰量、活牛屠宰量、肉鸡产量和时间趋势
R^2	0.8656	0.8999	0.9075
CR^2	0.8444	0.8841	0.8870
SER	6.72	5.80	5.73
%SER	12.35	10.66	10.53
F	40.79	56.95	44.16
DW	1.02	1.52	1.84
t-stat（常量）	7.96	10.47	7.75
t-stat（生猪屠宰量）	−6.71	−7.83	−8.01
t-stat（活牛屠宰量）	−4.27	−4.60	−3.98
t-stat（肉鸡产量）	−5.93	NA	1.22
t-stat（时间趋势）	NA	−7.33	−2.86

我们可以用一个多重共线的实际例子来帮助澄清上面的一些观点。表 19.5 比较了三个模型[①]的汇总统计量：

模型 A：$HP = a + b_1 HS + b_2 CS + b_3 BP$；

模型 B：$HP = a + b_1 HS + b_2 CS + b_3 T$；

模型 C：$HP = a + b_1 HS + b_2 CS + b_3 BP + b_4 T$；

---

① 每个模型中的 a，b_1，b_2 和 b_3 的取值都不相同。

其中，HP = 通胀调整后的生猪价格；

HS = 生猪屠宰量；

CS = 活牛屠宰量；

BP = 肉鸡产量；

T = 时间趋势。

请注意，尽管在模型 A 中肉鸡产量的 t 统计量是显著的，而且模型 B 中趋势项的 t 统计量也是显著的，但是当在模型 C 中同时包括这两个变量时，它们的 t 统计量都变得不显著了。实际上，在模型 C 中，BP 项的系数符号——正号都是错的，因为我们知道当肉鸡产量增加时，必然会导致生猪价格的下跌，而不是上涨。也应注意到尽管模型 C 中自变量更多，但其汇总统计量的表现却更糟糕。图 19.18 描绘了随着时间变化，肉鸡产量呈现出显著的趋势。正是肉鸡产量和时间趋势之间的这种相关关系（$r^2 = 0.92$）才导致回归结果不合理。

如果在方程中发现了多重共线性该怎么办呢？一种简单的解决方案是剔除相关自变量中的一个就可以了。例如，如果我们开始在没有意识到多重共线性问题的情况下运行了模型 C，那么可以再分别运行模型 A 和模型 B，从中挑选出拟合更好的一个。

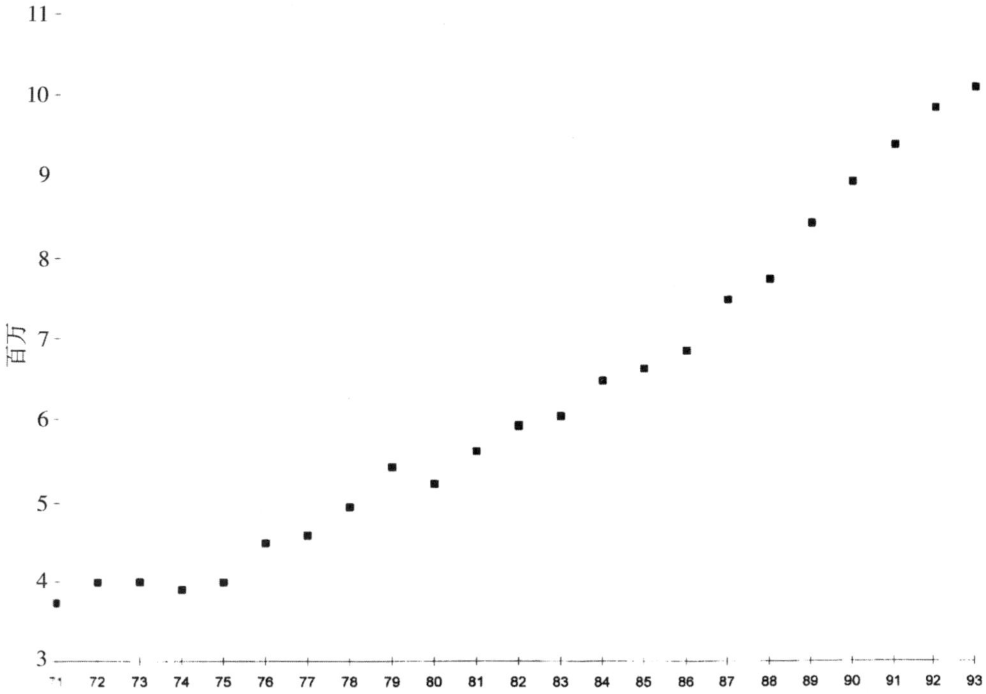

图 19.18　肉鸡生产（净出口量）与时间

　　另一种能解决部分多重共线性问题的方法是运用线性组合消除自变量之间的相关关系。例如，如果我们用肉鸡产量对趋势项做一次回归（$BP = a + bT$），得到的残差等于 $BP - a - bT$（BP 和 T 的一个线性组合），与趋势项 T 不再相关。因此，如果把代表 BP 在既定期间偏离其趋势程度的残差项以及趋势项都作为自变量引入一个价格预测模型中，那么该模型的回归系数和 t 值都将是有意义的。最后，我们用得到的方程来估计自变量的边际变化对因变量的影响，并且检验回归系数的统计显著性。解决多重共线性问题还有一些更为复杂的方法，但是这些方法超出了本书的讨论范围。

第20章　回归分析运用的实际考虑

> 我记得以前预测出错时所体会到的狂怒。我本可以对着实验对象大喊：
> "规矩点，该死的，像你们应该做的那样表现！"最终我意识到实验对象总
> 是对的。犯错的是我，我做的预测太糟糕了。
>
> ——伯尔赫斯·弗雷德里克·斯金纳

确定因变量

此节标题也许听起来无足轻重。毕竟，我们希望预测的就是因变量。但是在价格预测方程中，因变量的选择绝不是显而易见的。我们必须做出以下选择。

- 问题1：应该使用名义价格还是通胀调整后的价格？
- 问题2：价格应该以现货还是以期货为根据？
- 问题3：如果价格以期货为根据，是基于近月期货价格系列还是个别合约？[1]
- 问题4：价格应该代表整个季度还是仅代表季度中的一段特定时期？

问题1的答案应该永远是通胀调整后，采用的名义上所假设的价格。意味着不

---

[1]　最近的期货价格系列是以一系列合约为根据的。在任意一天，这个系列的价格等于当天最近期货合约的价格。除非离合约到期日少于 N 天，在这种情况下，系列价格就是当天接下来那份合约的价格。N 可以是任意值。通常来说，N 的值为零。但是，使用比如 N＝20 的值似乎是更明智的，因为在交易的最后几周，合约的行为会反常，也许对于整个市场不是非常具有代表性。可参见第28章关于持续正向序列的讨论——最近期货系列的一种可能的代替物。

同年份相同的基本条件应得出几乎相等的价格。显然这种假设是站不住脚的。其他所有条件相同时，通货膨胀将导致最近年份的价格显著提高。欲了解通货膨胀下价格调整的更多细节，详见第 6 章。

问题 2 和问题 3 的答案主要取决于希望预测的价格对象。第四个问题虽然也适用类似的考量，但期间的选择比较取决于市场的基本面性质。当然，倘若最初的选择是不适当的，那在分析回归结果时会出现明显的错误。但是，通过在选择预测时期之前考虑一下市场的基本情况，这可以尽可能减少不必要的试验和回归分析中的误差。

例如，在多数农产品市场，在某作物年度之中，供需之间的统计数据对于价格水平的影响，前半年要比后半年大得多。这是一种典型的市场行为模式，因为既有的基本面情况在后半年已相当的明朗化，而且经常出现大幅折价。一般情况下，后半年的价格波动主要都是来自新作物的预期（即干旱和霜冻）。因此，不将新作物预期作为解释变量纳入基本面模型中，所选择的预测期间应该是前半年而不是整个作物年度。这并不意味着我们忽略了后六个月。这表示有必要在这几个月开发其他模型预测价格。例如，在采用新作物统计数据预测价格的模型中可能将后几个月与下一年度后几个月份整合在一起。

在一些市场中，对于内在基本性质的考量不会影响特定的一个观察期。选择仅包含个别观测的时间（例如一年、半年、一季或每个月）。[①] 通常使用的方法是：从最长的时间段着手（即年度或半年度），如果回归模型合适，就着手更短的时间段。尽管出于交易目的，最短的时间范围的估算是最有用处的，但是预测难度与时间段的长度是成反比例关系的。而且时间范围越短，出现自相关的概率越大。譬如，在月度模型中，下个月的正残差可能比这个月的正残差更高。所以，对于月度甚至季度模型，做消除自相关的变换可能是有必要的（譬如，一阶差分）。

选择自变量

一般考虑

选择模型中的自变量，不仅仅是凭直觉选择解释变量。需要考虑的关键问题是，

---

① 时间长度的选择必须方便于市场，比如 FCOJ 市场，在这里，模型结构取决于预测期。比如，正文所说的 FCOJ 市场的模型也可以分为两个单独的 3 个月长的时间段：4 月—6 月与 7 月—9 月。

回归方程是用于解释还是预测因变量。有时候，回归方程只是作为解释模型。譬如，小麦生产者可能对决定产量与施肥的数量之间的关系感兴趣。在这种情况下，他的目的不是预测产量——这种预测也会取决于其他因素，如天气状况；有时也要了解不同的管理选择。此外，因为这一切都在他的控制之下，他也不必为估计自变量（肥料使用量）而忧虑。

相比之下，在期货市场上大部分回归分析的应用与预测相关。如果方程主要用于预测，关键的是选择相对可靠的解释变量。例如，如果我们要建立一个铜价预测模型，此模型中同期国民生产总值是一项重要的信息资源。若国民生产总值水平比铜价更难预测，那么该方程就毫无用处，即使 $R^2 = 1.00$。因此，在预测前选择自变量时，研究人员应记住可以精确估算这些变量。

倘若能证明其在统计角度上意义重大，那滞后变量就是解释变量的理想选择。滞后变量是指它的数值决定期间发生在因变量数值期间之前。譬如，前六个月份的国民生产总值平均值就可以算作一项滞后变量。所以在铜价格预测模型中，即使国民生产总值的滞后数值在统计上的显著性远不如当期的国民生产总值，但它仍然是比较理想的选择。

不幸的是，分析师很难幸运地只用滞后变量建立回归方程，也可选择其他变量预测价格。实际上，一些变量，譬如人口，可以用于相似于滞后变量的方式来进行预测。其他变量可以在合理范围内进行预测。譬如说，在生猪模型中，生猪屠宰量比生猪价格更易预测，因为它依赖于滞后变量（譬如生猪的前期产量、时间段初期的生猪交易量）。简言之，需要考虑的根本问题是，短期内，要考虑是否在预测前知道潜在解释变量，解释变量的精确程度至少超过因变量。

另一个挑选自变量的准则是，这些自变量不该是相关的，这是为了避免多重共线性的问题。假若几个相关变量都似乎是解释变量的明智选择，那应该将它们单独进行检验。

是否应纳入预测之前的价格

价格预测方程中应该决定的一个重要问题是，是否将预测前价格作为解释变量加入进来。加入预测前价格的一个原因是它通常是一项重要因素。譬如，考虑以下两种情形，其中预测前价格未被考虑在模型中：

* 情形 A：预测期的预测平均价格＝60 美分；预测期前一天的价格＝40 美分。

- 情形 B：预测期的预测平均价格=60 美分；预测期前一天的价格=80 美分。

是否有理由认为两种情形中价格水平相同？当然不会！虽然有些教科书理论是这么说的，但在现实世界中价格不会随着基本因素的变化立即做出调整。在情形 A 中，仅仅为了价格能达到预测的均衡水平，需要较大的上升趋势。这种上涨不可能一夜之内发生。此外，价格为了实现预期 60 美分的平均值而达到 60 美分是不够的。价格需要远远超过 60 美分，从而弥补预测期早期所有价格低于 60 美分时的日子。同理，在情形 B 中，价格也许要远远低于 60 美分，从而实现 60 美分的平均值。现实情况下，在情形 A 和情形 B 中的价格很有可能达到 60 美分，但是情形 A 中的平均价格很可能低于 60 美分，情形 B 的平均价格高于 60 美分。

上述例子阐释了预测前价格常是一项重要的解释变量。那么为什么它总是不包括在模型中呢？讽刺的是，这是因为，它有时候可能在解释价格行为时表现得太出色。也就是说，如果预测前价格抹杀了其他自变量的效果，那么预测价格会主要反映现在的价格水平。因此，倘使预测前价格占了 R^2 的大部分比例，那么此模型可能在解释价格上占优，但是在预测价格变化上却没那么高效，而预测价格变化是价格预测的主要目的。另一方面，在某些情况下，即使考虑预测前价格，其他自变量仍可能解释总体变化的主要部分。在这些情况下，若忽略预测前价格，可能有助于解释存在的变化，获得预测价格变化的模型。

是否将预测前价格看做一项自变量的决定，必须建立在具体情况具体分析的基础上。不管是否将预测前价格作为自变量，逐步回归方法都可能是较合理的方法（详见本章逐步回归这一节内容）。尽管考虑预测前价格的模型总是展现出更好的概括统计量，但是选择它的前提是 PFP 价格的效果很重要但是又不能影响其他自变量。

选择调查期的长度

理想的情况是，尽可能使用最长的调查期，因为数据点越多，回归统计量的准确度越高。但是，在现实生活中，越是早期的数据，与目前的情况越没有关联。譬如，在 1971—1972 年间，棉花价格主要由现行政府计划（最重要的是贷款水平）所决定。所以，这个时间段之前的数据与现在的自由市场状况联系甚少。因此，选择更短的调查期比考虑这些不具代表性的年份更加可取。另一个例子是，在汇率预测基本模型中，使用 1973 年之前的数据是很荒唐的，因为那之前采用的是固定汇率制度。

由以上例子可知，最基本的考虑会限制观察数据的数量。基本上来说，应该采用的是与目前市场情况相一致的最长的调查期。因变量和每个解释变量做成的散点图对做出这个决定有所帮助。为了决定最佳的观测点数，我们经常需要根据不同的期间进行回归分析。某些情况下，可以通过使用虚拟变量来计算一个具有代表性的年份。

预测误差的来源

为了建立最好的模型，同时理解其潜在的局限性，了解预测误差的潜在来源是很重要的。这些来源包括：

- **真实总体回归方程的随机误差**。任何回归方程都仅仅是一种简化形式，它不可能包含影响因变量的所有可能因素。因此，即使我们知晓真实总体回归方程（这是不现实的），也可以极其精准地确定解释变量，这种误差依然存在。也就是说，此种误差不可避免。
- **估计回归系数的随机误差**。因为运行回归所用数据只能代表总体中的一个样本，估计回归系数会偏离于真实的总体值。
- **回归方程错定**。回归模型可能因为以下原因不能代表潜在的真实模型。
  ◇ 缺失重要变量。
  ◇ 真实模型非线性或者在线性变换中函数形式设定错误。
  ◇ 误差项存在自相关。[①]
- **自变量值的误差**。通常情况下，自变量本身就需要预测，因此会增加另一层预测误差。有时候，突发状况（譬如干旱、严寒、出口禁运）会导致解释变量的真实值与预估值之间存在很大的偏差。在这些情况下，即使输入数据正确，模型本身准确，回归估计也会错得离谱。此类误差来源有时形象地总结

---

① 当然，条件 3. a 与 3. b 也可能会导致自相关；这里所提的自相关指的是在 3. a 与 3. b 不存在时仍存在的自相关。

为"垃圾数据输入，垃圾数据输出"。

- **数据误差**。抽样或者其他误差，会使得滞后变量数据和用来预测自变量的数据不准确。

- **结构变化**。此因素是回归预测出差错的最重要原因。回归分析是对动态过程的一种静态预测方法；也就是说，市场的结构与特性是在不停变化的。所以即使模型能很好地描述过去，它在描述市场未来时仍可能存在许多不足。市场中任何主要的结构上的变动都可能导致大的预测误差。

譬如，考虑一下不幸的基本分析员在使用历史数据预测 1972—1973 年的价格时所处的困境吧。在 1972—1973 年间，各个市场同时出现的供给不足引发了商品价格史无前例的投机行情。这种联动效应造成多数市场价格上涨，其幅度超过了基本分析预测的价格。

举一个更近的例子，在 1981—1982 年间，严重经济衰退与高利率前所未有地同时发生，使得许多商品的需求大幅度下降。结果是，大部分市场的价格下降，远远低于基本模型所预测的结果。虽然这些模型可有效地解释过去的价格行为，但没有考虑最近的结构性变动，预测上就会发生错误。

以上两例说明结构变化会同时影响大部分市场，但也可能局限于单一市场，例如：对亚硝酸盐的负面宣传会导致培根需求的下降。

请注意，回归分析中所衡量的标准误差仅涵盖前述第 1 种与第 2 种误差。也许更令人深思的是这个事实，除了方程错定这一点（第 3 种误差），上述的来源或者误差都不能由分析员控制。可是，如果自变量的估计采用一段区间，这至少可以限制误差的影响。举例来说，除了根据一组自变量的最佳估计值进行价格预测之外，还可以根据数组偏空与偏多的假设进行预测。若是如此，至少可以评估自变量不精确造成的潜在影响。另外，上面提到的各种误差未必会累积；也就是说，这些误差可能相互抵消，这一点或许可以提供一些安慰。

最后，应强调的是，上述讨论并不是劝阻读者采用回归分析，而是提醒各位在引用回归分析的结果时，需要考虑解释变量上的一些限制。

模拟

正如上节中所展示的那样，比较回归方程中的拟合值和真实观察值（譬如图

19.6），可能会严重低估了潜在的预测误差。模拟程序可以用来评估某预测模型与实际情况的吻合程度。模拟是在接近现实的条件下测试模型的一项非常有用的技术。这项技术唯一大的缺点就是颇费时间。

鉴于需要大量的计算，模拟应该只有在模型的选择最终确定下来，或者至少减少到只剩几个选择后才能使用。理想情况是，模拟时间段足够长，能包括各种不同的情况（譬如，在价格预测方程中，至少包括一次牛市、一次熊市和一次中性市场）。

为了解释模拟的步骤，我们假设测试包括基于十年数据（1973—1982 年，相当于当前的预测期）的年度（一个公历年）价格预测模型，而且结果用来模拟过去的五年。下列步骤将被执行：

- 只使用 1978 年 1 月 1 日的可利用数据，推导出 1968—1977 年统一模型的回归方程。
- 只使用 1978 年 1 月 1 日的可利用数据，估计出自变量的值。
- 将这些值打入 1968—1977 年的回归方程，得到 1978 年的预测值。
- 重复以上过程，得到以后每年（1979—1982 年）的预测值。
- 比较模拟值与真实值，计算出均方根（root mean square, rms）。

至于季度模型，其模拟过程是类似的。但是，在季度模型中，每四次（每年）仅修改一次回归方程来减少计算量。

模拟预测值与实际值之间的差值，可以用来比较目前回归方程的残值。前者当然会大于后者，因为前者（模拟）是取预测值，后者（目前的回归方程式）是取最优线性函数值。

均方根是比较不同模型的模拟值的一种有效的测量标准：

$$\text{rms} = \sqrt{\frac{\sum_{t=1}^{N} (Y_t^F - Y_t^A)^2}{N}}$$

其中，Y_t^F = Y 在 t 时期的预测值；

Y_t^A = Y 在 t 时期的真实值；

N = 模拟观察值的数量。

注意到 rms 的计算和 SER 的公式类似（除了两者的自由度不同），而且也表明了相同的深层含义。

逐步回归

理想情况下，在选择好解释变量后，回归分析最好是根据各种可能的变量组合来设定方程式。譬如，在给出一个因变量 Y 和三个自变量 X_1，X_2 和 X_3 的情况下，会有八种可能的方程：

- Y 与 X_1，X_2 和 X_3（包括所有的自变量）；
- Y 与 X_1，X_2；
- Y 与 X_1，X_3；
- Y 与 X_2，X_3；
- Y 与 X_1；
- Y 与 X_2；
- Y 与 X_3；
- $Y = \bar{Y}$（不包括任何自变量）。

可惜的是，这种步骤既不划算，时间效率也不高。每增加一个自变量，可能的方程总数就会增加一倍（譬如，4 个自变量生成 16 个方程，5 个自变量生成 32 个方程）。

逐步回归是选择变量的有效方法，而且可以提供具有统计意义的方程式。逐步回归有两种最基本的类型：

- **向前选择**。此方案是选出提供最大 r^2 值的单个自变量来组成第一个方程。在接下来的方程中，每次增加一个解释变量，选择哪一个自变量取决于哪一个自变量能得到 $R2$ 值最高的方程。此方法在方程包含了所有指定的解释变量后结束。
- **向后剔除**。此方案由列出包含所有指定的自变量的方程开始。然后剔除 t 值最小的变量来形成第二个方程。在随后的方程中，继续每次剔除一个变量，而剔除哪一个变量，取决于剩下的哪一个变量拥有最小的 t 值。

这两种方法不一定会得出相同的子方程。总的说来，向后剔除法更可取，尤其是预测前价格是解释变量之一时。在向前选择法中，预测前价格通常最先被选择，因为它比其他变量更能解释因变量的变异。但是每增加一个解释变量，预测前价格的显著性明显下降，因为其他变量的组合解释了原有预测前价格体现的变异。因此，在向后剔除法中，在某个阶段预测前价格的 t 值会低于其他变量。

尽管预测前价格是一项有效的解释变量，但包含该变量方程的预测效果却不理想。用向前选择的方法，所有被选择的方程中很可能都包含预测前价格，因为第一个选择的变量会留在随后的所有方程中。

对逐步回归结果进行分析时，比较适合的方程式需要列示详细的统计数据。[①]细节报告至少要包括真实观测值、预测值和残差值。还应该根据这些方程构造出残差图，并根据这些残差图对其进行修改。

样本逐步回归的步骤

在回归分析上没有唯一正确的步骤。下列步骤仅仅是一种建议：

- 确定因变量。
- 列出所有可能选择的解释变量。
- 选出它们的一个子集（通常不超过五个），确保选择的自变量不相关。在进行挑选时可使用散点图作为辅助工具。
- 选择调查期的长度。在这一步，散点图仍可以作为辅助工具。
- 使用逐步回归方法来遴选自变量。
- 通过检验不同重要的统计量——t 值检验、SER 检验、CR^2 检验、F 检验和 DW 检验——来分析结果。如果有多重共线性的迹象，检验这种可能性，如若必要选一组不同的自变量重新运行逐步回归。
- 为在逐步回归运行中最有可能的方程生成细节报告，构建残差图。

[①] 概括统计量不仅仅是做出此选择的唯一标准。例如，如果概括统计量只是稍微不利，不包括 PFP 价格因变量的方程可能比包括 PFP 价格因变量的方程更合适。

- 检查残差图的离群值。决定哪些离群值应该被别除在外。
- 检查残差图是否自相关。
- 如果离群值和/或自相关存在，试着通过增加自变量或者进行线性变化。
- 如果自相关的问题仍未解决，试着使用变换来消除自相关（例如，一阶差分）。
- 为了核实多重共线性是否存在，根据解释变量检验不同方程组合的相关矩阵或 $R2$ 值。
- 选择其他的解释变量，重复 3~12 步。
- 可选项：把可能的模型数量缩小至少于三个时，进行模拟。

总结

回归分析是一种极其高效又强有力的工具；对于基本分析是必要的。在之前的章节中，我们试图提供必要的背景，来解释和分析在标准回归软件包上可以获得的结果。回归分析可以针对下列问题提出精确的答案：在给出指定的条件和假设下，大致的均衡水平是什么？斜体字部分所表明的限制条件是至关重要的。由于回归分析披着科学的外衣，使用者很可能产生盲目相信的危险态度。正如在题为"预测误差的来源"一节里所解释的那样，各种因素变化都可能会造成回归预测不准确。因此，交易者必须总是能够接受回归预测可能会出错的可能性。[1] 但是，鉴于对现实的认识，基本回归模型可以为市场的当前状态和其潜在的未来发展方向提供有价值的见解。

---

[1] 相类似的评价也可以用于任何一种技术推导的预测上。但是，之所以在这里强调预测不可靠，是因为技术交易者通常对他们做出的预测的潜在不可靠性有更好的理解。

参考文献（第12至第17章）与推荐书目

[1] R. J. Wonnacott and T. H. Wonnacott. *Econometrics*. New York：John Wiley & Sons，1970. 这本书极其明晰地讲解了一门抽象的学科，对于那些想对回归分析进一步了解的读者来说，此书是最佳选择。此书的一个显著特征是其分为两个单独部分，这两个部分包含基本相同的内容，但是难度不同。第一部分对回归分析的重要概念进行了全面而精辟的概述，因此这一部分完全适用于数学知识有限的读者。

[2] S. Chatterjee and B. Price. *Regression Analysis by Example*. New York：John Wiley & Sons，1977. 这也许是现存的关于回归分析实际应用的书中最好的一本。正如书名所示，重要概念均用实例所呈现。此书最杰出的特征也许是它对残差图的使用与解释进行了透彻的阐述，且残差图是分析回归结果的一种高效而又易于应用的方法。

[3] R. S. Pindyck and D. L. Rubinfeld. *Econometric Models and Econometric Forecasts*. New York：McGraw-Hill, 1976. 此书共分为三节，第一节讲述了单方程回归分析（其他两节分别是"多方程模拟模型"和"时间序列模型"）。此书详尽阐述了理论概念，同时精辟地概述了回归分析的实际应用。数学知识有限的读者会发现这本书比第一本书的第一部分要更加难懂。

[4] S. Makridakis and S. C. Wheelwright. *Forecasting Methods and Applications*. New York：John Wiley & Sons，1978. 这本书对预测技术提供了更广阔的描述，其中回归分析就占了全书六节中的一节。它的目标读者群是那些相比于理论对实际应用更感兴趣的读者。此书讲解清晰，包含内容广泛，提供了不少实例。

[5] J. E. Freud and F. J. Williams. *Elementary Business Statistics-The Modern Approach*. Third Edition. Englewood Cliffs, N. J.：Prentice-Hall, 1977. 此书对基础统计学

进行了一般的概述，专为非数学专业的读者而写，讲解清晰，实例丰富。

［6］ G. A. Kimble. *How to Use（or Misuse）Statistics*. Englewood Cliffs, N. J.：Prentice-Hall，1978. 这本介绍基础统计学的书言辞幽默，充满了作者的个人风格。尽管这很难令人相信，但是这本统计学书具有一定的娱乐性。

［7］ *Guide to Econometric Firecasting*. Stockton, N. J.：Probe Economics，1977. 这本小册子完美概述了回归分析的关键点，而且此书综合性极强，这可以从它的简洁程度上看出（仅有 22 页）。